二战战术手册

步兵班、排、连、营战术

［英］史蒂芬·布尔 著

郑亚博 译

民主与建设出版社
·北京·

© 民主与建设出版社，2024

图书在版编目（CIP）数据

二战战术手册：步兵班、排、连、营战术 /（英）史蒂芬·布尔著；郑亚博译. -- 北京：民主与建设出版社，2024.10. -- ISBN 978-7-5139-4737-4

Ⅰ. E271.104-62

中国国家版本馆 CIP 数据核字第 2024YG1812 号

World War II Infantry Tactics Squad and Platoon by Stephen Bull
© Osprey Publishing, 2004
World War II Infantry Tactics Company and Battalion by Stephen Bull
© Osprey Publishing, 2005
This translation of is published by Chongqing Vertical Culture Communication Co. Ltd. by arrangement with Bloomsbury Publishing Plc.
All rights reserved.

著作权登记合同 图字：01-2024-5278

二战战术手册：步兵班、排、连、营战术
ERZHAN ZHANSHU SHOUCE BUBING BAN PAI LIAN YING ZHANSHU

著　　者	［英］史蒂芬·布尔
译　　者	郑亚博
责任编辑	彭　现
封面设计	戴宗良
出版发行	民主与建设出版社有限责任公司
电　　话	（010）59417749　59419778
社　　址	北京市朝阳区宏泰东街远洋万和南区伍号公馆 4 层
邮　　编	100102
印　　刷	重庆长虹印务有限公司
版　　次	2024 年 10 月第 1 版
印　　次	2024 年 11 月第 1 次印刷
开　　本	787 毫米 ×1092 毫米　1/16
印　　张	15
字　　数	235 千字
书　　号	ISBN 978-7-5139-4737-4
定　　价	99.80 元

注：如有印、装质量问题，请与出版社联系。

目 录

第一部分
二战步兵战术：步兵班和步兵排 1

引　言 3
士兵的经历 6
训练：野战技能与战斗技能 20
步兵班的精神特质 39
步兵班编制和武器 44
步兵班战术——进攻 58
步兵班战术——防御 67
野战工事 70
步兵排 79
狙击手 93

第二部分
二战步兵战术：步兵连和步兵营 121

引　言 123
步兵连和步兵营 124
机枪支援 143
迫击炮 152
地雷 158
步兵连和步兵营的反坦克战术，1939—1942年 169
步兵连和步兵营的反坦克战术，1943—1945年 180

步兵反坦克炮 191
摩托化步兵 195
步坦协同 208
结论 212

英制—公制单位换算表

距离和长度
1 英里 ≈1.609 千米
1 码 ≈0.914 米
1 英尺 ≈0.304 米
1 英寸 ≈2.54 厘米

重量
1 磅 ≈0.453 千克
1 盎司 ≈28.349 克
1 英担 ≈50.8 千克

容积
1 盎司（英制）≈28.41 毫升
1 英制夸脱 ≈1.136 升
1 英制品脱 ≈0.568 升

二战步兵战术：
步兵班和步兵排

第一部分

1939—1945年，各国招募了数百万名士兵。虽然与一战时相比，步兵在军队中所占的比例已经小了很多，但其伤亡数字仍相当之大。有些军队还决定为久经沙场的步兵授予特殊勋章。这名德军山地部队的一等兵左胸前佩戴着"步兵突击章"（Infanterie-Sturmabzeichen）。该奖章于1939年12月设立，旨在表彰参与过至少3个"作战日"的士兵。步兵的特殊危险性也在1943年年底被美国陆军承认——美军设立了"战斗步兵奖章"（Combat Infantryman Badge），获得该奖章的士兵每月可多领取10美元的薪水。

引　言

"战争之中，所有胜利终将由步兵来完成。步兵能迫使敌人撤退或投降，控制已夺取的目标，占领需保护的要地，从而为后续行动奠定基础。步兵能够在任何地形条件下昼夜行动，能比其他兵种更快找到或构筑掩体。因此，在所有兵种中，步兵适应能力最强，能力最为全面。"这就是英军《作战》（Operations，1939年9月）手册的观点。哪怕现在已时过境迁，但这一说法仍然非常正确。

如今，关于各种武器的著作已浩如烟海，"虽然这些武器的使用离不开人员编组和战术"，但令人惊讶的是，在这一领域（指人员编组和战术领域），相关的研究却凤毛麟角。"为了纠正这种不平衡"，我们会分两部分来详细介绍步兵班、步兵排、步兵连和步兵营的相关战术（以英军、美军、德军，以及欧洲战场为重点）。在第一部分中，我们将讨论单兵、步兵班和步兵排（为简单起见，在表述由10—12名步兵组成的基本战术单位①时，本书通常会使用美国术语"squad"，而不是英国术语"section"）的战术；在第二部分中，我们将扩大介绍范围，为大家介绍步兵连、步兵营的战术和相关支援武器。

本书的原始资料来源有三类：原始战术手册、回忆录和"二手资料"。在各种手册中，我们可以看到各国军队对士兵的教导，以及相关战术背后的理论。这些手册大约有100本，其中包括一些小众经典著作，例如德国赖伯特（Reibert）博士撰写的《军队服役指南》（Der Dienstunterricht im Heere）、英国的《步兵训练》（Infantry Training，1944年），以及美国的《侦察、巡逻和狙击》（Scouting, Patrolling, and Sniping，1944年）。鉴于这些手册中的内容未必会得到贯彻，我们还参考了许多个人回忆录和口述历史，以便收集目击者的证词。此外，我们还使用了许多"二手资料"，如部队战史、官方战史，以及最近的专家研究——其中必须特别指出的资料如下：J. 英格利希（J.English）著《步兵透视》（A Perspective on Infantry）、T.H. 普雷斯（T.H.Place）著《英国陆军的军事训练》（Military Training in the British Army）、A. 法勒-霍克利（A.Farrar-Hockley）著《步兵战术》

---

① 译者注：即一个班。

(*Infantry Tactics*)、J. 埃利斯（J.Ellis）著《最棘手之事》(*The Sharp End*)、J. 巴尔克斯基（J.Balkoski）著《滩头之外》(*Beyond the Beachhead*)，以及 S. 安布罗斯（S.Ambrose）著《公民士兵》(*Citizen Soldiers*)。

据说，在两次世界大战之间，拉迪亚德·吉卜林（Rudyard Kipling）在索尔兹伯里平原（Salisbury Plain）观看军事演习时，有人曾问他如何看待现代战争。他的回答颇为奇怪——"闻起来像车库里（的味道），看起来像马戏团"。对于真正打过仗的人而言，他们的看法可能更像是某种光怪陆离的"意识流"，就像国王直属约克郡轻步兵团第 1/4 营（the 1/4th King's Own Yorkshire Light Infantry）的刘易斯·基伯（Lewis Keeble）上尉在诺曼底记录的那样：

像穴居人一样的医生……在黑暗中迷路，遭到友军攻击……被下士救下的抗命通信兵……遭到加拿大中型火炮轰击……援军是群胆小鬼……酗酒的下士……泰恩塞德苏格兰士兵向我方堑壕扫射……生锈的油桶装着苹果酒……卡拉德朗姆酒（Callard's rum）……工兵排死伤枕藉。整个战场空空荡荡。除了几个俘虏，你几乎看不到活着的敌人。

本宣传照摄于 20 世纪 30 年代末。这张照片中，北兰开夏忠诚团（Loyal Regiment）的步兵正在开阔地里集体发起刺刀冲锋。虽然直到二战结束时都有军队还在零星使用这种简单粗暴的战术，但该战术在西欧战场上已十分罕见。

许多人——例如达勒姆轻步兵团第16营的W.维尔（W.Virr）中士——更是认为，前线是一个完全不同的世界，那里的人都是"不同的物种"。

从后文中，我们可以看到，步兵作战虽然血腥混乱，但同样是"精心设计的产物"。不仅如此，我们还发现，随着时间的推移，步兵战术也会发生变革。有新武器问世，有新计谋诞生。人员也在变化——新手和理论家变成了老手，或者死于消耗战，菜鸟补充兵成了军官和士官。整个陆军也发生了变化——有些军队的经验日益丰富，有些军队的兵员质量不断下滑。前线步兵的伤亡人数通常占全陆军总伤亡人数的至少三分之二。

士兵的经历

伤亡率

人们普遍认为，与一战相比，二战中的步兵伤亡人数要少得多，但这种观点并不正确。从1944年6月6日（D-Day，即诺曼底登陆日）到1945年5月8日（VE-Day，即欧战胜利日），在西北欧作战的美国步兵师中，平均兵员流动率接近百分之百。此外，还有一个比较极端的情况：在美国第4步兵师中，总兵员流动人数超过了35000人，几乎是该师最初兵力（14000人）的近2.5倍。有些部队只在前线待了一个多月，但仍然伤亡惨重：战争结束时，仅参战34天的美军第86步兵师，有1233名战斗和非战斗人员伤亡；第17空降师于1944年圣诞节加入战斗，但仍在45天内伤亡了4000人。

参与战斗的步兵连的伤亡数据极为惊人。对美国陆军第26步兵师第328步兵团G连进行的详细研究表明，该连总编制为187名士兵和6名军官，但8个月的流动人数高达625人——其中51人阵亡，6人因伤势过重死亡。该连共有183人在战斗中受伤，其中51人在伤愈后重返岗位，但又有10人再次受伤。另外，疾病、堑壕足病和冻伤也导致该连损失了143人。有报告显示，该连里发生了8起自残事件。可以说，第26步兵师第328步兵团G连的遭遇并不是孤例：对于在1944年夏季或秋季登陆法国的美国步兵连来说，当欧洲战事结束时，其原始兵员已经所剩无几。

英国和德国的兵员流动率则没有这么夸张，因为这两国更倾向于轮换甚至解散受重创的部队，而不是让幸存者与一拨拨补充兵一起留在战场上。但有时候（比如在诺曼底和德国边境），交战双方的人员消耗率仍会接近（甚至超过）一战时期的人员消耗率。1944年，新西兰军队在意大利的伤亡人数大约是其额定编制的两倍。1944年，加拿大军队在斯海尔德河（Scheldt）战役中的人员损失比例，甚至比其在1917年的帕斯尚尔（Passchendaele）战役中的人员损失比例还高。在英国部队中，诺福克团第1营（1st Bn Norfolk Regt）在欧洲西北部的伤亡人数（其中死亡人数超过了17%）几乎达到了该营总人数的70%。此外，还有一个极端案例，威灵顿公爵团第6营（6th Bn Duke of Wellington's Regt）在博伊斯隆公园（Le Parc de Boislond）被德国装甲教导师和党卫军装甲师重创，在两天内损失了16

名军官和 220 名士兵。随着新营长、新副营长和补充兵的加入，该营再次奉命前进，但又遭到了德军迫击炮的猛烈轰击。在又伤亡了 100 多人之后，特纳（Turner）中校恳求将该营调离前线——因为在这个营中，士兵"互不认识"，全营官兵都"焦虑不安"，且缺乏"集体荣誉感"（他不得不两次使用左轮手枪来"召集"士兵）。随后，该营被解散了。

1944 年夏季，诺曼底的圣洛地区，照片中的美国士兵在遭到迫击炮和机枪火力打击后，下车躲进了一条沟里。这种真实记录步兵战斗的照片并不多见。（美国国家档案馆供图）

1944年，意大利，步兵军官：印度陆军第5马拉塔轻步兵团第3营的阿南德罗·卡达姆（Anandro Kadam）少校背着一把缴获的德制 MP40 冲锋枪。卡达姆还带了一把有枪套的左轮手枪，但这种武器只在肉搏战中有用。

在战争中，希望自己受伤的人着实不少：英国人称受伤为"回家疗养"（Blighty one），美国人称受伤为"百万美元"，而德国人的叫法则更简单直接——送你回家的一枪（Heimatschuss）。

第52（低地）师国王直属苏格兰边民团第4营（4th Bn King's Own Scottish Borderers）的排长彼得·怀特（Peter White）中尉指出，在1944年10月至1945年5月这一小段时间里，他的小部队中共有42人伤亡——"大部分伤亡都是由火炮和迫击炮造成的，其中还有一些误伤；有一些人被狙击枪和机枪打死打伤；还有一些伤亡比较难以归类，如一例严重冻伤、两例'炮弹休克症'（弹震症）、一例自残、一例烹饪时受伤，还有一个人被自己携带的迫击炮炮弹炸死"。彼得·怀特称，在他的排中，只有4名"最初的士兵"和3名早期补充兵毫发无损。如果算上那些受伤后迅速返回部队或受伤两次的士兵，该排的人员总流动率约为100%。这种情况在当时并不少见。

与一战时一样，在二战时期的西北欧战场，下级军官的死伤情况尤其严重。第15（苏格兰）师的军官伤亡率超过了72%（阵亡比率约为29%）。之前曾在北非身经百战的第51高地师（51st Highland Division）的情况很可能更糟：马丁·林赛（Martin Lindsay）少校指出，某个营的20名步兵连军官已全部伤亡或被替换了。戈登高地人团（Gordon Highlanders）第1营副官提供的数据同样惊人：在各步兵连的20个军官岗位中，光阵亡者就有9人（另有30人受伤）。

士兵们并不傻，他们很快就知道了哪些风险最为致命。在被问及"最怕哪种武器"时，几乎一半受访美军步兵选择的是88毫米火炮，其次是俯冲轰炸机、轰炸机、迫击炮和机枪。值得一提的是，当时德国轰炸机的数量微不足道——这表明相关威胁更有可能来自友军飞机。另外，虽然当时刺刀已被广泛使用，但无论是在现实中，还是在想象中，其作用都相对较小。美国第90师的情况非常典型，有记录显示，该师共伤亡了20000人，但刺刀仅导致13人伤亡。英国陆军官方对整个战争的统计数据表明，有75%的战伤是由远程火炮炮弹、炸弹和迫击炮炮弹造成的，子弹和反坦克炮炮弹造成的战伤比例约为10%——与地雷和饵雷造成的战伤比例相同。此外，还有5%的战伤是由各种挤压、化学烧伤和"其他伤害"造成的。

炮击，尤其是长期炮击，是对步兵士气最严峻的考验。美国第90师的一名士兵写道：

步兵学会了聆听炮弹掠过头顶时发出的嗖嗖声。如果嗖嗖声朝着敌人那边减弱，那这枚炮弹就是友军发射的……如果嗖嗖声朝着我们后方减弱，那这枚炮弹就是敌人发射的。炮弹从我们头顶飞过，呼啸着射到我们后方，这并没有使我们感到特别不安，因为那是各指挥部所在的地方。当我们想象到上级指挥部里的混乱场景时，反而会从中得到了一些满足……有时候，炮弹会突然飞来。先是一声尖啸，然后是一声轰响。最好的办法就是趴到地上，"躲到"钢盔后面。钢盔的形状和大小都很适合用来保护头部……当炮弹来袭时，人们往往会蜷缩起来。我确信，在遭遇炮击时，我的身体有80%都在钢盔后面。

伍斯特郡团（Worcester）的一名二等兵曾看到过被炮弹直接命中的人，当时的场景令他深感震惊。他回忆说，那个人被炸成"小碎片"，只剩下"一只穿着靴子的脚、一块人类头盖骨、一串手指和一点衣服"。

战斗疲劳症

士兵患"战斗疲劳症"是一种普遍现象，但这种"病症"并不与人员损失直接相关。锡福斯高地团第5营（5th Seaforths）的阿利斯泰尔·博思威克（Alistair Borthwick）指出，"光看伤亡数据，人们很难体会（士兵的）神经紧张，每天（的战斗）结束时，它都会成为（影响部队士气的）因素"。将军们开始意识到，士兵们会经历一个"效率循环周期"。如果未经训练，一个人在战场上几乎毫无用处。如果训练有素但未经血与火的考验，士兵往往会拥有"自杀式的勇敢"，但"对战斗细节仍缺乏经验"。首战意味着首次试炼——有些部队会证明其价值，有些部队则会骤然崩溃。在旗开得胜后，部队将进入战斗力的巅峰期。在战斗中，真正的老兵往往伤亡得最少，但这在一定程度上是因为他们会尽力避免风险。本森（Benson）少校在黑卫士兵团第1营中看到了这种循环往复：

我们发现了一个普遍现象，即新入伍的军官和苏格兰士兵只要能熬过前三周，他们存活下来的可能性就会大很多。他们从简单的事情中获得了战斗经验，并且通过与军士长和其他苏格兰士兵的交流学到了很多东西。很多人只有参谋经验，而没有处理过"最为棘手"的情况。但是，有些战斗经验……只能"在实际服役中获得"。

对"神经衰弱"达到极点的人,从表面上看,盟军的处置方法比一战时更人道——在二战中,几乎没有记录显示他们对精神崩溃者实施过"黎明枪决"①。只有在德国军队中,"因懦弱而被处决"才是常态——这与德国的专制制度有关。另外,随着后备部队被消耗殆尽,德国士兵身处前线的时间也变得越来越长,这也加剧了他们的畏葸情绪。英军虽然强调"把士兵放在一线",但指挥官们会采用一些变通的方法。一些记录显示,士兵们经常可以在部队的后方地域②连续睡上几夜后再重返岗位。一个士兵的战友和顶头上司,可以很容易就分辨出该士兵是一名已经疲惫不堪的好兵,还是一名"习惯性逃兵"。在第51高地师中,军官们可能会"下猛药来治疗战斗疲劳症",二等兵怀特豪斯(Whitehouse)表示:

步兵班格·布朗(Banger Brown)和乔克·哈曼(Jock Harman)最先"开溜"(当逃兵)。宪兵队抓住了他们,并把他们铐回了斯坦(Stan)的排。之后,他们被带出去巡逻,戴着手铐进入了"无人区"……然后是第二次巡逻。夜间,在他们返回营地的路上,有辆支援坦克误开进该排的阵地,该坦克的一条履带从囚犯身上碾过……

1944年11月,美国第26师的奥茨(Otts)首次目睹了一个在零星炮击中精神崩溃的人:

大约在半夜时分,我们这里出现了第一个战斗疲劳症患者——换句话说,就是出现了第一个精神崩溃的人。我很少见到这样剧烈的反应。几个人把他带进指挥所,放在铺有床垫的地板上。那天晚上剩下的时间里,他都躺在那里——时而大哭,时而大笑,时而尖叫,时而静静地啜泣。有时,他试图站起来跑出去——这时候需要好几个人才能把他按住。我认为这种情况对士气的影响非常大……这个人

---

① 译者注:黎明枪决(shooting at dawn)一般多见于一战和二战期间。在一些地区有这样一种传统,即某人被判死刑后,行刑队会在黎明时处刑。

② 译者注:指从特定部队后方的分界线处,延伸到下一级部队的责任区域后方分界线之间的地域。资料来源为美军联合出版物《美军军语及相关术语辞典》。

本身不应该受到责备……有些人很快就会崩溃，有些人能够坚持更长时间，还有一些人从来都不会崩溃。我看到过一些很勇敢的人，在经历了很多天的战斗后，因巨大的压力而彻底崩溃了。

化学镇静剂是一种被广泛使用的姑息治疗药物。美国人开玩笑地将一种化学镇静剂命名为"蓝片儿88"（Blue 88），因为据说这种药片具有"反坦克炮炮弹般的威力"。

体力要求

各国士兵很快就意识到，训练场和战场存在差异，比如在服装和装备方面，和平时期的理论和战时实践很可能存在重大不同。

法国，1944年，美国陆军技术军士F.C.艾瑞士（F.C.Irish）识破了敌人的诡计——这串被放在灌木丛中的鞭炮，可以产生一种类似单兵轻武器射击的声音。在听到这种声音后，一些谨慎的人会寻找掩护，进而误入埋有地雷的沟渠；一些不太谨慎的人也许还会开火还击，从而暴露自己。（美国国家档案馆供图）

1944年7月,诺曼底卡昂(Caen),英国步兵紧跟"谢尔曼"(Sherman)坦克前进——这是一种本能举动,但不一定明智,因为坦克是敌人的优先打击目标。照片中间的那名士兵拿着排属2英寸迫击炮,照片左侧有一名端着斯登冲锋枪的下级指挥人员正在观察"谢尔曼"坦克的侧翼。(帝国战争博物馆供图,图片编号HU90177)

英国作战手册的编写人员很快一改原有规定，要求士兵不要擦亮"金属装备"和靴子。英国政府和士兵一样，很快就发现了现有的防毒面具过于"臃肿笨拙"。于是，英国在二战中期推出了一种轻量版的防毒面具。英国在一份于1944年发布的《陆军训练备忘录》中向军官建议，为避免过度负重，他们可以只携带"行军挎包、背包和粮袋"。不过，英国并没有禁止士兵携带睡衣。多线作战的德国士兵会在天气温暖时穿上轻便的作训服，并抛弃老式野战背包，转而携带突击背包或一种三角形的小帆布包。此外，山地兵的多功能帆布背包也相当受德军欢迎。

对于在诺曼底登陆之前从未经受过考验的美国部队来说，现实带来的冲击很大。第90师的一位评论者称，他看见路边散落了一堆"美国大兵的垃圾"：

你必须明白，规划人员决定，除了武器，步兵还必须携带半块防潮布（半个小帐篷）、一条毯子、一套餐具（配有刀、叉和勺子）、一个防毒面具、一件挖壕工具、一件雨衣、多枚手榴弹和多个备用弹匣。他们的制服包括钢盔和经过化学处理的作训服……虽然对毒气有一定的抵抗能力，但这种作训服几乎不透水，会让人感觉很热。当士兵艰难前行时，他们会大汗淋漓，并感到"必要"装备的"压迫"。

在没有受到管束时，美国士兵丢弃装具的行为比比皆是。虽然大多数人都不会丢弃武器、弹药和挖掘工具，但毛毯、雨衣和防毒面具却经常会"消失不见"。有些人认为野战餐具"太奢侈了"，他们一般只会把勺子留下来。有时，一些人会直接把"K口粮"[①]狼吞虎咽完，然后扔掉多余的包装。一些美军部队注意到了被士兵丢弃的"垃圾"——军官会派一辆卡车跟在队伍后面，捡拾被士兵丢弃的物品，然后再重新发放，并对相关士兵进行训诫。

从新兵到老兵的转变也体现在衣着上——后者的着装不像前者那样整齐。一等兵埃格（Egger）记录了他在寒冷天气下作战时的衣物：雨衣或羊毛大衣、靴子、手套、羊毛内衣、衬衫、带衬里的头盔，以及围巾。在士兵中，流传着一条金科玉

[①] 译者注：K-ration，美军和盟军在二战时的口粮（一天的份额有三包），内有饼干、咖啡、肉和香烟等物品，主要用于应急。

律——永远不要看起来像是一个军官。美军第35师的一名中尉在进入战线时,看到第29师["蓝灰师"(Blue and Gray)]的士兵们衣衫褴褛,而且反穿着野战短外套,这让他感到十分困惑。其实,这是一种简易伪装——衣服衬里的颜色更深、更不显眼。此外,因为系起来很费时间,所以美军士兵经常扔掉长长的帆布裹腿。但事实证明,有时候这种做法很危险——如果不系上帆布裹腿,他们看上去就像穿了一条宽松的德军长裤。

士兵们塞进口袋里的东西更是多得让人难以置信。1945年1月28日,埃格在给家人写信时,检查了口袋里的物品,发现有一个钱包、一本工资册、两盒弹药、两把牙刷、一些净水片、至少八块巧克力、一本《圣经》、一个开瓶器、一把刀,以及可可粉、绳子、火柴和其他装备。

最后,我们说一下美国的"战斗步兵奖章"(Combat Infantry Badge,又叫战斗步兵徽章、战斗步兵资历章)。虽然它是一种骄傲而"时髦"的新鲜物品,但许多人宁可把它寄回家,也不会在战场上佩戴它。

国家差异

人们常说,"国家特性"对士兵的作战效能有重大影响。比如,人们经常认为,"德国人天生就是好士兵"。杜普伊(Dupuy)[①]上校甚至表示,德军的战斗优势可用某种数值来衡量。英国步兵虽然赢得了战争,并因为顽强抵抗而受到称赞,但世人还是感觉他们"行事呆板"。而美国人则被批评为"过度依赖物质因素"。比如,德军第352师的参谋齐格尔曼(Ziegelmann)中校曾在诺曼底战役期间表示:"抛开极小规模的作战行动不谈,如果敌人[②]无法保证在行动之前和行动期间拥有物质优势,他们根本不会发起进攻……在物质条件相当时,他们根本不是我们的对手。"

虽然上述说法可能不无道理,但在战争中,更重要的因素是环境、领导力、装备,以及战术与训练(后两者尤其关键)。正如后文所述,美国人之所以喜欢肆意开火,

---

① 译者注:特雷沃·杜普伊,美国军事历史学家和分析专家,他曾在美国国防部任职。1958年,他以上校军衔退役后,专门从事军事史研究,并开发出了一套利用数据来预测军事行动结果的模型——该模型被美国及其盟国的军队广为采用。
② 译者注:这里指的是美军。

"并不是因为他们是美国人,而是因为他们接受的训练就是这样的"。德国士兵之所以表现得更好,"也不是因为他们是德国人,而是因为他们拥有更切实有效的战术和经验"。同理,英国士兵的"行事呆板"也不是天性使然,而是因为其军官接受的教导就是"有条不紊,谨慎行事"。西德尼·贾里(Sydney Jary)中尉是萨默塞特轻步兵团的一名排长,他在经历了 10 个月的紧张战斗后幸存了下来,他坚信在进攻性和胆识方面,他的部下比所有德国对手都强。"没有差劲的士兵,只有差劲的将官"——这句老话很有道理。一场战斗的胜负往往取决于军队是在进攻还是在防守,取决于可用情报数据的准确性,取决于战场的天气和地形,取决于兵力的多寡和谁的运气更好。

不过,士兵的身体状况和受教育程度确实会对兵员素质产生一定影响。例如,德国和苏格兰的教育水平相对较高,因此其士兵也更为优秀。另外,乡村居民也比城市贫民的身体素质更好。当然,不同国家对士兵的选拔和训练也不同——这一点至关重要。早在 20 世纪 30 年代中期,德国就开始了扩军。可以说,许多纳粹准军事组织 [例如希特勒青年团(Hitler Youth)] 都为德国的军事扩张和国民健康"贡献"颇大。帝国劳工组织让组织成员"用铁锹代替步枪进行训练",并要求"严格保持其清洁,就像照料步枪一样"。党卫军专门针对年轻人发布征兵宣传材料,称他们为"我们明天的前线战友",而德国陆军在招募新军官时的口号则更为传统,例如"在最好和最幸运的职业中,成为男性成就的典范和榜样"。

二战前,所有德国国防军的相关人员都要接受基本步兵训练。西格弗里德·克纳佩(Siegfried Knappe)曾在 1936 年接受过相关训练,他回忆道:"通常,我们每天会进行 3 个小时的步兵训练。我们会穿上野战服,戴上钢盔和防毒面具……我们这样做是为了确保每个人都了解步兵战术——即使他是炮兵或装甲兵。因为,合适的战术通常能够决定战斗结果。"德国人的做法,确保了军官候选人在接受其他专业训练前就已懂得如何带领步兵。

1940 年年底时,德国步兵正处于巅峰期——他们以有限的代价取得了多场重大胜利。但到二战结束前,德军的伤亡人数已多达 500 多万人,这让德军愈发依赖年轻人、老人、病人和心怀不满的外国人。因此,二战末期的德军的战斗力也大打折扣。苏格兰排长彼得·怀特在审视于 1944 年年底被俘的德军时,惊讶地发现:

1944年8月12日，诺曼底。陆军影像部队（Army Film & Photographic Unit）的伯特·哈迪（Bert Hardy）中士让第53（威尔士）师皇家威尔士燧发枪团第6营的二等兵汤姆·佩恩（Tom Payne）摆好"典型的汤米"①姿势。后来，哈迪成了著名的新闻摄影师。在1944年之前，佩恩是一名平平无奇的正规军人。33岁的他，在战前就已入伍，有16年服役经历。尽管如此，他还是没有被晋升为士官。佩恩的斜纹布作战服配有标准的37型装具（37 Pattern webbing）。佩恩的臀部的左侧，悬挂着刺刀和折叠刀（挂在夹子上）——它们和挂在背后的轻型防毒面具一样，都是标准装备。佩恩将信号枪藏在他的一个基础袋后面，并用一根挂绳固定，这种枪通常是由士官（往往是排长）携带的——鉴于佩恩的服役时间较长，他或许在部队里承担了"超出名义军衔的职责"。B连第11排的年轻二等兵们也许还指望着这个老兵能领导他们。佩恩的肩膀上还露出了一把通用勤务铲的铲头——这把铲子被塞在小背包和身体之间，并且略显笨重，但它比小型挖壕工具更实用。（帝国战争博物馆供图，图片编号B9005）

---

① 译者注：全称为汤米·阿特金斯（Tommy Atkins），多被用于泛指英国陆军士兵。

与我们的士兵相比,被俘虏的德军士兵的"种类"似乎要多得多——有年迈的、年轻的、肥胖的、粗野的(这些俘虏还算符合正常人的预期)……还有一些又冷又怕、虚弱得直喘气的人,这些人身材矮小,可怜兮兮的,他们的制服脏乱不堪且非常不合身。这些俘虏中的大多数人都带了很多东西(烹饪锅、军用饭盒、黑麦面包、装满含酒精饮料的水瓶和外观难看的重口味香肠等),他们没有钢盔,几乎都戴着鸭舌帽,看起来就像是一群摇头晃脑的秃鹫。他们的防毒面具很醒目,看上去像是罐头,这一点常让我思考,因为我们总是把防毒面具留在位于后方几英里处的后勤梯队那里。

与德国不同,美国直到1942年才开始大举扩军。一开始,应征服役者在美国的总人口中的占比不高,因此军队的审核标准也比较高。根据约翰·埃利斯(John Ellis)的记录,仅由于精神因素,军队就排除了大约200万名准应征者。即便如此,美国步兵部队获得的人才依然少之又少——因为那些具有相关民间专业技能的人才被筛选出来,投入了保障部队。正如美国官方资料所记载的那样,"在分配普通军人时,并没有考虑其身体素质……原始的分配并不会考虑一个人是否会参加白刃战,是否需要徒步长途跋涉,是否能够背负沉重的包裹,或者是否能够在一段时间内不吃不喝且不休不眠"。

与当时的德国相比,美国的优势较大:有强大的工业实力作后盾,不用担心本土被轰炸,无须分出兵力为被征服的国家提供驻军。此外,当时美军的名声还算不错。在提到美军时,敌人的孩子们想到的是糖果,而不是暴行。最终,德国士兵意识到,向美军投降是一个不错的选择——尽管从统计数据来看,"最值得投降的对象是加拿大人"。实际上,在战争初期,美军缺乏拥有专业知识和丰富经验的教官,许多美国大兵都记得,那时的培训是由实战经验有限的下级士官在大型演讲厅内进行的。虽然"必须防止菜鸟大兵在战斗中用刺刀'按动作编号'刺死敌人"的故事很可能是杜撰的,但由于没有更好的方法,有时美国士兵仍只能"像鹦鹉学舌般学习相关手册中的内容"。

英军步兵深受历史和传统习惯影响。在二战之前,除了1916—1918年,英国从未大规模征兵,英国人对任何军国主义文化也都抱有一定怀疑态度。而且在大多数英国人看来,皇家海军才是"高级军种"。此外,和美国人一样,大多数英国人都相信一旦成为步兵，自己将无法在前线获得完整的装备。第 47 师的厄特森·凯尔索少将指出，人们经常认为步兵部队是"收容最低级军人的合法垃圾场"。不仅如此，1914 年至 1918 年期间骇人听闻的伤亡，也在英国催生了一种舆论氛围，即"决不能浪费生命"。到 1944 年，英国已经历了 5 年战争，还遇到过不少挫败和逆境。这让一些身居高位的将军们变得保守和瞻前顾后，而且他们还深深记得在一战中担任下级军官时的经历——其中一个典型或许就是蒙哥马利。《星条旗报》（*Stars and Stripes*）的编辑 E.M. 卢埃林（E.M.Llewellyn）少校发现英军和美军的想法存在根本性的不同，他表示："英国人的想法是——不管会在现在和未来犯下什么错误，他们都将英勇战斗至最后一刻，直到取得胜利。而美国佬的想法是——地球上没有可以阻挡他们的力量。"

大英帝国（包括其自治领）的领土辽阔——这既带来了巨大的资源优势，也产生了一些好坏参半的因素。虽然该国看似具有人口优势，但这种优势有时会被以下劣势所抵消：英国需要在全球各地承担防御责任，并会因此而遭遇种种通信和补给问题。在北非和意大利，他们投入了大量印度士兵——虽然其中的佼佼者无比忠诚可靠，但印度士兵的总体素质仍然参差不齐。似乎只有加拿大士兵融合了美军和英军的传统优点，而又没有"继承"过多的缺点。

综上所述，虽然种种潜在因素都很重要，但战斗的结果最终取决于以下几点：条令、武器、训练、编制，以及小分队战术。

训练：野战技能与战斗技能

尽管在一战期间，侦察兵和狙击手们就学会了伪装和移动技能，但从本质上讲，这些复杂技能的教学却是在战间期（从一战结束后，到二战爆发前的这段时期）开始普及的。一战时期的训练专家艾弗·马克西（Ivor Maxse）将军的门生、1921年版《步兵训练与步兵战术学》的作者巴西尔·利德尔-哈特（Basil Liddell Hart）先生认为，现代步兵必须是"跟踪者、运动员和神枪手"的三者合一——二战爆发后，这一概念已经成为步兵的决定性特征。美国于1944年6月发布的《作战手册》指出：

步兵要有在险峻地形中机动的能力。由于运动编队小，不易被敌人察觉，所以他们可以利用隐蔽的接敌路线和较小的地形起伏……步兵必须巧妙利用地形——这不仅有助于发扬火力，还能减少人员损失和隐藏行动踪迹，并为预备队的运用和机动创造有利条件。

人们通常认为，卡通式手册是现代美国的创举。但事实上，这类手册的诞生至少可以追溯到一战时期。在两次世界大战之间，德军编写了多种训练图解手册，其风格颇为奇特，甚至还富有漫画色彩。其中，博多·齐默尔曼（Bodo Zimmermann）少校的《士兵手册》（Die Soldatenfiebel），就用照片和线条画来教士兵们该如何隐蔽进行"战场机动"，比如：用插图的方式告诉新兵，要将武器横放在身体前面或挂在脖子上，用肘和膝发力向前爬行——类似于英军的"匍匐前进"（leopard crawl）；用图片来展示被称为"贴地匍匐"（gleiten）的行动方式；用文字配图的方式，来讲解火力散布与隐蔽。此外，《士兵手册》中的内容还包括：人员伪装、土工作业、如何依托树木射击、如何使用树桩作为支撑点、怎样趴在伪装掩体下方以近乎隐蔽的姿态射击，以及如何在各种射击位置快速装弹和瞄准等。

1938年，韦伯（Weber）在《士兵教科书》（Unterrichtsbuch für Soldaten）中用线条画来展示"正确或错误的行为"。在这本书中，有些角色拥有水桶形的脑袋——这表示他们犯下了重大错误，例如漫不经心地穿过开阔地带，使用显眼而孤立的地物（地面上各种有形物和无形物的总称）来充当掩体，以及未能仔细观察战场环境等。韦伯认为，最致命的错误是"扎堆在一起"——这会让士兵成为敌人的靶子。

燧发枪团的士兵佩恩将小背包里的东西铺在一条毛巾上：卷起的防毒斗篷（兼具防水功能）、袜子、剃须和洗漱用品、备用鞋带、应急口粮罐头、标有"糖、盐和火柴"字样的罐子（可能会被他用于盛放香烟、饮水消毒包、刷子、刀、叉和勺子）、巧克力棒、军用饭盒、迷彩面罩、羊毛巴拉克拉法帽（Balaclava）。另一张同系列的照片显示，佩恩还在铁铲收纳包中装着皮革防水油、一个靴刷和步枪清洁工具包。（帝国战争博物馆供图，图片编号 B9010）

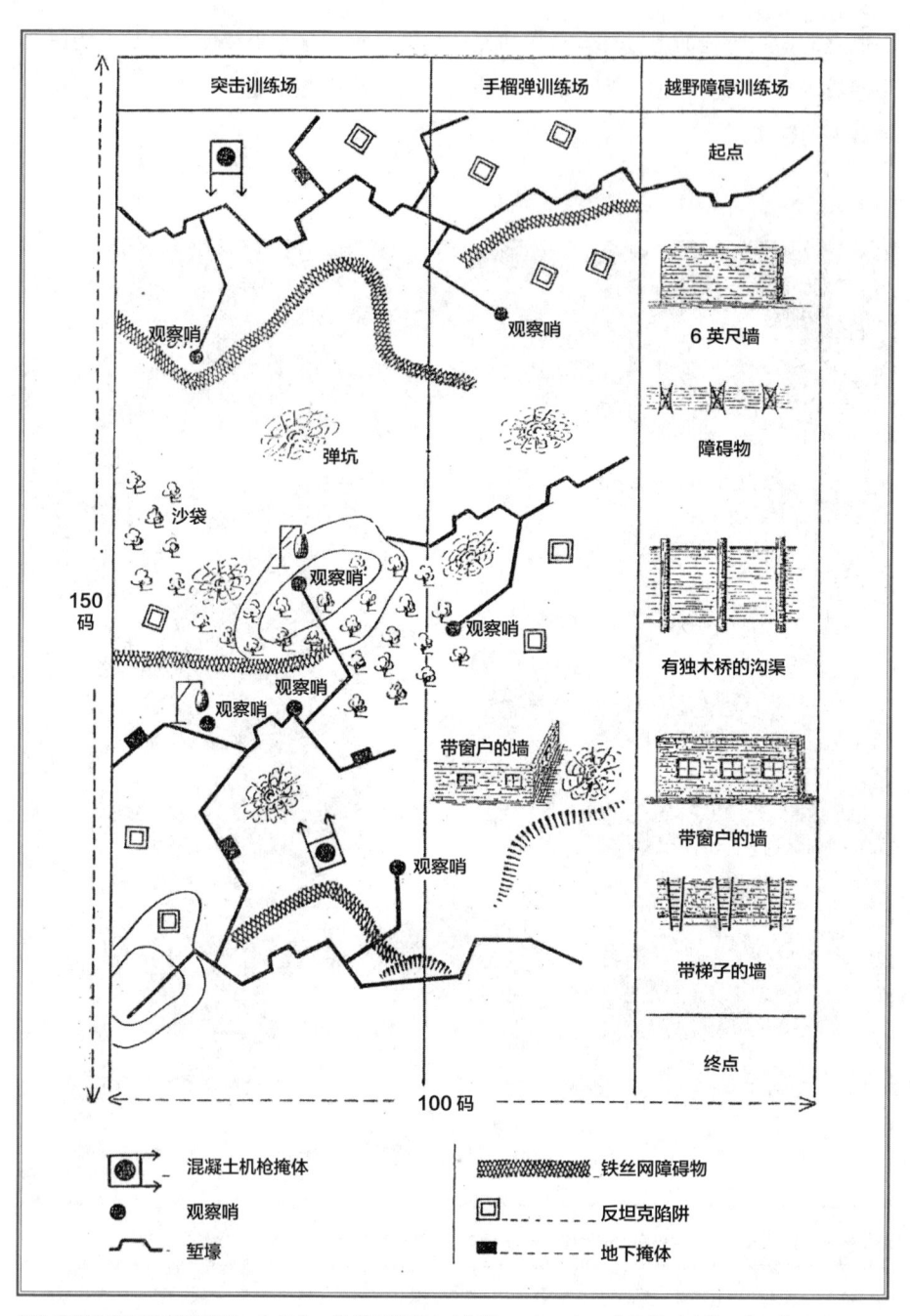

图为典型的德国近战训练场——摘自一份德国半官方出版物。1941年，英国期刊《德军笔记》翻译出版了该图片。

后来，各国都开始制作军教片，以此作为演习、讲座和手册的补充。为此，美国人动员了好莱坞的制片商，德国人将整个电影工业收归国有，甚至连英国也制作了大量电影训练材料。早在1942年5月1日，英国就已经有154部军教片面世（另有107部正在制作中）。这些电影主要分为三大类：基本训练影片、装备教学影片和背景信息影片。各单位都可以从"影片库"中自由借阅这些影片。

德国在战争初期的训练手册中指出，可以在"一块宽约100米、长约150米的地皮上建造一个用于步兵训练的场地，以进行仿真训练"。一般来说，这种训练场应包括三个部分，分别是：越野障碍训练场、手榴弹训练场和突击训练场。在理想情况下，这种训练场应具备以下要素："残垣断壁、建筑物、反坦克陷阱、铁丝网、弹坑、放置沙袋的框架、树木和灌木丛。"此外，德国人认为，如果将训练场建在丘陵地带或地势崎岖的地方，则有助于"打造部队的灵活性"。

在越野障碍训练场中，受训人员可以学到穿越沟渠、攀爬墙壁、冲过各种障碍（如木板和独木桥）的技巧。教官将鼓励受训者通过合作的方式来跨越高难度障碍，并让他们跳下高墙，以让其变得更勇敢。在手榴弹训练场里，受训人员既可以学习"在近战中从不同位置投掷手榴弹"，也可以练习使用其他武器。在突击训练场里，受训人员可以学习如何将"相关经验教训应用于具体演习场景"。值得一提的是，教官们经常会使用假人来辅助训练。

德国人还会在训练场中布置炸药和其他装置，以便让士兵"充分发挥主动性，并避免在行动中生搬硬套所学的东西"。需要说明的是，在德国人的分队突击训练项目中，还包括"攻击野战工事"训练。德国人在战术训练中很注重"速度和突然性"——这需要部队集中各种资源，并果断扩大战果。在德军中，各级军官都被要求掌握主动权、牢记目标，以及简化规划流程。

1944年，美国人在《侦察、巡逻和狙击》手册中对现代野战技能进行了全面介绍。美军对掩护（cover）和隐蔽（concealment）作了特别明确的区分：掩护是"为躲避敌方火力而采取的行动"，隐蔽是"为躲避敌方观察而采取的行动"。该手册认为，个人隐蔽应遵循"保持静止不动""掌握俯卧观察技术""学会与背景融合""不可在物体上方观察敌情"和"从隐蔽物右侧向外射击，最大限度隐藏自己身体"等原则。此外，该手册还着重讲解了个人伪装问题（包括遮盖装备）：

在鼻子、嘴巴和脸颊上涂抹伪装色，可用的材料有：烧焦的木头、曲轴箱油、油彩和带有烟灰的凡士林等。请记住，泥浆风干后颜色会变淡，而许多黑色物质会反射光线……如果用手捏碎青草，手上会留下污渍，这种污渍会存留大约10个小时……在涂抹伪装色时，不可漏掉以下部位裸露的皮肤：后颈、胸部、下臂、手背和手掌。如果身处岩石之间或开阔地带，应将皮肤涂抹成深色……可利用麻袋或沙袋临时制作伪装服……

美国人认为，如果没有可用的迷彩服，侦察兵应在普通作训服上用油漆、染料或油涂上"不规则的斑点"。头盔可以用网、泥或头盔罩来进行伪装，头盔罩可以"用一块大约20英寸见方的布或粗麻布临时制成——需要涂上不规则的色块，以便与背景融为一体"。在用网、金属丝或麻线来对头盔进行伪装时，应做一定的修饰和遮盖，以模糊头盔的轮廓。最好不要让树叶竖起来，否则人员移动位置时，它们就会变得颇为醒目。

二战期间，刀剑造成的死伤少之又少。但让人惊讶的是，作为一支强调火力的部队，美军却非常重视刺刀训练。因为美军认为此举有助于培养士兵的意志力和攻击性。对此，巴顿（Patton）曾说过一句非常精辟的话："死于刺刀者寥寥无几，闻刺刀而丧胆者不胜枚举。"1943年，美国人在野战手册《刺刀》中解释道：

在肉搏战中，"迎击和消灭敌人的意志"就是刺刀精神。它源于战士的信心、勇气和不屈不挠的决心，是经过严格训练的结果……当受训者能够熟练使用刺刀时，他会表现出使用刺刀的意愿，并且这种意愿会随着自信心的增长而增强。受训者的体能可得到"充分发掘"，其对武器的信心可以达到顶峰……这一切的最终体现就是刺刀精神——勇猛而无情地杀死敌人。战士用刺刀发起攻击前使用的每一颗子弹、炸弹、炮弹和手榴弹的杀伤力，都会使敌人愈发恐惧刺刀。

该手册指出，在某些情况下，刀剑可能比其他武器更好用，例如在执行夜间渗透任务时，或者在近战中敌我混杂时（手榴弹和子弹可能会误伤友军）。美国的白刃战训练，要求士兵掌握一系列动作。这些动作的起手姿势是"防守姿势"或"端枪姿势",后续动作包括"旋转"(转身并格挡对手的攻击)和各种攻击动作,如"长刺"和"短刺",用枪托垂直击打、横向击打、"猛击"和"砍击"等。其中,"砍击"一般在对手位于枪托的打击范围之外或已在战斗中倒下时使用。如果对手离得太近,刺刀无法发挥作用时,士兵应该用枪托猛戳对手。有意思的是,这本手册还特别指出"在不需要杀死对手时,用刺刀刺他的屁股特别有用",以及"如果在白刃战时使用各种阴招,威力会更大":

1937年,德国《基础体能训练》手册中的一幅插图。这幅插图展示了投掷手榴弹的三种姿势——站姿、跪姿和卧姿。

在使用枪托打击对手时，士兵可以尝试绊倒对手、用膝盖顶击其腹股沟，或者踢他的腿。在堑壕、树林和灌木丛中作战时，或者在横向移动受到限制的情况下，一旦发生混战，用枪托打击和砍击敌人是特别有用的招数。

英国对步兵的训练一直被人批评为落后，理由是该国于1937年发布的旧版《步兵训练》手册直到1944年3月才获得全面更新。虽然这是事实，但我们仍必须指出，英军的野战技能训练绝非停滞不前，在某些领域，英国的战术家还借鉴了德军的技巧。例如，在1941年，有人注意到德军更注重"防御隐蔽性"，并会"让机枪火力越过友军来攻击敌军步兵"。几个月后，上述两点就被纳入了英国官方教材中。此外，"战斗学校"和"仇恨训练"也让英国步兵的训练日益严谨。早在1940年，战斗学校就已经诞生了——位于奥斯特利公园的英国国民军学校就是其早期代表。该校是为"训练真正的士兵"而建立的，由曾参加一战和西班牙内战的老兵汤姆·温特林厄姆（Tom Wintringham）上尉管理。正如1940年9月的《图片邮报》（Picture Post）上的一篇文章所述，学员们被教导"要自信和机智，善于使用阴影和掩体"。该校还以"现代战术概论以及德国战术的现在和未来"为主题，开展了一系列讲座和演示，内容包括：如何使用普通手榴弹、地雷、反坦克手榴弹、各种型号的步枪、猎枪和手枪；如何伪装、侦察、跟踪和巡逻；如何在敌占区开展游击战；如何使用烟幕弹；巷战战术和城市防御战术……这所学校的目的是将英国国民军士兵训练成一流的非正规军。不久之后，英国又成立了一批正规军师级战斗学校，其中最有名的可能是于1941年7月在切尔伍德门成立的第47师战斗学校。此外，英国还在达勒姆郡的巴纳德城堡建立了一所中央战斗学校，专门用于培训师级战斗学校所需的教官。

虽然战斗学校对改进步兵战术的帮助很大，但是"仇恨训练"却很容易沦为闹剧。在1941年年底到1942年年初的这段时间里，战斗学校的教官向学员们展示了一些关于德国所实施的暴行的照片，并带领后者参观了当地的屠宰场。在演练过程中，学员们被要求大喊"杀、杀"和"恨、恨"。有时候，为进一步增强真实感，学员们还会在练习刺杀时使用动物的血。虽然战斗学校这样做的目的是"让士兵熟悉战斗的真实情况，并使他们变得更坚强"，但这些不切实际的"血腥和仇恨"场景却大多被英国人的幽默感玩坏了。在高级指挥官的反对下，这类活动于 1942 年 5 月被正式取消。

　　1942 年 10 月，英国发布了临时出版物——《教官野战技能和战斗训练手册》(Instructor's Handbook on Fieldcraft and Battle Drill)，这是该国在步兵训练领域的重大进步。虽然还有许多内容有待后续出版物来完善，但该手册的页数仍有近 200 页，且内容丰富。该手册使用了图表、图片和漫画来"传达信息"。此外，尽管"临时"与"教官"等词语表明该手册的应用范围有限，但其发行量仍至少有 175000 份——相比之下，1944 年发布的《步兵训练》(Infantry Training)最终版本的发行量为 300000 份。

本图摘自英国手册《单兵轻武器训练：刺刀》(1942 年)。这本手册中有一句话说得很对：武器训练只有一个目的——让所有官兵学会以最有效的方法来使用武器杀敌。原图的图注是"图 3——拔出刺刀（用脚）"。

英国还广泛发行了各种单行本手册。《伪装要点》（Notes on Camouflage，1939年）强调"隐蔽是一个事关常识和良好纪律的问题"，并解释称，如果士兵"想突袭敌人，或阻止敌人充分利用武器，他必须要隐藏好自己"。此外，该手册还提及，"应尽量避免移动，特别应该避免在露天环境下移动；如果必须移动，则应进行不规则移动，以避免暴露部队行踪"。为展示重要事项，《伪装要点》还使用了一系列线条画，比如用线条画的方式来展示"不要使用孤立的掩蔽物"和"如何合理利用阴影"等。《出其不意：攻击的首要原则》（Surprise: The First Principle of Attack，1941年）同样值得一提，它是一本专为士官设计的卡通风格的手册。从内容上来看，该手册更像是一本作战技能和伪装技巧参考书。另一本值得一提的手册是《单兵作战训练》（Individual Battle Practices，1943年3月），该手册介绍了"射击和合理利用地形的最佳方式"。英国人在《单兵作战训练》中描述了一种名为"潜行者"的训练方式（旨在让士兵学会隐秘前进）：

……为此，士兵需要按时间安排，悄悄前进大约100码，最终与战斗阵地内的人形目标"交战"；教官们可以通过潜望镜来观察受训者，并在看到后者时发射一发子弹或空包弹，从而增加令人恐惧的真实感。

作战技能的基本原理具有互通性。美国于1942年和1944年发布的战术手册，几乎逐字翻译了德国官方步兵手册——《步兵训练大纲》（Ausbildungsvorschrift für die Infanterie，1941年）中的某些段落。某些英国出版物（如《伪装要点》）中的章节也几乎可以和美国与德国的战术手册互换。英国人明确声明《英国陆军手册》（1942年）"效仿了德国人的方法"，并在一份《陆军训练备忘录》（Army Training Memorandum）中告诉军官要避免使用德军的战术术语。而且，就连英国国民军也拥有许多"非常现代化的作战技能手册"——其中内容最详细的一本，是约翰·兰登-戴维斯（John Langdon-Davies）少校私人编写的《国民军野战技巧手册》（The Home Guard Fieldcraft Manual，该手册于1942年首次出版）。兰登-戴维斯表示："这本书是基于我担任东南司令部作战技能学校司令的实践经验编写而成的。"尽管名为《国民军野战技巧手册》，但该手册显然还能充当正规军和陆军军官候补生的补充学习材料。另外，除了"伪装、利用天然掩体、移动和反空降等常见内容"，该

100
钢盔伪装方法

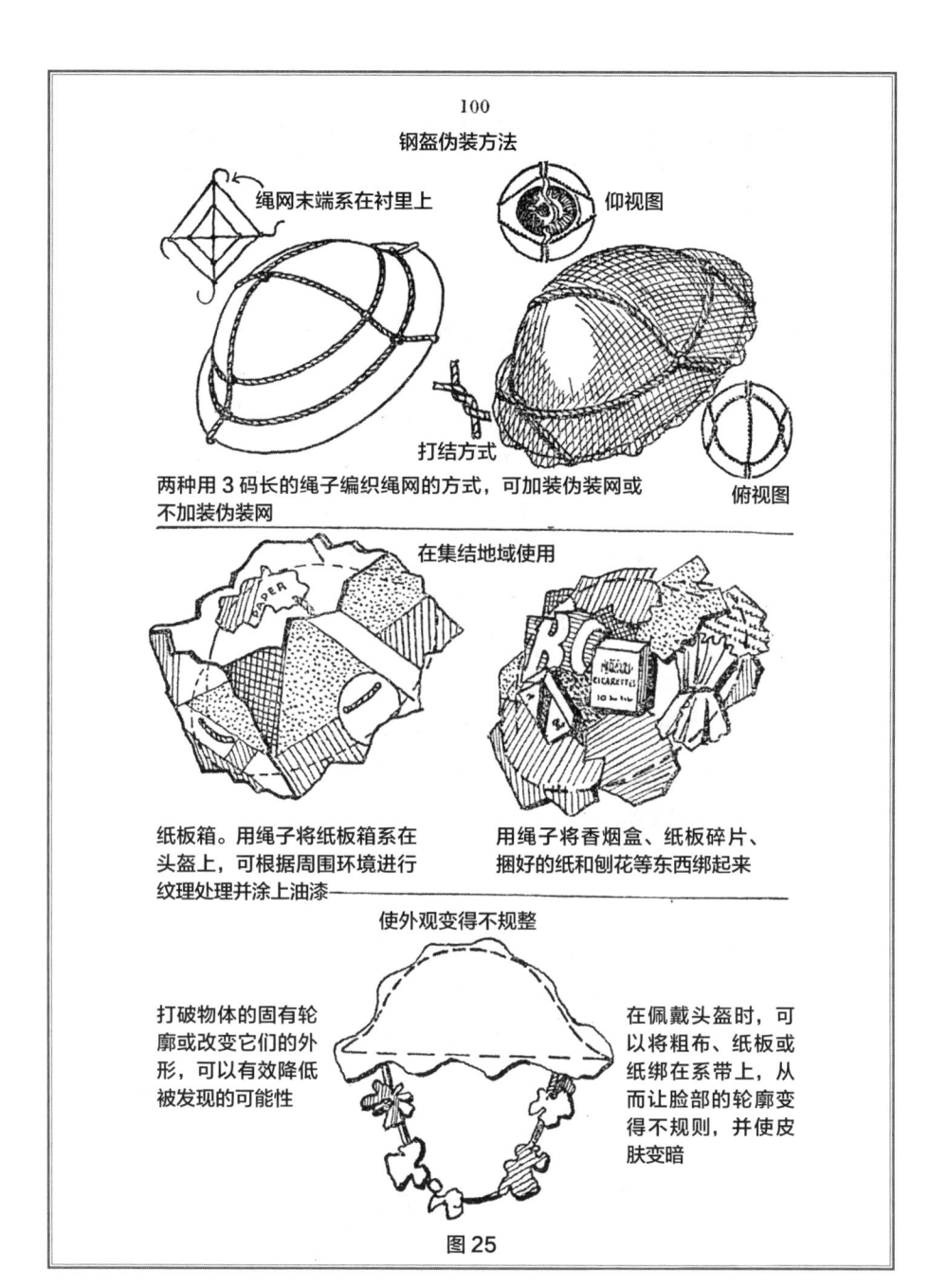

绳网末端系在衬里上

仰视图

打结方式

俯视图

两种用 3 码长的绳子编织绳网的方式,可加装伪装网或不加装伪装网

在集结地域使用

纸板箱。用绳子将纸板箱系在头盔上,可根据周围环境进行纹理处理并涂上油漆

用绳子将香烟盒、纸板碎片、捆好的纸和刨花等东西绑起来

使外观变得不规整

打破物体的固有轮廓或改变它们的外形,可以有效降低被发现的可能性

在佩戴头盔时,可以将粗布、纸板或纸绑在系带上,从而让脸部的轮廓变得不规则,并使皮肤变暗

图 25

伪装英国 Mk II 钢盔,并实现战场隐蔽的建议——摘自《英国国民军防御组织》(*Organisation of Home Guard Defense*,1943 年)。该手册建议士兵通过在头盔上粘贴废弃烟盒的方法,在巷战时进行伪装——这一想法可谓相当奇特。

"PREPARE FOR BATTLE"

Helmet
Hessian knots plus natural garnish to break the dome and shadow under the rim.

Face, Neck, and Hands
Highlights darkened with camouflage cream, soot, dark blanco, or cocoa.

Rifle
Darken shiny metal with matt paint. Dark hessian cover conceals shiny buttplate.

Webbing
Dark blanco No. IA or 3. All brass painted with dark paint.

Haversack
String holds hessian. Knots, plus natural garnish, to destroy square shape.

Respirator
Dark blanco.

Boots
Dubbined.

Fig. i

这张标题为"准备战斗"的海报摘自《步兵训练》。

HELMET	头盔
Hessian knots plus natural garnish to break the dome and shadow under the rim	打结的粗麻绳，辅以天然伪装物，以遮掩盔顶与头盔边缘
FACE, NECK, AND HANDS	面部、颈部和手部
Highlights darkened with camouflage cream, soot, dark blanco, or cocoa	用迷彩膏、烟灰、深色布兰科涂膏或可可粉抹脸，以降低面部反光
RIFLE	步枪
Darken shiny metal with matt paint	涂抹亚光漆
Dark hessian cover conceals shiny butt-plate	用深色麻布套来防止枪托底板反光
WEBBING	弹药袋
Dark blanco No. IA or 3. All brass painted with dark paint	深色布兰科涂膏，色号为 NO.IA 或 NO.3。所有金属部件均应喷涂深色油漆
HAVERSACK	背囊
String holds hessian. Knots, plus natural garnish, to destroy square shape	用绳索将麻布绑在背囊表面，并辅以绳结和天然伪装物，以遮掩背囊的方形外观
RESPIRATOR	防毒面具
Dark blanco	深色布兰科涂膏
BOOTS	靴子
Dubbined	需涂抹皮革防水油
Fig. i	图 1

左侧图片的中英文对照表。

1944 年夏，在诺曼底科隆贝勒（Colombelle）附近的某处阵地上，一名加拿大士兵正在快速移动。他的嘴里叼着一根烟，右臂受了伤——裹着一圈野战绷带，并吊着一条吊带（他的头盔后面还塞着一包绷带）。他已经丢弃了腰带和上衣，但仍紧握着上了刺刀的步枪。注意，这名士兵的腿上还挂着一把插在刀鞘里的费尔贝恩·赛克斯（Fairbairn Sykes）军刀。（帝国战争博物馆供图，图片编号 AP269916）

手册还介绍了在城市环境下进行隐蔽和狙击的方法。

1942年，英军总结了几种战场移动方式：

"步行行军"。在没有实际交战时，士兵应抬起头，在行进过程中随时保持观察周围环境。步枪手应让步枪处于待击发状态，并采用左手横握或两手握枪姿势。士兵要做到"人枪一体，而不仅仅将枪当成是一种工具"。步行行军动作应平衡流畅，既要做到能够快速停下，又要避免忽动忽停，从而引人注意。

"豹式爬行（或匍匐前进）"。手持步枪，枪口向前或用左手将枪托置于右腋下（苏联人会用一只手抓住枪口帽，并将步枪放在另一只手的前臂上）。布伦（Bren）轻机枪（布伦机枪）两人小组组员的匍匐前进方式略有不同，包括：每人抬着机枪的一头；将两脚架的支腿钩在其中一个人背部的装具上，另一个人抬起枪托。当然，一个人也能带着布伦轻机枪慢慢侧身爬行——他可以把枪放在小腿胫骨上。

"哥萨克式爬行"（Cossack Crawl）。这种方式"适合在低矮掩体后方移动"。士兵需要先蹲下来，然后每次将一条腿从侧面绕到前面（另一侧的膝盖跪地，以承受身体的重量）。

"猴子跑"（Monkey Run）。士兵要握紧拳头，双手和双腿同时运动，冲刺的速度越快越好。为避免耗尽体力，士兵应先冲刺15码左右的距离，然后缓缓减速并暂停下来——他要一直重复这套动作，直至抵达目标。

"翻滚"（Roll）。在被敌军发现后，士兵可以通过这个动作迅速移动。需要注意的是，士兵应把步枪握在手里，并使其保持离地状态，以免枪支沾到泥土。

"奔跑"。对于布伦轻机枪手而言，这可能是难度最大的移动方式。他们必须将机枪扛在肩上，让枪身位于两个人中间，或者将枪管搭在一个人的肩上，以便在移动中射击。

"鬼步""猫步""小猫爬行"（Ghost Walk、Cat Walk、Kitten Crawl）。这些都是专为夜间移动而设计的动作——在夜间行动时，隐蔽和安静要比速度更重要。在使用鬼步动作时，士兵应抬高双腿并缓慢前行，避开长得较高的草丛和障碍物；在使用猫步动作时，士兵要用手和膝盖缓慢向前爬行，并避开树枝或可能会发出嘈杂声的小碎片；在使用小猫爬行动作时，士兵要用脚趾和前臂来支撑身体。

除了避免被敌军发现，士兵还要掌握索敌技能。为此，他们需要进行观察训练。这些训练也被称为"耳目演习"，其中有一个被俗称为"砰砰声和爆裂声"的项目比较有趣。在进行这一训练时，隐藏的步枪手会朝受训者头顶上方射击，以便让受训者学会区分枪支发出的"砰砰"声和子弹飞过时的爆裂声。受训者需要通过倾听枪声和观察烟雾，来找到步枪手。此外，军方还会教导士兵如何在万不得已的情况下吸引火力，其中一种方法是：引诱狙击手向某个地方开火，再让其他人进行还击。令人吃惊的是，有些士兵还会采用一种骇人听闻的方法来吸引火力：脱离掩体，跑出几米后再卧倒。他们相信，由于自己脱离掩体的时间很短，敌人可能会来不及瞄准。

此外，英军还非常重视"战斗免疫"训练，并且宁愿无视训练风险。英国人会尽量模拟战斗场景，让士兵"习惯战场上的噪声和冲击"（事实上，这一方法早在16世纪就已被人采用，但主要用于训练战马）。除了在训练中尽量使用实弹之外，《教官野战技能和战斗训练手册》还建议：

在演习期间，部署神枪手向受训者头顶上方发射实弹；使用"闪光"来模拟敌军迫击炮火力；让飞机在受训者上方低空飞行。此外，还有一项最艰难的考验：先要求受训者挖掘掩体，然后让坦克从掩体上方碾过去。在这种情况下，受训者想必会"感到非常害怕"。但当他们发现自己躺在掩体底部毫发未损时，他们必将信心大增。

有趣的是，在德军"大德意志"师服役的盖伊·萨杰（Guy Sajer）也描述了一次几乎与英军一模一样的"战斗免疫"训练：

由于已经学会了如何在最短的时间内挖出一个散兵坑，所以我们毫不费力地挖出了一条长150米、宽0.5米、深1米的堑壕。我们接到的命令是以紧密队形进入堑壕，无论发生什么事，均不得离开这里。然后，有4—5辆三号坦克朝我们驶来，并以不同的速度越过堑壕。单是这些坦克自身的重量，就让它们在地面上

63

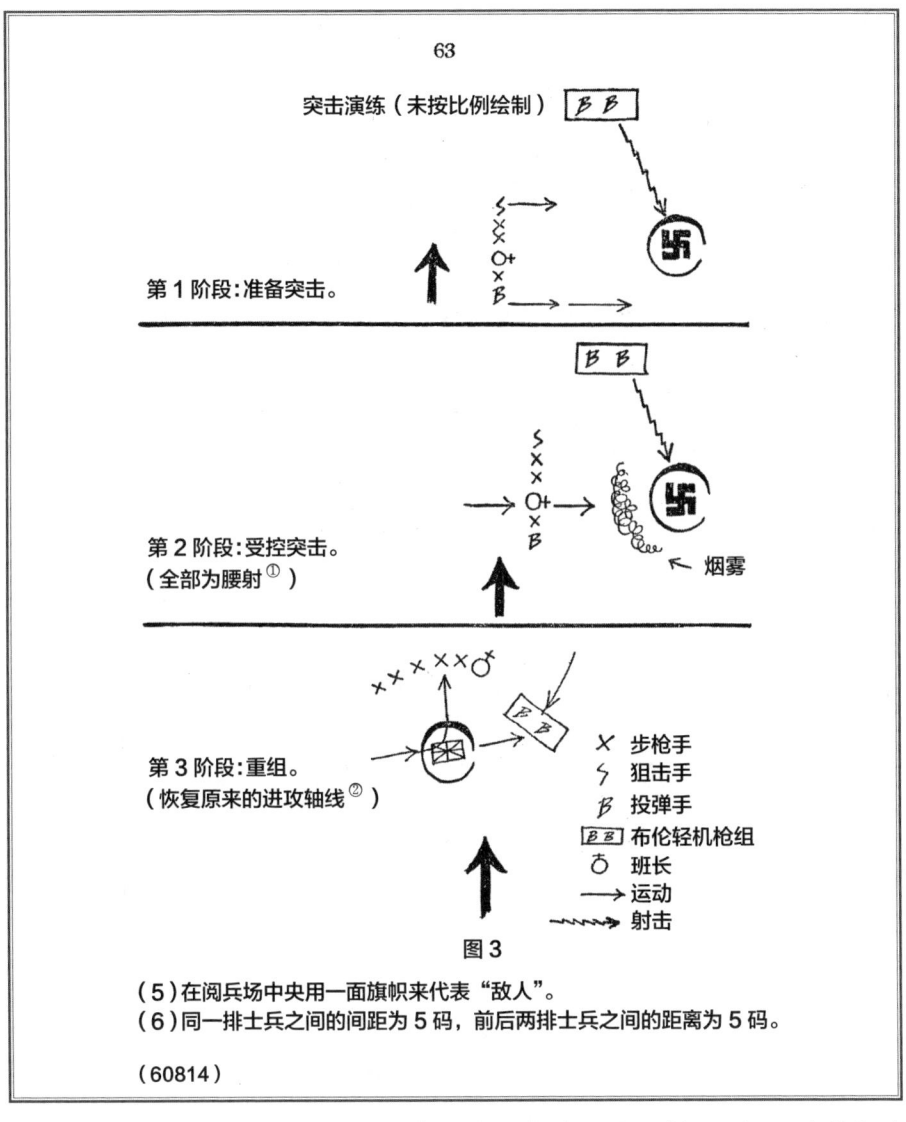

突击演练（未按比例绘制）

第 1 阶段：准备突击。

第 2 阶段：受控突击。
（全部为腰射①）

←烟雾

第 3 阶段：重组。
（恢复原来的进攻轴线②）

× 步枪手
⚡ 狙击手
Ƀ 投弹手
BB 布伦轻机枪组
☿ 班长
→ 运动
⌇ 射击

图 3

（5）在阅兵场中央用一面旗帜来代表"敌人"。
（6）同一排士兵之间的间距为 5 码，前后两排士兵之间的距离为 5 码。

（60814）

英军步兵班在阅兵场上进行突击训练的方法，摘自《教官野战技能和战斗训练手册》（1942 年 10 月）。这是一个 8 人制步兵班，其编成内有步枪手、狙击手、投弹手和一个两人制布伦轻机枪组（两人布伦轻机枪组）。

---

① 译者注：腰射（Firing from hip 或 Hip fire），一种射击方式，通常被用于近距离战斗或紧急情况，指在不使用瞄准器的情况下，将枪支置于腰部位置开火。

② 译者注：进攻轴线（Axis of advance），为便于控制而指定的进攻线，通常为一条或数条向敌方阵地延伸的道路，或者一系列指定的地点。摘自美军联合出版物《美军军语及相关术语辞典》。

留下了5—10厘米深的痕迹。当这些坦克的履带在离我们头顶只有几厘米远的地方出现时，我们发出了惊恐的叫声……

在第51高地师中，军官们"把这个创意玩出了新花样"。他们会先让米德尔塞克斯团机枪营的士兵用维克斯机枪向苏格兰高地兵团的士兵开火。然后，再在"米德尔塞克斯团的士兵躺在堑壕里时"，命令加拿大人的坦克碾过堑壕。长此以往，士兵们就"慢慢习惯了这种待遇"，正如《教官野战技能和战斗训练手册》所描述的那样：

一般来说，受训部队应该达到以下状态：在看到坦克和飞机时，他们会感到无聊和厌倦……忽略所有噪声……无视从身边掠过的子弹。但千万不要去尝试故意惊吓他们——这将与震撼教育①的目的背道而驰。

在战术细节上，英军更注重向士兵灌输"战斗规程"（简单的具体问题处理程序）。英军这样做，能够让应征入伍的公民迅速掌握战斗基础知识。不过，这种"填鸭式教育"仅仅只是一个开始。《教官野战技能和战斗训练手册》是这样描述的：

如果传授得当，本手册将不会束缚学员的创造力，不会让他们生搬硬套。事实上，本手册可以为下级指挥官打下坚实的基础——以后，这些军官可以据此发展出自己的指挥风格。这就像是在培养年轻的板球运动员时，先传授他们基本的击球规则，然后再让他们形成自己的风格。

在一战期间，作为突击队和侦察兵技能，徒手格斗和持刀格斗得到了一定程度的发展。不过，在1939年之前，这类技能仍相对不受重视。此后，这类技能经历了一次革新。在敦刻尔克大撤退（Dunkirk Evacuation）之后，英国在一份《陆军训练备忘录》（1940年7月）中对这类技能表现出了浓厚的兴趣。英国人在该备忘录中明确指出：

---

① 译者注：震撼教育（Battle inoculation），即在拟真环境下进行训练，让士兵为参与实战做好准备。

空手夺白刃——摘自美国野战手册《刺刀》(1943年9月)。原图的图注是"图16——先用左手格挡，然后伺机夺下对手的武器"。

徒手格斗训练的目的是让士兵哪怕身陷绝境，依然能保持自信、果断出击，并尝试掌握主动权。在战场上不是你死就是我亡，对待敌人绝不可心慈手软。虽然英国人不常用，也不屑于用踢裆和插眼等招数，但如果是在战场上，就不应该有所顾忌。此外，重拳抢击的威力也不可低估……钢盔同样可以充当武器——头戴钢盔，可以用头去撞击敌人；手持钢盔，可以用钢盔去砸敌人。

受这种"尚武"之风的影响，各种私人编纂的相关手册层出不穷。其中包括不少"供英国国民军和各军种"使用的佳作，如伯纳德（Bernard）著《突击队和游击战：徒手战斗》(*Commando and Guerrilla Warfare: Unarmed Combat*)——该书传授了擒拿、反擒拿和暗杀技能，以及"强迫招供"的方法。此外，该书还传授了一些用处有限的招数，比如怎样防止敌人拉扯你的头发，以及如何将德国士兵"绑到一根电线杆或路灯杆上"。W.E. 费尔贝恩（W.E.Fairbairn）上尉于1942年出版的《战斗全解》(*All In Fighting*)，也是一本声名卓著且极其实用的著作。这本书用大量插图讲解了击打、擒拿和踢打动作，并希望士兵摒弃"竞技心态"，在行动中"依靠直觉，自主行动"。该书最著名之处是对军刀（如新型费尔贝恩·赛克斯军刀和双刃直刀）进行了详细介绍。不过，这本书也描述了"如何防止被敌人揪头发"这样的没有多大实用性的招数。

有趣的是，美军却在野战手册《刺刀》中指出，"所有徒手格斗都是为了给拿起武器创造条件"，如果两手空空，士兵应立即做出如下应对措施：

理想情况下，可以捡起一件废弃的武器继续战斗。否则，就应该尝试从敌人手中抢夺武器……主要是从敌人手中抢夺步枪或军刀。在此期间，士兵应无视一切规则……可以用踢裆、插眼、锁喉、肘击、拳击或抛掷物品的方式来击打敌人……

步兵班的精神特质

步兵的基本单位是班,某些德军指令文件也将其称为"火力单元"。一个班一般有十人或十余人,是最小的战术单位。这种最小的战术单位,是"凝聚士气的基石"。

在坚持拼杀和咬牙前进时,几乎没有老兵会想到什么爱国理想或政治信条,让他们能够坚持战斗的真正原因通常是"不能让身边的战友失望"。正如达勒姆轻步兵团第16营(16th Durham Light Infantry)的通信兵罗纳德·埃利奥特(Ronald Elliott)所说的那样,他的动力来自"对自己和伙伴的尊重"。美军士兵一般两人一组行动,他们同样重视所谓"散兵坑情谊"——第101空降师(101st Airborne Division)的迪克·温特斯(Dick Winters)少校称之为"战斗老兵之间非比寻常的纽带",而一位美国评论家则称其为"生死兄弟情"。正如《步兵训练》中所述的那样,一个班就是一个"团队",应尽可能减少其人员变动,并努力培养"团队士气"。在形成这种超乎寻常的友谊期间,有一点至关重要——团队成员必须有共同的经历。国王直属苏格兰边民团的彼得·怀特中尉回忆说,这种经历"能颠覆所有已知价值",甚至显得有些荒诞——一个人前一刻可能还在与战友抱团取暖,但在一个小时后,他们可能就会变成一堆冰冷的尸体。战争是疯狂的:很多士兵都稚气未脱,但却需要操纵机枪,就连平民和动物都随时有可能中弹。不过,怀特相信,正是这种环境,给了他和"苏格兰士兵们"一个"真正了解自我"的机会。

在德军眼中,所有这一切都被翻译为"Kameradschaft"——同志情谊。正如弗里德里希·伯滕拉特(Friedrich Bertenrath)下士所说的那样:"对于一名士兵而言,最糟糕的事莫过于进入一个全是陌生人的群体……我们是同志,时刻准备互相帮助。我们会保护自己的战友,让他们能够活着回家与父母妻儿团聚。这就是我们的动力。"盖伊·萨杰在"大德意志"师里听到一名军士解释说,只有当兵才能让人们以"绝对的真诚"团结在一起。德国国防军士兵哈里·米勒特(Harry Mielert)认为,前线本身就是一种"家园",可以让人们因为"共同的命运"而拥有"更高的道德价值观"。但耐人寻味的是,希特勒却在"军人同志关系"和"民族同志关系"这两条"平行线"之间公然攫取政治资本,并试图将纳粹价值观嫁接到原有的"军人精神"上,扭曲了后者的"慷慨和无私的本质"。

同志情谊：由一名中士（右）带领的德军步兵班。本照片于 1941 年在基辅附近拍摄。德国国防军老兵京特·科朔雷克（Günter Koschorrek）写道："在前线待过一段时间后，你就不会再为元首、人民或祖国而战，这些理想早已不复存在。没人会谈及国家社会主义或类似的政治问题。很明显，可以从我们的交谈中看出，我们还在作战的主要原因是为了保命——保住自己的性命和战友们的性命。但我们也常常为了自己的上司而战斗，例如我们的中尉——他把以身作则的精神成功地灌输给了每一个疲惫不堪，甚至有些冷漠的士兵。"

美军步兵同样重视对自己所属班组的忠诚。不过，非洲裔美国兵仍然会遭到排斥——这种排斥现象导致了一些奇怪的事情发生，例如"白人食堂"允许德军囚犯进入，却将黑人士兵拒之门外。

在美军的制度中，有一个缺陷：把补充兵视为某种"备用零件"，并直接将其派往一线部队。这种制度导致新兵很难融入老兵们的"圈子"，并给作战带来了不利影响。英军的制度虽然并不完美，但至少领导人意识到了这个问题。例如，蒙哥马利将军于1944年7月16日写信给边境步兵团的库珀（Cooper）上校，并向他保证："在这种情况下，应注重步兵团成员之间的连接纽带。如果条件允许，应大致以排为单位，让军官和士兵驻扎在同一处。"德军也经常把来自同一兵源地的新兵编入一个补充单位，让他们在当地接受集体训练之后，才将其派往一线部队——尽管在现实中并非总能如此。

步兵班班长

领导步兵班的下级士官至关重要。美国于1942年发布的《美国步兵野战手册：步兵团下属步兵连》对步兵班班长一职提出了很高的要求：班长需要负责全班的"纪律、形象、训练和行为"，贯彻适当的个人卫生、环境卫生和武器清洁标准，并在战斗中担任前线指挥。尽管在现实中，班长很难像该手册中所描述的那样"将全班的全部或部分火力从一个目标转移到另一个目标"，但在理想情况下，他应能够引导和指挥全班的火力。与美军一样，德军班长同样职责重大：

> 班长必须为部下树立战斗榜样。要想赢得部下的信任和尊重，并充分发挥其战力，最有效的方法就是树立榜样……班长必须比他的部下意志更坚定、从事更多工作，并始终乐于履行职责、服从命令……要想在战场上成为优秀的领导者，上级必须在危急时刻以身作则，甚至在必要时为此牺牲。

虽然英军也将班长视为战斗指挥官和领导者，但英国的相关文献却没有"浓墨重彩地强调班长这一角色"。英军于1938年发布的简明手册《步兵班领导》内容简略，对战术细节的介绍也寥寥无几。但后来英军逐渐意识到了下级士官的重要性，开始在固定训练中纳入"班长课程"。英国人在《火力应用》(*Application of Fire*,

1943年10月7日出版的《慕尼黑画报》（Munich Illustrierter Beobachter）的封面。图中这名手持MP40冲锋枪的德军班长，是一名陆军下士。此外，他还佩戴了"击毁坦克臂章"（Tank Destruction Badge）和"近战勋章"（Nahkampfspange，又名"近距离战斗勋饰"。该勋章分为铜质、银质和金质，分别授予参与近战15天、30天和50天的士兵）。

1939年）手册中表示，班长的首要职责之一，就是控制火力——尤其是指挥轻机枪组、给狙击手分配任务，并"根据具体情况"指挥步枪手（具体怎么做，与被打击对象息息相关）。1942年版《火力应用》中的规定更为严格：班长的首要职责是决定在何时开火——不仅要尽量达成突然性，还要确保"能杀伤敌人"。

这些规定听起来很多余，但事实上，大多数部队中都有一些"不开枪的兵"。达勒姆轻步兵团的中尉迪克·休利特曾沮丧地说："士兵们有时会愣住，一动不动，但他们真正该做的事是开火。"二战后，美国的相关研究显示，"不仅有一些士兵不开枪，还有许多人会在开枪时闭上眼睛"。

步兵班编制和武器

"让士兵组成小队,一起生活,共同战斗"——这种想法由来已久。早在17世纪,大型作战单位中就有"横队"这一"组织形态",每个"横队"中均配有一名"带队士官"或下级士官(任务是负责管理下属士兵在战场上或营地中的活动)。然而,直到20世纪初,才出现了真正具备战术意义的基本单位——步兵班。到1916年时,许多国家的步兵排都混合配备了步枪、手榴弹和轻机枪。到一战结束时,步兵排已经成为一种公认的作战单位。而且,甚至出现了在步兵班中混合配置步枪和轻机枪的案例。

美军在《步兵连》(Rifle Company,1942年)手册中规定,一个步兵班应由12人组成,其中包括:1名班长(军衔为中士);1名担任班长副手和反坦克武器射手的下士;一个3人自动步枪小组[1名勃朗宁自动步枪(BAR)手、1名副射手和1名弹药搬运兵];7名步枪手——其中两人负责承担侦察任务。

随着时间的推移,德军步兵班也发生了重大变化。战间期的德国训练文献(如齐默尔曼的《士兵手册》)认为,一个步兵班应由两部分组成:机枪小组和步枪小组。到1939年时,人们已经意识到"在战术层面上,更有效的组织方式是将机枪小组和步枪小组融合到一起"。此后,德军步兵班里就再也没有了机枪小组和步枪小组之分。也就是说,二战期间的德军步兵班可以被视为"一个以机枪为基础的作战单位"。

在二战期间的大部分时间里,德军步兵班的理论编制都为10人,包括:1名班长(军衔为士官)、1名副班长、一个3人轻机枪组(1名轻机枪手、1名副射手和1名弹药搬运兵)和5名步枪手。德国人曾在《德国步兵作战:小分队战术》(German Infantry in Action: Minor Tactics,1941年)中提到过一种步兵班的典型装备方案:除了基础装备之外,班长还配有1把自动手枪、6个手枪弹匣、野战双筒望远镜、钢丝网钳、指南针、哨子、太阳镜、手电筒和地图盒;在3人轻机枪组中,2人配备手枪,1人携带1支步枪,整个轻机枪组共携带3个弹药箱;步枪手应根据需要携带机枪三脚支架、手榴弹和炸药等装备。此外,德国人还在官方手册《步兵训练大纲》中增加了一些细节,例如为每挺轻机枪配备一个弹鼓,为每两挺轻机枪中的第二挺配备一条穿甲弹弹带。

德国人在 1941 年版的《步兵训练大纲》中展示了 9 个最重要的指挥手势，图中的 1—9 号手势分别代表：卧倒、向右走、集合或加速、挖壕、肃清街道或躲避空袭、开始下一阶段的作战准备、向前线运送弹药、未肃清或无法通行的区域、戴上防毒面具。

45

1943年10月,德军下达了一项组建"新型"师的命令。在这些"1944型步兵师"中,步兵班的编制被缩减为9人,其额定武器包括6支步枪、2挺冲锋枪、1挺轻机枪和1把手枪。但在二战的最后一年,德军步兵班又出现了两种演化版本。1944年年底,德军通过重组和整编普通步兵师,组建了若干国民掷弹兵(Volksgrenadier)师。在国民掷弹兵师中,虽然1个步兵班的编制仍然有9人,但这些步兵班不是"步枪班"就是"冲锋枪班"。在步枪班中,士兵在武器装备方面与1944年时的步兵班相同;在冲锋枪班中,所有士兵都装备了冲锋枪。不过,每个"冲锋枪排"里都有一个特殊的步兵班——除了轻机枪和手枪外,该班还配有3支步枪和5支冲锋枪。有人推测,德军的这种做法是为了"让冲锋枪部队拥有射程更远的武器"。不过,还有人认为,这仅仅是因为当时的德军"缺少自动武器"。

德国士兵正在给MG34机枪装弹,本照片拍摄于1939年。MG34机枪的性能优异,可以说是世界上第一款真正的"通用机枪"。

1944年时，装甲掷弹兵班的装备更加精良，而且更注重配备机枪。德国人认为，在乘坐一辆半履带车或卡车的11名士兵中，应该配备至少3挺机枪：1挺安装在车辆上，由司机及其副手看管（这两人还会携带1支步枪和1把冲锋枪）；下车作战的9人小队会携带另外2挺机枪实施机动（由其中4名士兵组成2个机枪组）。

值得一提的是，当时德军正在推进一项改革——用MP43（StG44）系列武器取代K98k栓动式步枪和MP40冲锋枪。MP43（StG44）可以在半自动射击和全自动射击模式间自由切换，出于某种政治原因，其名称由原先的"冲锋枪"改成了"突击步枪"。某些步兵师还试图让麾下约一半的步兵装备StG44突击步枪——每个步兵连下辖两个装备了StG44突击步枪的排。虽然此举可能具有颠覆性意义，但这种变革并未贯彻到底。此外，德军每个步兵连还配有6支狙击步枪。据推测，有些狙击步枪是G43半自动步枪——这些步枪中的一小部分已被配发给了"野战补充营"。

至于英军，则在《38号陆军训练备忘录》（*Army Training Memorandum 38*，1941年）中指出：

在战时编制下，步兵班将从上级单位获得额外人员补充。此时，每个班将拥有1名下士和10名士兵，其作战人员包括1名下士和7名士兵。上级部队会额外提供3名士兵，以确保步兵班不受士兵生病、休假和其他原因缺勤的影响，能够维持1名下士和7名士兵的规模。在战斗中，该班的参战人员不应超过1名下士和7名士兵。额外的3人可以承担勤务任务和其他任务。

英国人在《轻机枪》（*Light Machine Gun*，1942年）手册里，用一张图片向我们展示了"理想的8人制战斗班"的配置方案（奇怪的是，图中的"2号布伦轻机枪手"并未携带备用枪管和清洁工具——这些物品会让他的负重增加12磅）：

班长，携带1把冲锋枪[汤普森（Thompson）冲锋枪]和6个冲锋枪弹匣、2个布伦轻机枪弹匣、钢丝网钳、砍刀或小刀、哨子。班长的负重为65磅。通常情况下，班长还会携带1个地图盒和手电筒。

1号步枪手，携带1支狙击步枪、50发子弹、刺刀、4个布伦轻机枪弹匣，负重为61磅。

1号投弹手，携带1支步枪、50发子弹、刺刀、1个布伦轻机枪弹匣、2枚36号手榴弹、2枚烟幕弹，负重为60磅。

2号步枪手，携带1支步枪、50发子弹、刺刀、4个布伦轻机枪弹匣，负重为61磅。

2号投弹手，携带1支步枪、50发子弹、刺刀、3个布伦轻机枪弹匣、2枚36号手榴弹，负重为60磅。

副班长，携带1支步枪、50发子弹、刺刀、2个布伦轻机枪弹匣、2枚烟幕弹，负重为65磅。

1号布伦轻机枪手，携带1挺布伦轻机枪、4个布伦轻机枪弹匣、备件包和50发子弹，负重为75磅。

2号布伦轻机枪手，携带1支步枪、50发子弹、刺刀、4个布伦轻机枪弹匣（装在2个通用袋中），负重为63磅。

需要说明的是，这张图片中所展示内容的只是一个推荐方案，军队可针对具体任务来进行修改。不过,有一点是不会改变的:该步兵班的总人数为8人，他们一共会携带1250发子弹（其中大部分都是机枪子弹）和8枚手榴弹。有趣的是，该步兵班的人均负重约为63.7磅，高于1914年时的统计数据。

1944年时，英军已不再有"步枪手"和"投弹手"之分（这种区分方式源自一战时期）。英国军方在《步兵训练第八部分:野战技能、战斗演练、班和排战术》（*Infantry Training Part VIII: Fieldcraft, Battle Drill*, Section and Platoon Tactics，1944年发布）中规定了一种10人班组的配置方案:

班长，携带1把斯登（Sten）冲锋枪和5个弹匣、2枚手榴弹、钢丝网钳、1把开山刀（Matchet）和哨子。

1号至6号步枪手，每人携带1支步枪、刺刀、1个基础袋（装有50发子弹、1枚手榴弹和2个布伦轻机枪弹匣），以及装在2个棉布子弹背带中的100发子弹。

副班长，携带1支步枪、刺刀、100发子弹（基础袋中装有50发子弹，子弹背带内也有50发子弹）、4个装在工具袋里的布伦轻机枪弹匣。有时候，副班长还会

摆拍照片：美军步兵班的勃朗宁自动步枪手。本照片的模特是第29师的二等兵爱德华·麦凯布（Edward McCabe），其所属部队在1945年2月下旬攻占了罗尔河畔的尤利希（Julich）。注意看，在他身后的拐角处还有一名勃朗宁自动步枪手。1945年时，两名勃朗宁自动步枪手是美军步兵班的常见配置。

携带开山刀——用于为布伦轻机枪扫清射界。

1号布伦轻机枪手，携带1挺布伦轻机枪、4个布伦轻机枪弹匣和1个备件包。

2号布伦轻机枪手，携带1支步枪、刺刀、1个基础袋（装有50发子弹、2枚手榴弹、1个布伦轻机枪弹匣）、1个通用袋（装有4个布伦轻机枪弹匣）、1条子弹背带（装有50发子弹）和1个备用枪管手提袋。

一般来说，10人班组会携带2260发子弹和10枚手榴弹。在与敌人交火后，2号布伦轻机枪手会视情况前往步枪手附近，收集他们携带的机枪弹匣，并将空弹匣交给对方（步枪手会重新装填机枪子弹）。在战争后期，这种每个班配备两挺布伦轻机枪的情况已经很常见了。因此，士兵的负重也变得越来越重了。另外，步兵还可能需要携带更多的子弹、手榴弹和排属迫击炮的弹药。在1944年时，这种步兵班还需要携带最多5把大型通用铁锹和2把镐头。诺曼底登陆时，上述情况在首批投入作战的"突击师"中尤其明显。而且直到战争结束时，步兵"肩上的负担"依然很重。

1944年，一名英军士官正在诺曼底指挥"狙击手清剿队"。这名士官手持一把口径为9毫米的斯登Mk Ⅱ冲锋枪，其任务是带领多名步枪手冲向敌人阵地的侧翼。此时，其他士兵（其中可能还有一个布伦轻机枪组）正在对敌人的狙击手实施火力压制。在经过伪装之后，这名士官的头盔已与乡间树篱融为一体。他穿着轻便的"牛仔布"作训服，没有佩戴任何徽章。（帝国战争博物馆供图，图片编号B8971）

武器

不同国家的小分队战术各不相同。各国步兵所装备的武器的不同，是造成这种差异的一个重要因素。在美国陆军中，一个步兵班可被视为"一群有轻武器支援的步枪手"。大多数美国士兵都装备有M1加兰德（Garand）半自动步枪——根据巴顿将军的说法，它们是"史上最好的武器"。毫无疑问，加兰德半自动步枪是一款火力强大的通用武器。该枪采用8发漏夹（en bloc clip，也叫漏装弹夹）供弹，使用全尺寸0.30英寸子弹，有效射程约600码，射速约为每分钟30发。该枪的缺点很少，而且这些缺点造成的影响有限：8发子弹装在漏夹内，无法中途换弹；打光子弹后，漏夹将自动弹出，并发出较大的声音——就连距离较近的敌军都会听见；装弹时，如果士兵在枪机猛地向前复进时没能挪开手指，那么他的拇指就会变成"M1加兰德拇指"。

勃朗宁自动步枪是一种使用0.30英寸子弹的轻型支援武器（它有时候会被当成轻机枪使用）。该枪重约20磅，可以架在两脚架上进行射击（尽管这种两脚架经常会被士兵丢弃）。从理论上来说，该枪的射速很快。不过，由于该枪无法快速更换枪管，且弹匣容量较小（只能容纳20发子弹），所以在实战中只能进行短点射。勃朗宁自动步枪的使用方式非常灵活，士兵不仅可以在移动时进行腰射，还可以在站立时进行肩射。只是该枪的实际射速极少超过每分钟60发。即便如此，许多步兵班还是配备了两支勃朗宁自动步枪。毋庸置疑，由于装备了加兰德半自动步枪和勃朗宁自动步枪，美军的步兵班拥有非常强大的火力输出能力。

从某种角度来看，德军的MG34机枪及其后继型号MG42机枪，是真正的多用途、高射速通用机枪。这两种机枪的射速分别为每分钟900发和每分钟1200发，即使是在精准点射的状态下，它们也可以在30秒内打完一条装有250发子弹的弹链。可以说，只要子弹管够，"MG34和MG42的火力输出基本没有上限"。由于射速极高，它们可以胜任打击快速移动的目标和防空等任务。士兵在使用这两种机枪时，既可以依托两脚架射击，也可以进行腰射。除了弹链之外，德军还为MG34和MG42配备了"突击弹鼓"（可容纳50发或75发子弹）。在配合三脚架和瞄准镜使用时，MG34和MG42的打击距离可达3000码左右。德军为每个步兵连配备了13挺或更多的机枪，"即使这些部队的兵力减半，也可以形成有效的火力网"。

"斯潘道（Spandau）机枪"的高射速会产生一种特殊的撕裂声——经验丰富的盟军步兵只要听到这种声音，就知道是"斯潘道机枪"在开火。为训练士兵的"听音辨枪"能力，英国突击队会在训练和演习中让各种枪械轮番射击。另外，盟军还在军教片《炮火之下》（*Under Fire*）里介绍了现代战争中的各种噪声 [美军称迫击炮炮弹发出的呼啸声为"汽车飞驰经过电线杆",称德国火箭炮的开火声为"呻吟米妮"（Screaming Meemie）。此外,美军觉得"88炮"（88毫米高射炮）开火时发出的"奇特尖叫"声,就像是"一个疯女人在嘶吼"。虽然"听音辨枪"能力非常有用,但也曾"产生过副作用"：有记录显示,美国陆军游骑兵曾因使用缴获的武器而遭到了友军误击。

德军机枪的火力非常强大,能让对手"陷入枪林弹雨之中"。与其相比,标准的K98k步枪的火力则相对较弱。K98k采用了经典的毛瑟栓动设计和固定的5发装弹夹。也就是说,每次射击后,射击者都必须拉动枪栓,抽出空弹壳,然后将另一发子弹送入弹膛。因此,K98k的射速通常不会超过每分钟10发。德军步兵班的规模通常比美军步兵班小,而且MP40等冲锋枪的射程大多较短。因此,德军步兵班的火力分布非常不均匀。

说到火力分布情况,英军步兵班介于德军步兵班和美军步兵班这两个极端之间。在正常战斗范围内,布伦轻机枪的准确度非常高。而且,该枪仅比勃朗宁自动步枪稍重,但却配有一个可以快速更换的枪管和多个30发弹匣。因此,布伦轻机枪几乎和勃朗宁自动步枪一样易用,且火力更强。不过,作为一种阵地武器,"布伦轻机枪的杀伤弹幕远不如由弹链供弹的MG34和MG42通用机枪"——因为前者不仅理论射速比后两者慢30%到50%,还需要不断更换弹匣。虽然可以安装在三脚架上,且子弹的飞行速度衰减较小,但由于三脚架和瞄准具相对简陋,所以布伦轻机枪的远程射击精度通常较差。

英军认为,布伦轻机枪是步兵班的核心——步兵班所执行的大部分任务都离不开这种机枪。早在1937年,轻武器训练手册《火力应用》就指出,轻机枪是"火力输出的主力",狙击手主要负责提供精准火力支援,其他步枪手主要负责"在紧急情况下"加强火力或保护布伦轻机枪。虽然布伦轻机枪是一种强大且很受欢迎的武器,但其采用的子弹却不如美国的0.30英寸和德国的7.92毫米无缘式底火子弹。布伦轻机枪采用的是0.303英寸凸缘式底火子弹,士兵在装填弹匣时需小心谨慎——如果处理不当,可能会导致供弹中断。

英国的SMLE（"李-恩菲尔德弹匣式短步枪"的缩写,俗称"恩菲尔德步枪"或"李-恩菲尔德步枪"）"1型"步枪,以及英国在二战后期推出的SMLE"4型"步枪,在火力和效能方面同样介于K98k步枪和加兰德半自动步枪之间。这两种英国步枪都采用了栓动式设计,配有1个弹容量为10发的可拆卸弹匣,连同瞄准时

步枪是士兵最好的朋友——这名德国士兵正在清洁他的栓动式 K98k 步枪。尽管自动武器的数量在不断增长,但 K98k 仍是德国国防军里装备数量最多的武器。人们认为,K98k 的总产量超过了 1000 万支。

间在内，其射击速度可以达到每分钟 15 发。在二战爆发时，英军的步枪训练旨在培养士兵的"稳定精准射击素养""快速打击不可预测和快速移动的目标的能力"，以及"让士兵熟练使用步枪——当他们端起步枪时，能够快速点射（打出）5 到 10 发子弹"。此外，英军步兵还要接受"在步枪抵肩的状态下重新装弹"的训练，即训练在装弹时仍然让步枪保持水平状态并瞄准目标。当时，英军中有着浓厚的步枪射击技术学习传统，训练有素的士兵以能够快速瞄准目标并射击为荣。为实现这一目标，他们需要用右手拇指和食指来操作枪栓，用中指来扣动扳机。由于恩菲尔德步枪是一款栓动式步枪，在装填弹药时需要用拇指压入 5 发装桥夹，所以其火力远逊于更现代化的加兰德半自动步枪。这导致英军步兵班虽然以轻机枪为中心，而且火力灵活性较好，但"在集火能力上仍无法与德国或美国的同类部队相比"。

阿登地区的一名武装党卫军下级士官——他穿了一件 1944 年式党卫军迷彩印花作战夹克，手持一支具有划时代意义的 StG44 突击步枪（德军计划用该枪来取代 K98k 和 MP40）。另外，请注意他携带的弧形弹匣袋。这名下级士官来自"汉森"战斗群（Kampfgruppe Hansen）党卫军第 1 装甲掷弹兵团（SS-PzGren Regt 1）第 2 连，我们可以在其周围看到美军第 14 骑兵大队在早些时候遗弃的车辆。本照片于 1944 年 12 月 18 日在波托（Poteau）附近拍摄。

通常来说，各国军队都会给班长配发冲锋枪[也就是英国官方文献中的"机关卡宾枪"（machine carbine）]。而且，有些部队还会大规模配发冲锋枪（例如前述的德军国民掷弹兵师）。英国斯登冲锋枪和德国MP38与MP40冲锋枪类似，均为9毫米全自动武器，带有32发弹匣，可准确射击约50码内的目标。从细节上来看，英国和德国的冲锋枪的差别非常大。斯登冲锋枪的设计理念是尽可能便宜和轻便——它"就像廉价水管一样简陋"，但即使是新手，也可以轻松完成该枪的组装和拆卸工作。虽然，从侧面安装弹匣的设计会带来一些不便，但也让斯登冲锋枪有了一个显著的优势——便于俯卧射击。与斯登冲锋枪相比，德国的MP38和MP40系列冲锋枪就精致得多了——它们拥有较高的制造标准，没有和前者一样采用廉价的零件。不过，德军还是建议士兵在使用MP38和MP40时，尽量采用短点射的射击方式——这一方面是因为这两种冲锋枪的射击精度有限，一方面是为了避免子弹卡壳。此外，MP38和MP40的弹匣位于枪身下方，非常不利于俯卧射击。1944年，英军在武器训练项目（根据相关记载显示，其"唯一目标"是"教导各级人员以最有效的方式使用武器杀敌"）中强调了冲锋枪"在巷战和其他100码范围内的封闭环境中的价值，并要求使用者尽量使用短点射和单发射击"。英军认为，当敌人"在非常近的距离内，突然在多个方向上出现时，士兵可不使用瞄准具，立即以肩射姿势或腰射姿势射击"。

在美军中，冲锋枪并非普通步兵班的标配武器。美国的汤普森冲锋枪（口径为0.45英寸）和M3冲锋枪（"黄油枪"）都具有强大的杀伤力，但二者的重量、质量和生产成本却相差较大。汤普森冲锋枪的生产历史可以追溯到1928年，该枪设计精良，但非常沉重，且造价昂贵。M3冲锋枪造价便宜、设计简单，但一开始却并不怎么受士兵欢迎。在封闭空间、堑壕、小巷和茂密的丛林里，冲锋枪是理想的武器。不过，冲锋枪在开阔地带的作用却十分有限。1944年时，在美国第29师里曾流传过这样一个笑话："只有碰巧在壁橱中发现一个德国人时，M3冲锋枪才会派上用场。"美国第45步兵师的历史记录文件显示：在意大利时，该师一共有14000多人，但却只有90支冲锋枪。相较之下，该师编制表上的步枪却多达6500余支。

如果冲锋枪算是一种"近战武器"，那么手枪就只能被称为"保命武器"了。虽然许多军官和高级士官都会携带手枪，但步兵班班长的手枪只能算是备用武器。

1944年6月11日，诺曼底多埃（Douet），第50诺森伯兰师（Northumbrian）达勒姆轻步兵团第6营的一名布伦轻机枪手——这显然是一张经典的摆拍照片。第50诺森伯兰师又名"泰恩与蒂斯"（Tyne & Tees）师，由于步兵损失惨重，该师于1944年11月从前线撤出，并在不久后被解散。通常情况下，英国不会通过持续输送补充兵的方式，使一个师无限期留在前线。布伦轻机枪的前身是捷克Zb26轻机枪，可以使用英国的0.303英寸凸缘式底火子弹。尽管凸缘式底火子弹可能会出现进弹问题，但英国军方认为，其优点是"可用于现役步枪"——这一点至关重要。多年来，英国一直专注于0.303英寸子弹的研发和生产。所以，让该国在19世纪30年代后期更换子弹的想法并不切实际。布伦轻机枪既可以进行肩射，也可以架在两脚架上射击，且射击精度高、操作舒适。而且，布伦轻机枪的重量仅22磅多一点，一名训练有素的士兵能手持该枪以腰射姿态开火。更重要的是，布伦轻机枪还可以快速更换枪管。实战中，2号机枪手会紧贴1号机枪手的左侧卧倒——由于布伦轻机枪支持快速拆卸，1号机枪手可在短时间内更换枪管或在几秒钟内更换弹匣。（帝国战争博物馆供图，图片编号B5382）

瓦尔特 P38（P38 Walther）手枪或鲁格 P08（P08 Luger）手枪是德国机枪手和迫击炮炮手的标配武器——主要用于近距离射击（在主武器失效时进行自卫）。这两种手枪使用的都是 9 毫米帕拉贝鲁姆弹（Parabellum cartridge）——这种子弹"能胜任大部分工作"，且后坐力相对较小。出于大多数人都可以理解的原因，德军规定"无论什么情况，都应视手枪处于上膛状态"。此外，德军还要求"双手握枪射击，除非真的开火，否则枪口应该始终朝下"。毫无疑问，美军的 M1911A1 型手枪（又名"陆军柯尔特"，使用 0.45 英寸柯尔特自动手枪弹）是最好的战斗手枪之一，该枪配有 1 个 7 发装弹匣，不仅杀伤力强，还拥有较高的射速。

1941 年 9 月的英国步兵营《临时战争装备表》（*Provisional War Equipment Table*）显示，每个步兵连的下属单位可配备 5 把 2 号左轮手枪（口径为 0.38 英寸），连部可配备 22 把 2 号左轮手枪。至于英军特种部队，则大量装备了 9 毫米勃朗宁半自动手枪。英国人在相关训练文件中表示，"士兵很少使用手枪"，但如果他们能做到"机警、主动和果断"，手枪可"在建筑物、树林和堑壕系统等封闭环境里，发挥很大作用"。虽然手枪确实有可能命中距离较远的目标，但在实战中，如果距离超过 25 码，它们将变得毫无用处——尤其是 0.38 英寸左轮手枪。如果士兵想要在 25 码开外连续击中一个人形目标，他不仅要"天赋绝佳"，还要经过大量练习（这种情况在步兵中很少见）。英军规定，士兵在使用手枪时"不应借助瞄准镜"，而是"应该直接瞄准目标射击"（通常是快速连开两枪），但"占据掩体射击时除外"。

步兵班战术——进攻

在制定步兵班的基本进攻战术时，所有国家的目标都是一样的：一边进行火力输出，一边实施机动，在将敌军赶出阵地的同时，尽量减少己方的伤亡。虽然各国步兵班的进攻战术或许会因武器和条令细节等因素而有所不同，但其具体实施方法却有着明显的相似之处。

德军步兵班的工作是赢得"交火"（Feuerkampf），并占领关键阵地。德军要求，除非是已经与敌人交火或需要前进接敌，步兵班的士兵应尽量保持隐蔽——不过，为避免在战场上成为"活靶子"，他们应做到随机应变。此外，德军还规定，"机枪小组和步枪手不应单打独斗，而是应和步兵班里的其他士兵一起展开行动"（事实上，很多士兵还是经常自行选择开火目标）。

在战场上，"哪一方能对敌人实施最集中的快速射击，哪一方就有更大的胜算"。通常情况下，步兵部队应把开火距离控制在600米以内。在600米左右的距离上，士兵们只能击中大型目标。可有效杀伤敌方人员的距离，通常为400米以内。

在战场上移动时，德军步兵班主要采用两种队形，其中一种是"疏开一路纵队"——班长位于队首，1号机枪手和2号机枪手紧随其后，接下来是步枪手，最后是副班长。这种队形非常适合沿着小径移动——不仅正面目标较小，还便于班长指挥。在某些情况下，班长可以让机枪手投入战斗，并让其余士兵暂时按兵不动——士兵一定要合理利用地形优势，躲在掩体后面，只有在别无选择时，才能冲过"暴露区域"。正如威廉·内克尔（Wilhelm Necker）在《今日德国军队》（*The German Army of Today*，1943年）中所说的那样，士兵"应避免在机枪周围聚集，但必须保持联系"。

在遇敌时，德军士兵可以快速从"疏开一路纵队"转换为"射击队形"（Schützenkette）或散兵线。当机枪就地部署完毕之后，步枪手可以向两侧移动，并用武器瞄准敌人。最终，士兵们将尽可能利用一切可用的掩护（掩体），排成参差不齐的队形，彼此之间相距约五步。在接敌运动期间，步兵班将依次从一个可见地物向另一个可见地物前进——当班长到达一个可见地物后，就会指定一个新的可见地物。如果该步兵班遭遇敌人的顽强抵抗，接敌运动就会变成"交替掩

这张照片是德军宣传连于二战初期拍摄的。一个德军步兵班正在以"班纵队"队形开进——只是看上去略显随意。位于队伍最前方的是1号机枪手,紧随其后的2号机枪手(带着备用枪管盒和弹药箱)。队伍的最后方,是几名步枪手。

护机动"[1]——要么整个步兵班的士兵都参与其中，要么机枪组卧倒开火射击，其他人继续开进。然而，德军在相关指示中告诫步兵班班长，若非地形和敌方火力使其"无可回避,则不可使用机枪开火"。1938年，韦伯在《士兵教科书》中指出，在发起突击时，机枪应"尽可能晚开火"。交火的目的不仅仅是消灭眼前的敌人，还有"赢得战斗"（Niederkampfen）——击败、压制或消灭敌人，"从而确保近距离突击能取得成功"。

正如《德国步兵作战：小分队战术》所描述的那样，步兵班的进攻行动的最后阶段是交火、前进、突击、占领阵地：

交火。步兵班将充当火力单位。必须开火时，班长通常将只部署轻机枪，并负责指挥轻机枪火力。当可能产生良好的射击效果，并且己方有足够的掩体时，步枪手应尽早交火。大多数步枪手都应该待在前线，并至少应该在发起突击前投入交火。步枪手可以自行选择射击目标——班长决定将全部火力集中在一处时除外。

前进。步兵班以相对松散的队形前进——通常会由机枪组担任先锋，其他步兵紧随其后。在此期间，后方的其他机枪应越过步兵班进行射击。

突击。班长需抓住一切实施突击的机会，而不是等待长官发布突击命令。他必须在突击时起带头作用。在突击之前和突击期间，所有武器都必须以最大射速开火。参与突击的1号机枪手应边移动，边开火……步兵班应使用手榴弹、机枪、步枪、手枪和挖壕工具来瓦解敌人的抵抗。突击完成之后，步兵班必须迅速重组。

占领阵地。在占领阵地时，步枪手应在机枪周围散开，以便听取班长指示。

德军在《步兵训练大纲》中做了重要补充："在突击阶段，击垮敌人的自信心是士兵在战斗中取胜的法宝。"德军还强调了士兵在突击阶段使用轻机枪的标准姿势：

抓住握把，将武器放在右臂下方并紧贴身体。用左手抓住两脚架，以便在射击时控制好枪口，或者在到达阵地时架设机枪……

---

[1] 译者注：fire and movement——该词的译法较多，如"开火并转移"和"跳跃战术"等。综合考虑上下文，译者在这里将其译为"交替掩护机动"。

图 3 疏开队形。

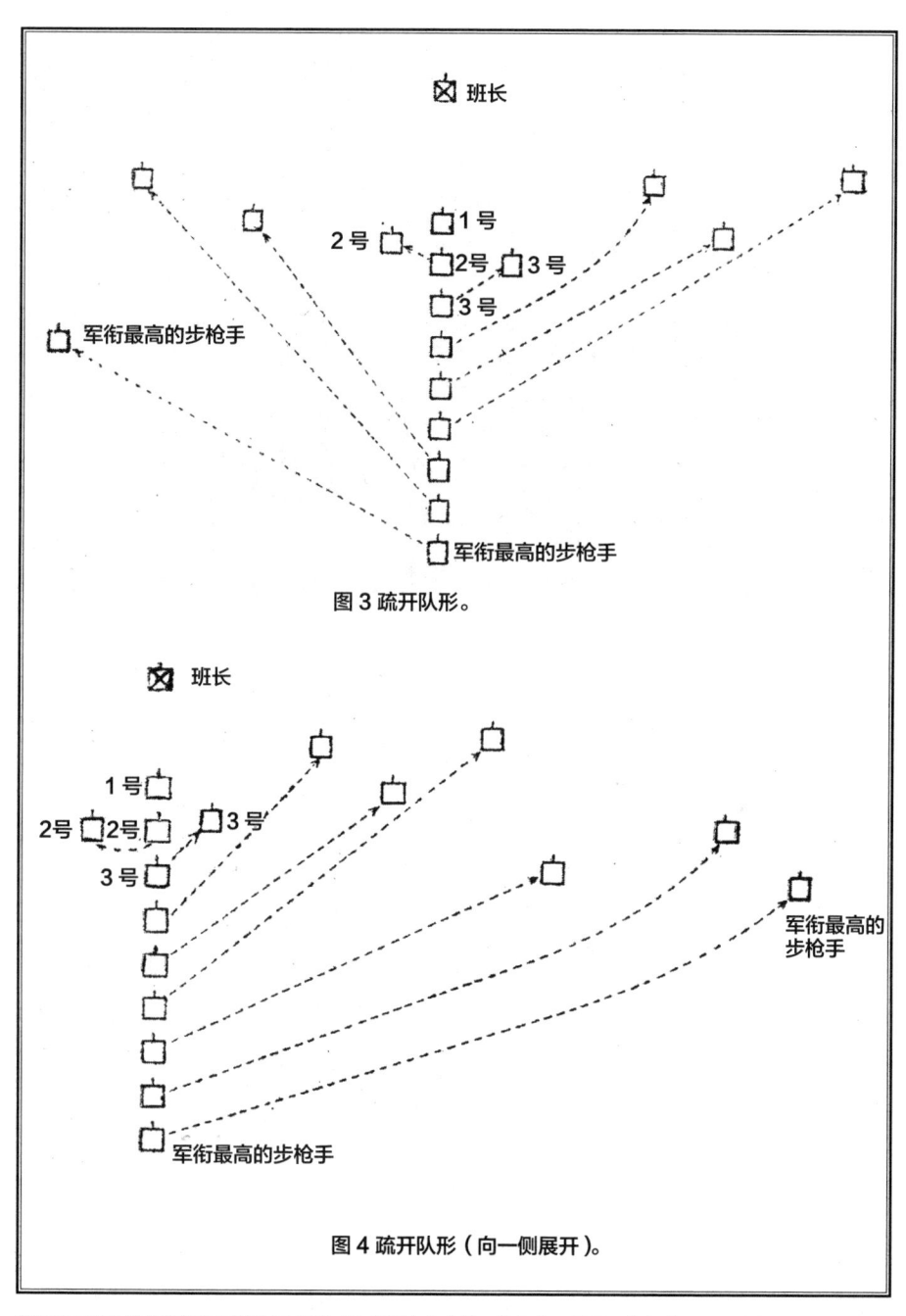

图 4 疏开队形（向一侧展开）。

德军步兵班从纵队转为延展线队形（"链式"队形）的方法，以及向一侧展开的方法。需要注意的是，这只是一种大致的战术部署方法，不用严格保持队形。本图片摘自《德国步兵作战：小分队战术》。

德国第 71 步兵师的士兵乘坐卡车开赴前线。1940 年，第 71 步兵师曾在法国作战，后来该师在苏联被歼灭。这张照片是约翰内斯·海因里希斯（Johannes Heinrichs）拍摄的，他于 1943 年 1 月在斯大林格勒被列入了失踪人员名单。德军一直缺少装甲运兵车，甚至在装甲掷弹兵部队中也是如此。在大多数情况下，装甲运兵车都仅供每个团的第一个营使用。大量非机动步兵只能通过火车或卡车来进行长途机动。此外，还有一部分步兵会步行行军，德军通常会为这些步兵配备马车，以运送他们的大部分重型装备。

  有时候，步枪手也应该在突击阶段对敌人开火。这时，他们最好"将步枪斜放在左侧靠近臀部的位置，并上好刺刀……在离敌人 5—10 米时开火……然后强行冲锋，并使用刺刀和枪托来进行肉搏"。德军在《步兵训练大纲》中指出，"虽然手榴弹最适合依托掩体投掷，但也可以在移动中使用"。如果有必要投掷手榴弹，士兵需要用左手持枪，用右手握住手榴弹，并在适当时机用左手拉住手榴弹的引线——当听到步兵班班长发出"丢手榴弹"的命令后，士兵应立即向敌人投掷手榴弹。

  《步兵连》（1942 年）中的相关记载显示，美军步兵班的基本队形与德军步兵班的队形非常相似。以美军的"步兵班纵队"为例，步兵班的士兵会排成一列（班长和勃朗宁自动步枪手位于队伍的最前面），整个队形的长度大约为 60 步。美军认为，这种队形"易于控制和机动"，并且"适合通过狭窄的掩蔽路线，以及适合在树林、雾、烟雾和黑暗中移动"。

美军步兵班的"散兵线"与德军的"射击队形"类似，士兵会排成一个约60步宽的横队。这种队形有利于士兵使用所有武器来打击敌军。而且，在进行短距离快速突进时，这种队形也很管用。此外，美军步兵班还会采用另一种队形——"步兵班楔形队形"。这种队形适合向任何方向运动，以及离开掩体或隐蔽处。不过，由于楔形队形比散兵线更"脆弱"，所以美军建议最好在敌军步枪有效射程之外使用这种队形。

在遭到火力攻击时，美军步兵班的士兵会通过"短暂冲刺"或"利用掩护匍匐和爬行"的方式继续前进。

值得一提的是，在美军步兵班的交火训练课程中，经常出现"火力分配"课目（在实战时，详细的火力分配计划并不太实用）：

在步兵班中，每个成员需根据自身在班组中的位置，对目标区域中的相应部分（指不用移动位置就能准确命中的部分）开第一枪。然后，该成员应向最初的瞄准点的左右两边开火……具体的瞄准部位，取决于武器的射程和射击者所处的位置。通常情况下，每名士兵都应抓住一切机会，利用精准火力持续覆盖目标。火力覆盖范围不能局限于已知的有敌人的地点……自动步枪手应在大约一秒钟的时间内，点射约5发子弹……不需要上级指挥。步兵班班长应观察火力分配情况，并确保己方火力能覆盖整个敌方目标。如果有其他目标突然出现，他应及时重新分配火力。

虽然在实战中，很多关于"火力分配"的细节都会遭到无视，但大部分士兵都知道其大致内容——美国步兵受到的教导是"把敌军阵地当作一个区域目标，无论是否能看到或命中该阵地里的'某一个个体'，都要对其实施均匀的火力覆盖"。这绝不仅仅是"理论"，而是美军的惯用做法。1944年4月，巴顿将军在给美国第3集团军指挥官的指示中明确指出："即使你看不到敌人，你也至少得朝他可能会出现的地方射击。"巴顿认为，在怀疑某处有敌军时，最好朝较近处开火，而不是朝远处开火，因为"跳弹不仅会发出刺耳的啸声，还有可能杀伤敌人"。

美国步兵班班长被要求向士兵下达具体的命令，并尽可能多地提供"有关攻击意图的信息"。然后，步兵班将向前开进。在此过程中，士兵可进行"交替掩护机动"。在第一个射击阵地处，士兵需努力利用优势火力来压制敌军，即"对敌军实施猛烈的精准火力打击,以降低其火力精准度,甚至削弱其火力"。为保持这种优势,班长通常会让一些士兵留在原地,以维持强大的火力输出——其他士兵会向前移动到新阵地处开火。如果有合适的掩体(包括高地和洼地),士兵可以在风险较小的情况下做短距离移动;如果身处开阔地带,士兵就需要依靠更强大的火力掩护来实施远距离突击。勃朗宁自动步枪手最适合从侧翼支援开进。不过,他们应注意控制火力,以免过早耗尽弹药。

1944年,巴顿在给美军第3集团军的指示中,鼓励士兵"发扬火力"。他将火力优势视为实施机动的必要元素:"步兵必须实施机动,方能接近敌人。要想实施机动,就必先开火。"此外,他还鼓励步兵在前进时做"行进间射击",以增加己方士气,并使敌军如坐针毡:"在枪林弹雨中停下来不动乃愚蠢之举。若停止前进且不进行还击,与自杀无异……"

在某些情况下(尤其是在独立攻占敌方阵地时),步兵班班长可能会决定以小组的形式来作战:由两名步兵侦察员组成的"A小组",负责确定敌人的位置;配有勃朗宁自动步枪或步枪的"B小组",负责进行火力压制;剩下的5名步枪手和班长组成"C小组",负责发起突击。在这种情况下,班长需要与排长保持联系,并指挥部分士兵展开行动。同时,副班长将负责指挥"班长无法直接控制的其他士兵"。美军认为,应尽早在"有望获得成功的时间发起突击,且不必考虑友邻步兵班的进展"。在发起突击前,步兵班的士兵应先装好刺刀,再向下一个掩体前进,"迅速向敌人移动,并在前进过程中向已知或怀疑有敌人的地方开火。此时,通常需以站姿实施快速射击"。在占领敌人的阵地后,班长应重组步兵班,以便进行防御或继续开进。

据《步兵训练》中的相关记载显示,二战爆发后,英军的作战方法和战术理论都有了明显进步。《步兵训练》规定,步兵班的队形"主要取决于地形和遇到的敌方火力类型"。《步兵训练》中所记载的步兵班队形共有五种:"斑点队形"(Blobs)、"一路纵队"、"疏开纵队"、"不规则箭头队形"和"延展线队形"。虽然斑点队形的说法诞生于1917年,但在二战时,其特指"将步兵班分为若干2—4人的临时小组,并让士兵隐藏起来,以便于隐藏和控制"。普通的一路纵队只适合在某些情况下使用,例如当部队在灌木丛后面开进的时候(需要注意的是,这种队形不利于输出火力)。疏开纵队是一种稍微分散的线式纵队,适合进行快速运动,但这种队形容易受到攻击。不规则箭头队形可快速向任何侧翼展开,并且很难被敌人的空中侦察发现。延展线队形是发起最终突击的理想队形，但如果侧翼受到攻击，"该队形会变得非常脆弱"。除斑点队形外，其他队形中的士兵将保持大约5码的间隔。

军队发起进攻不仅仅是为了攻占阵地，也是为了"杀伤盘踞在阵地上的敌军"。一般来说，在发起进攻时，为士兵提供火力掩护至关重要，"实施火力攻击和发起突击要衔接得天衣无缝"：这两者之间如果出现间隔，敌人将有能力再次开始射击。正如英军在相关手册中所描述的那样："记住，如果敌人事先挖好了掩体，那么掩护火力基本上不会对其造成杀伤——只会让敌人抬不起头，无法进行反击。"英国人认为，作为主要火力输出武器，布伦轻机枪的作用至关重要——最好能在较远处射击敌人的侧翼，以对后方的敌人造成威胁。用机枪射击敌人的侧翼，有三个好处：确保"消灭敌人"；阻止敌人的增援部队；给敌人造成极大的心理压力，促使其撤退或投降。

一般来说，在发起攻击时，英军步兵班会分为两个小组（由两人布伦轻机枪组和副班长组成的"布伦轻机枪小组"，以及一个由大部分步枪手和班长组成的小组）来采取行动。由班长率领的小组主要负责接近敌人，一旦遭遇敌军有效火力抵抗，步枪手就会实施"交替掩护机动"。士兵会"像中弹一样"立即卧倒，然后迅速侧身或向前爬行，以寻找一个良好的射击位置。接下来，他们将快速瞄准并独立射击。在某些情况下，布伦轻机枪小组也将交替前进，以寻找一个可以倾泻火力的位置（最好与主攻方向成90度角）。有些时候，两个小组会交替为战友提供火力掩护。当然，最后冲向敌人阵地的大多是步枪手。

英军步兵班的进攻编组还有一种复杂版本，即将全部人员分成三个小组——每个小组都有1名士兵负责接收班长的命令，从而减轻了后者的指挥负担。不过，这种进攻编组方式很考验小组成员的战友情谊：

在进行编组时，尽量确保将关系好的士兵编入同一组，这样他们就可以在一起并肩战斗……应由士兵而不是士官来担任小组长。此人不仅应该具备领导天赋，还应该是小组中的其他士兵的仰赖对象……在必要的时候，可以随时更换小组长。

最优秀的步兵不仅不会"将敌人视为同类"，还能"根据熟悉的战斗模式展开行动"。值得一提的是，士兵一旦陷入狂热的战斗状态，想要脱离这种状态就绝非易事。曾在诺曼底作战的东约克郡团第5营的二等兵丹尼斯·鲍恩（Dennis Bowen）表示：

如果有一名德国士兵出现，那么每个人都会向他开枪。这不会让人有什么心理不适，因为我们压根没把他们当人看……每个人都在大喊大叫……如果你突然看到了一个敌人——你会在兴奋中向他开火……在100码或150码外，人是很显眼的目标。有些德国人试图投降，但在他们有机会投降之前，我们已经在兴奋中向他们开枪了。我认为，虽然没有哪个战友说过"好吧，我不在乎那个人是否想投降"之类的话，但也没有谁认真想过这个问题——大家就是无法摆脱不断往弹匣里装填弹药，然后继续开枪的快感。当我们前进的时候，许多士兵只是在胡乱开火……有很多单兵轻武器在开火，其数量之多，远超常人想象。

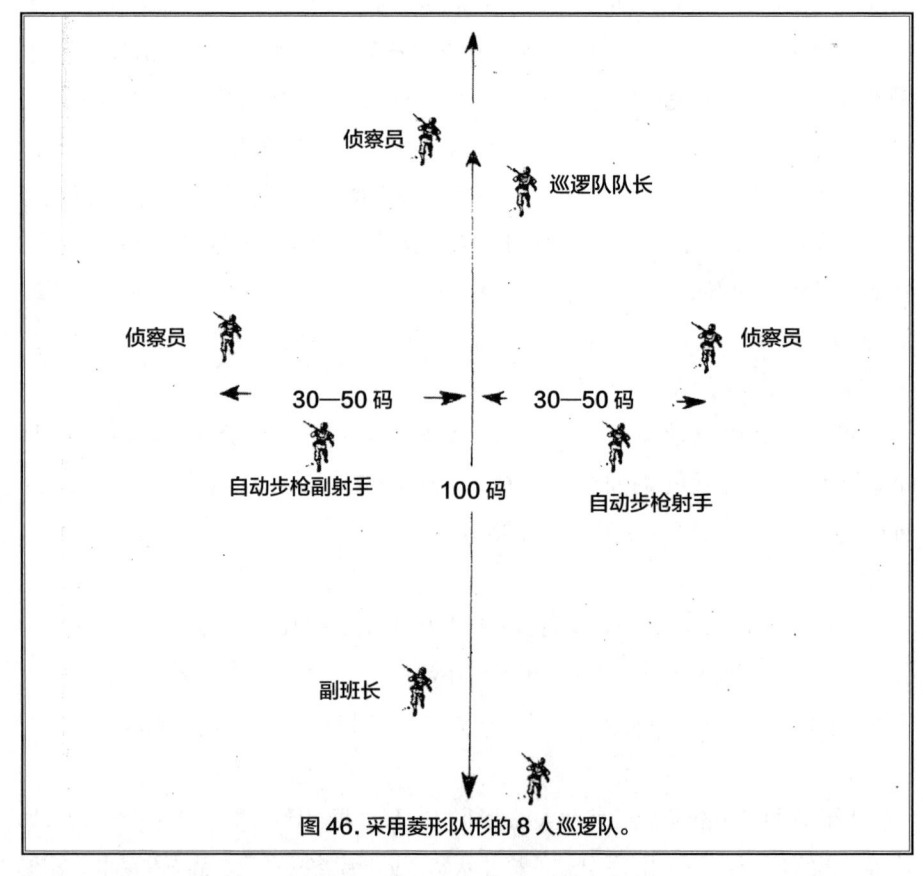

图46. 采用菱形队形的8人巡逻队。

采用菱形队形的8人巡逻队，摘自美军于1944年发布的官方手册。在领头的两名士兵中，1人负责观察地面目标，另1人负责寻找狙击手。巡逻队员应尽量分散开，但相互之间要保持视觉接触。

步兵班战术——防御

德军步兵班在进行防御作战时，会坚持阵地纵深分散布置的原则。每个德军步兵班据守的阵地正面宽度为30—40米。德军在构筑防御阵地时，会尽量避开主要地标（如山顶或单独的一棵树），以免吸引敌军火力。在掘壕时，班长会安排1名士兵站岗，以防止敌人突然袭击。德军认为，部署机枪的位置很关键——从一开始，步兵班就应确定几个备选位置（间距至少50米）。步枪手在阵地中的位置可能会靠后一些，他们主要负责射击近距离目标和"极近距离的遗漏目标"。

德军通常的部署方式如下：

步兵班的士兵两人一组待在散兵坑、堑壕或壕沟中，彼此之间的距离足够近，以便互相交流。这些小分队的"巢穴"会稍微分开，呈阶梯状分布或处于不同的水平面上，以减少敌军火力的影响。如果敌军没有立刻发起攻击，步兵班的士兵就会在主防线的后方挖掘堑壕——大部分士兵都可以待在堑壕里待命……这些阵地需要良好的伪装，士兵们也应尽量不发出声音，以免被敌人发现。一旦敌军进入有效射程内，防守方的机枪将立刻开火，而步枪手则会一直躲在隐蔽处……一旦敌人发起突击，不管有没有掩体，所有人都要立即开火。

如果有手榴弹落到阵地上，德军士兵要么会跳入掩体，要么会捡起手榴弹扔向敌军——毫无疑问，这种"游戏"非常危险。有些美国资料指出，"为了扔回或踢回敌军的手榴弹，很多士兵变得缺胳膊少腿"。

二战后期，理想的防御阵地应具备下列特征：围绕"反坦克障碍物"设置；配备至少一种反坦克武器；能够全面防御，并得到由前进观测员引导的炮火支援。

为拦截前来侦察防御阵地的坦克，德军鼓励士兵携带反坦克武器进行巡逻。一般来说，"巡逻队的规模可以小至一个步兵班"。

此外，一些德军步兵班将被派往前线之外的前哨阵地，负责在防御战中充当"门铃"——有关方面会预先在命令中告知士兵如何应对特殊情况（比如，应在何时退回主战线）。此外，还有很多可以提升任务安全性的手段，如预先规划好炮兵支援方案，设置若干可分散敌军注意力的假阵地，以及指定远离前线的安全路线等。

1943年出版的《团级军官用德国军队手册》(Regimental Officer's Handbook of the German Army)是这样描述的——"前哨阵地应位于迫击炮和步兵炮等近距离支援武器的射程内,与主阵地之间的距离不得超过2000码"。

1945年1月,英国和美国军队在阿登的尚皮永会师。在镜头前,两军士兵都对另一方的武器很感兴趣——请注意看那个拿着斯登冲锋枪的美国士兵。虽然人们一直认为美国陆军的装备比英国陆军的装备好,但其中也有例外,比如雪地迷彩服——英军发放了大量此类服装,而美国士兵只能用旧床单临时凑合。(帝国战争博物馆供图,图片编号 B13690)

在进行防御作战时,美军步兵班通常会被视为排级防御计划的一个组成部分。步兵班班长的职责是研判总体形势,确定辖下士兵在阵地中的位置,并把部署勃朗宁自动步枪手作为首要任务。如果遭遇敌人攻击,士兵们会采用俯卧姿势(至少相隔5码的距离），以火力覆盖预定区域。如果时间允许，步兵班的士兵会挖掘战壕，伪装阵地，并清除射界内的所有障碍物。然后，班长会绘制防守区域的草图，供排长和自己参考。在遭遇敌军炮击或轰炸时，士兵会在阵地内隐蔽起来。一旦炮击或轰炸停止，他们就会以射击姿势向外窥视。如果敌人离阵地的距离已不足500码，班长会下令让所有士兵发起攻击；如果敌人已进入了阵地，美军士兵就会"用火力、手榴弹和刺刀将其赶出去"。

英军的防御方案与美军的防御方案类似。英军步兵班班长会安置好士兵，并命令其隐蔽起来观察"潜在的射界"。此外，英军士兵也会抓住一切机会挖掘射击掩体或"仓促防御工事"。英国人在《步兵训练》中特别强调了"改进自然掩体的重要性"，告诉士兵要合理利用河岸、树篱和沟渠。英国人认为：

虽然凹陷的道路和铁路路堑也很有用，但这些地方很有可能"招来炮弹"；虽然墙壁和岩石也可以充当掩体，但它们有可能被炸裂，或者成为显眼的目标；虽然可以用弹坑来充当临时射击掩体，但不要在里边挤太多人，如果条件允许，可以将多个弹坑连接起来，以方便联络。

野战工事

在炮弹横飞的战场上,实际上只有两种可供士兵选择的战术:根据特定目标迅速移动,或者在掩体中静止不动。英国人在旧版《步兵训练》(1937 年)手册中强调了坚固工事的重要性(鉴于英军在一战中所接受的经验教训,这一点不足为奇):"应在前线和预备队区域内的步兵排与步兵连阵地之间,广泛挖掘战壕。"英国人认为,虽然隐蔽有一定作用,但意义并不算太大。1941 年之前的德国官方手册也经常提到一句格言:"……(关注行动)效果,其次才是掩护。"但在二战初期,各国军队的机动速度已明显加快,其对醒目的固定防御工事的破坏力也逐渐增强。这让各国军队的关注点发生了明显变化。1944 年,英国人对《步兵训练》手册进行了大量修订,并指出:

战场上最简单和最基本的仓促防御阵地:这些阵地是在荒地上挖掘而成的(士兵只需用挖壕工具进行短暂作业即可完成),具有一定的掩护能力和隐蔽性。这名德军士兵已经架好了步枪,他手边还有用于近距离防御的卵形手雷和木柄手榴弹。

我们从当前的战争中，汲取了一个宝贵的经验……一旦防御部队的阵地被敌军精准定位，那么铺天盖地的炸弹、迫击炮炮弹或火炮炮弹必将随之而来。但如果阵地未被敌人发现，旨在提供合理防护的堑壕能保护好士兵，使敌军的轰炸徒劳无功。

对于战场上的步兵连来说，这种"合理防护"通常是由"单人掩体"（"散兵坑"）或"射击掩体"提供的。尽管一些早期战术手册还要求士兵构筑完整的堑壕系统，并把多个单人掩体或射击掩体连接起来，但实际上这样做的意义不大，只能满足步兵班或步兵排的需要（除非这些掩体是某个重要防线的一部分）。

英国人在《教官野战技能和战斗训练手册》中指出："射击掩体可有效抵挡各类火力攻击——除非被炮弹或炸弹直接命中。"这一点也可以在训练场上得到证明——士兵们经常向掩体内的假人、汽油罐或气球开火，但这些东西却很少受损。由于敌方通常会在炮击或火力压制结束后立刻发起进攻，所以英军要求"野战工事的防御者必须在敌人停火后马上露头"，打击"穿越最后100码相对开阔的地带的敌人"。

韦伯在《士兵教科书》中表示，"理想的散兵坑"是一个约140厘米深的坑。这种掩体的边缘有一个小平台，可以让士兵放置手肘；在掩体内侧还有一个小洞，可以让士兵存放弹药。此外，士兵还可以在掩体底部挖一个小集水槽或排水坑，并在掩体的出口处放一张防水帐篷布。

除了散兵坑之外，士兵还可以在伪装网的掩护下建造结构更加复杂的机枪掩体。机枪掩体的面积大约为散兵坑的4倍，其底部还会采取一些防积水措施（如铺上枯树枝）。此外，士兵还可以在机枪掩体面向敌人的一侧的内壁上，挖掘一些小洞，以便藏身、存放弹药或收纳机枪（MG-Unterschlupf，"机枪收纳处"。这是一种装有内衬的长方形孔洞，可以在下大雨或掩体遭遇炮击时存放机枪）。不过，《步兵训练大纲》中给出的建议比较简单："把掩体挖得又深又窄——这对抵御敌军炮击和空袭非常有用。"

在经历了1941—1942年的"对苏作战"之后，德军发布了一本《冬季战争袖珍手册》（*Taschenbuch fur den Winterkrieg*，1942年11月）。德军在这本手册中指出：

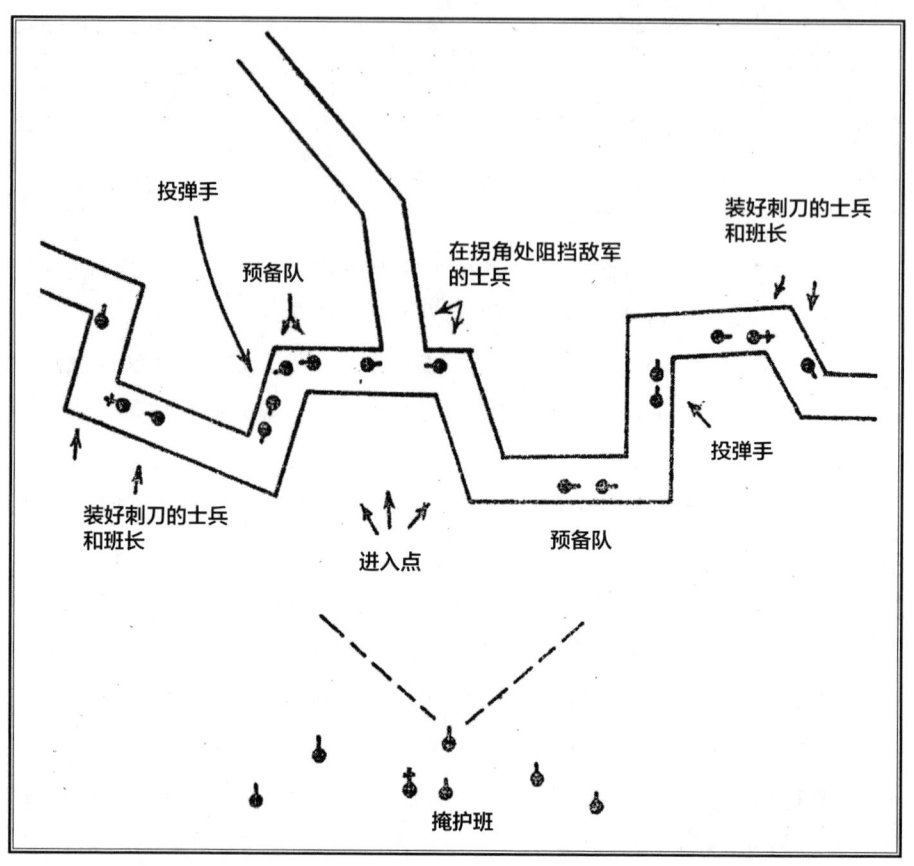

如何用"手榴弹轰炸"的方式来扫清堑壕——摘自《野战技能与基本战术》（Fieldcraft and Elementary Tactics，1940年3月）。这种很受英军推崇的战术，在1915年前后就已出现。1940年5月，德国发起的闪电战，打破了所有关于固定堑壕战的幻想。

……地面结冰后，必须使用一套完全不同的掩体系统……可以将切割后的原木捆绑在一起，搭建三道围墙。然后，在墙面上开凿出多个射击孔……积雪也能提供一些额外的保护，但其更重要的作用是能隐藏阵地的位置。白布或被白雪覆盖的防水帐篷布，也可被用来加强阵地的隐蔽性。

此外，德军还经常在积雪中挖坑，然后再将沙袋放进坑中，等"沙袋下沉到冻硬的地面上"之后，一个掩体就做好了。

使用木材、灌木和积雪隐藏战壕的方法——摘自《冬季战争袖珍手册》。

1944年时，英军对理想的射击掩体的介绍如下：

能容纳2—3人——可根据当地具体情况进行调整。掩体底部应有两英尺宽，如果土壤条件允许，应尽可能使掩体侧面的墙体保持垂直……不应有栏杆或护栏，应清理所有弃土并将其妥善隐藏起来……可以挖掘一个平台，以便摆放手肘。选址时，应综合考虑周围环境，使掩体中的士兵的头部轮廓与环境融为一体。

英国人认为，反斜面阵地[①]特别有用，其不仅很难被敌军发现，还更有利于排水。在构筑掩体时，相关人员应谨慎作业，不要铺设过于明显的道路，以免暴露掩体的位置。此外，相关人员还应事先制订好"路线计划"，引导防守人员通过隐蔽路线（这类路线可能会绕过战场边界，或者穿过树篱和沟渠）进入掩体。最好用砖石来加固

---

① 译者注：在高地背朝敌方、面朝己方的斜面上构筑的阵地。主要用于隐藏兵力和兵器，也可用来打击翻越高地之敌。

掩体,并用木桩和钉子将加固材料固定在掩体周围的地面上。在紧急情况下或持续推进期间,部队只需挖掘"仓促防御掩体"(可以"只在地面上挖一个小坑,为士兵提供最基础的防护")即可——这项工作最重要的一点是选址,而不是按部就班清理或掩埋弃土。一般来说,士兵最好先挖掘一个可以让自己坐下来的坑洞,然后再进行修整和深挖。

在战场上,士兵会对野战工事进行各种改造。比如在诺曼底,锡福斯高地团第5营的士兵经常根据实际情况来改进"掩壕"[doovers,即狭长的堑壕或散兵坑。在没有北非服役经历的部队中,"掩壕"这个词并不流行,与其意思相近,又比较常见的术语是"狭长堑壕"(slitters)]——这个术语源自曾在西部沙漠①作战的澳大利亚人。阿利斯泰尔·博思威克上尉回忆道:

诺曼底的黏土较为坚硬,很适合挖壕。我们很快就学会了如何让自己待得更舒服……虽然这只是一个4—5英尺深、6英尺长、2.5英尺宽的散兵坑,但我们可以从很多方面对其进行改进……有人在掩壕里铺了一层降落伞,有人在掩壕里安装了电灯,有人在掩壕的入口处蒙了一层纱布来防蚊,还有人用门板来加固掩壕顶部(有些人更喜欢用装满泥土的衣柜来进行加固)。只要全营进入某个地区,5分钟后,所有房屋的百叶窗就会被洗劫一空。

在需要仓促构筑防御掩体时,士兵会用个人挖壕工具(与许多英国步兵携带的大镐或铲子不同,这种工具可以躺着或蹲着使用)挖出一个小洞或"坑",从而获得一些保护。如果没办法挖洞,士兵也可以合理利用最近的天然沟渠。在意大利的安齐奥附近,由于壕沟很难挖深,当地的美军没办法正常走路,只能弯着腰前进——有人称为"安齐奥低头垂肩步"。如果情况十分紧急,美军会用炸药快速炸出一个散兵坑——把1个重约半磅的TNT炸药块放进1英尺深的洞里并引爆,就能炸出一个"应急散兵坑"。1942年时,美军要求士兵挖掘单人散兵坑,并认为这么做可以缩小目标。但1944年时,士兵们认为这种单人散兵坑

---

① 译者注:西部沙漠是撒哈拉沙漠的一部分,位于埃及尼罗河以西,埃及与利比亚边界以东。1941—1942年,轴心国和同盟国的军队曾在此激烈交战。

容易让人产生孤独感，而双人狭长堑壕更有利于鼓舞士气（堑壕里的两名士兵可以轮流休息）。

虽然美军物资充足，技术知识丰富，也鼓励挖掘双人狭长堑壕，但这种掩体却有一定的先天局限性。1944年11月，第26师的一等兵埃格记录道："雨还在下，水位还在上涨。我们不停往掩体里扔草皮，以免睡在水里。当积水不再上涨之后，掩体几乎已经被填平了。"几周后，第26师的奥茨中尉在回忆吉弗里库尔（Giverycourt）附近的情况时说：

士兵们开始挖掘双人散兵坑（Two-Man Foxholes）。雨像往常一样下着，所以士兵们用能找到的任何东西来为自己搭建临时遮蔽物。但是这些遮蔽物的防水性极差……站岗的人不得不用头盔不停地往外舀水……那里不缺稻草，它可以使散兵坑变得更暖和、更干燥。

奥茨还表示自己"非常讨厌挖坑"，他挖的散兵坑非常简陋，有时候四肢都会露出坑外。尽管如此，到当年冬天时，奥茨已经是一名挖战壕的老手了，他认为下雪比下雨更好，因为下雪时坑里没那么潮湿。为了保暖，他会在散兵坑里堆上许多层帐篷和毯子，并穿上三套内衣（两套冬装、一套夏装）、一件毛衣、一件野战短外套、一件战斗夹克、两条裤子、两双袜子，戴上手套、一顶羊毛帽和一顶钢盔。他不喜欢穿大衣，因为大衣"太笨重"。

如果没有好好挖掘战壕，有可能酿成大祸。在达勒姆轻步兵团服役的肯尼斯·洛弗尔（Kenneth Lovell）下士回忆说，他发现有两名士兵的战壕挖得不够深，就劝他们再挖深点，可当他返回时却看见"他俩的脑袋被炸掉了"。特雷弗·埃文斯（Trevor Evans）中尉也表示，他在意大利时，曾看到第36（得克萨斯）师下属的一个重武器连为此付出了惨痛代价：

树上挂着火箭筒和步枪……士兵们的脸变得"又黑又硬"。虽然他们之前已经挖好了散兵坑，但这些散兵坑只有3—4英寸深……周围到处散落着野战干粮。我猜是营长犯的错，没有派人看守。为了图省事，许多士兵沿着道路挖掘散兵坑，但这种做法是错误的。德国坦克用机枪大肆扫射，然后沿着道路驶过，轻松击溃了这一长串士兵。

易受敌军攻击的区域

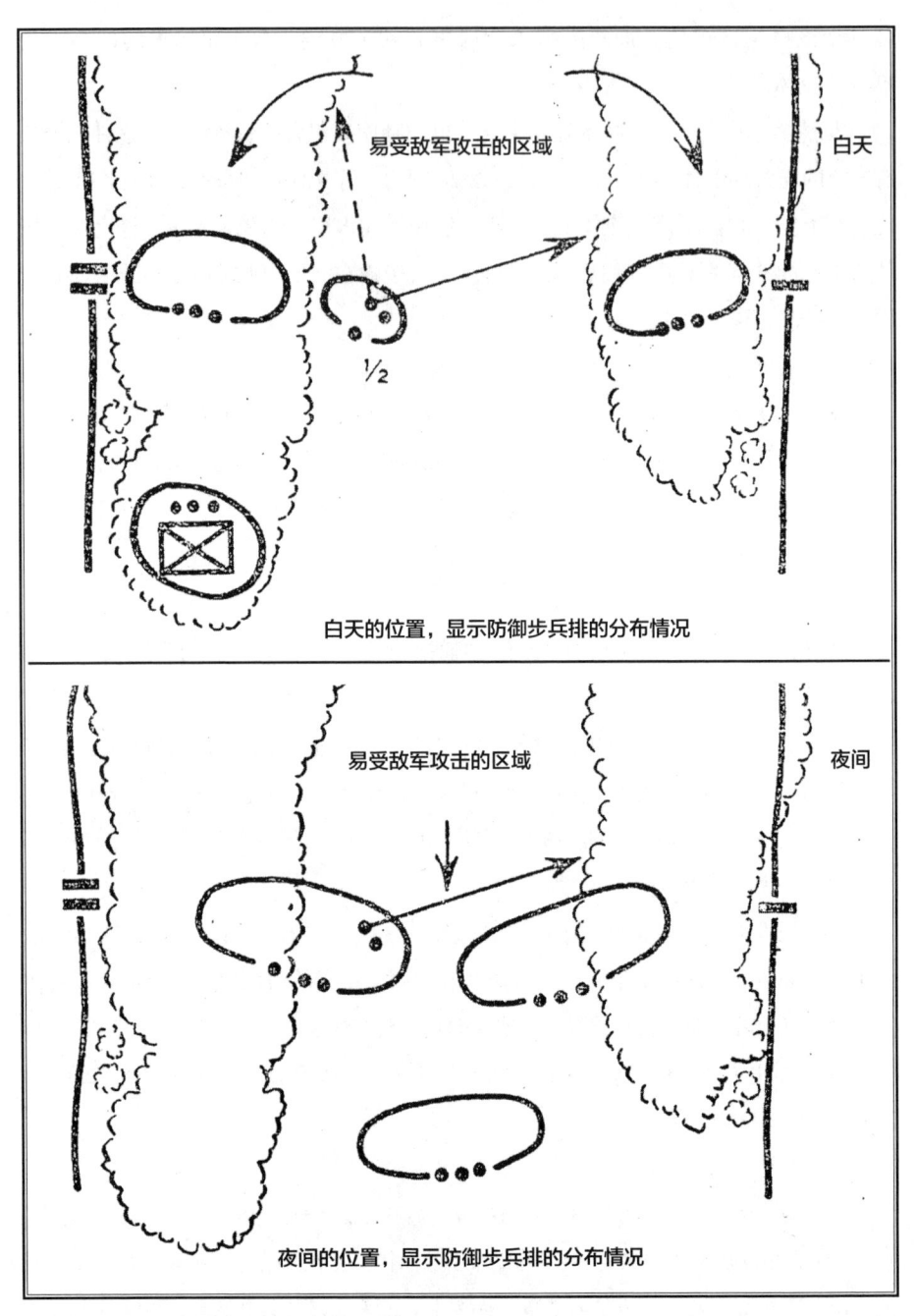

白天

½

白天的位置，显示防御步兵排的分布情况

易受敌军攻击的区域

夜间

夜间的位置，显示防御步兵排的分布情况

美国步兵排的昼夜防御部署图，摘自美军于 1942 年发布的相关手册。值得注意的是，这些步兵排会在夜间拉近彼此之间的距离，并从掩体中出来活动。

1945年3月29日,德国安霍尔特(Anholt)。第43(威塞克斯)师布伦轻机枪组的二等兵温盖特(Wingate)和贝利(Bailey)在最简陋的双人狭长堑壕中享受茶水。根据相对高度判断,这个堑壕要么有很深的"阶梯式"地板,要么整体深度不到4英尺。这两名士兵不仅没有用沙袋或其他覆盖物来加固非常低的胸墙①,还把装具放在了堑壕的边缘。值得注意的是,他们还把备用弹匣放在枪附近的工具袋中。(帝国战争博物馆供图,图片编号BU2834)

---

① 译者注:胸墙(parapet),在堑壕和掩体前部修筑的土埂。

在实战中，由于弹药消耗量往往比预估的更快，加上不断有新物品列装步兵班或步兵排，所以"携行具的设计始终落后于战场快速发展的现实"。士兵们必须背着子弹带、斜挎包、挎包（通常是为了满足新的需要而临时制作的），甚至是用网兜来收纳相关物品。本照片拍摄于1944年，照片中的这名美国士兵还穿着用于抢滩登陆的充气式救生衣。（美国国家档案馆供图）

步兵排

很多新晋军官将从排长一步步做起，他们可能会受到一些官僚主义做法的干涉，例如要求他们做好记录，以及与上级指挥部保持联系。排是步兵行政体系中最基层的单位，一般都会配备轻型迫击炮（美军的步兵排可能还会配备一挺口径为0.30英寸的轻机枪）。在1943—1945年时，有的排还会配备单兵便携式反坦克武器。[1]因为下辖多个步兵班，所以步兵排可以在作战时使用一些更复杂的战术。在使用这类战术时，步兵排的士兵需要一起机动，以实现作战目标。

1944年时，美国陆军一个步兵排下辖三个12人制步兵班和一个"指挥组"[command group，由排长、排军士（副排长）、排军士助理和2名传令兵组成]。1943年时，这种步兵排里还会有一些充当补充人员的二等兵。这种41人制步兵排可能还会配备一门60毫米迫击炮和（或）一挺0.30英寸机枪，外加一个2人制2.36英寸火箭筒小组——机枪（一挺机枪会配有3名操作人员）来自步兵连独立武器排，而火箭筒小组则来自步兵营反坦克排。这种步兵排还有一个优势——配备了仅有5磅重的SCR-536"手持对讲机"（采用电池供电），可实现排级无线电通信。SCR-536的最大通信距离为1英里，一旦超出这一距离，步兵排与连部之间的通信就只能依靠通信兵了。

与步兵班一样，步兵排的火力配置"通常会远超装备表"。奥茨中尉回忆说，虽然兵力不足，但他的步兵排有时会配备两具巴祖卡火箭筒（标准配置是一具）和两倍于规定数量的勃朗宁自动步枪。另外，和官方的要求不同的是，他的部队不鼓励携带背包，士兵应将必需品塞进衣服口袋里，并将不必要的东西统统扔掉。

根据《步兵连》中的相关记载显示，美军步兵排有四种基本的开进队形："纵队队形"、"横队队形"（又叫一字队形）、"步兵班两前一后队形"（two forward and one back，又叫"倒楔形队形"）和"步兵班一前两后队形"（one forward and two back，又叫"正楔形队形"）。在采用"纵队队形"开进时，士兵们会排成一列，两个步兵班之间的间距为100—150码。虽然这种队形相对易于控制，但在穿过缺口、树林和光线阴暗处时，很容易因遭到正面火力打击而损失惨重。在采用"横队队形"时，虽然可以输出最强大的火力，但这种队形很难控制。

在需要冲过无法避开的敌方火力区时，"横队队形"很有用。至于另外两种队形，则旨在为"排正面和侧翼提供保障"。为指挥行动，排长会指定一个"基准步兵班"，以充当其他班的行动样板。在大部分情况下，排长（他身边还会有一名通信兵）都会亲自带队，而排军士助理则位于后方——防止后方成员掉队，并观察侧翼和后方情况。必要时，排长会先向前方派出侦察兵（有时候排长会身先士卒，亲自实施侦察）。

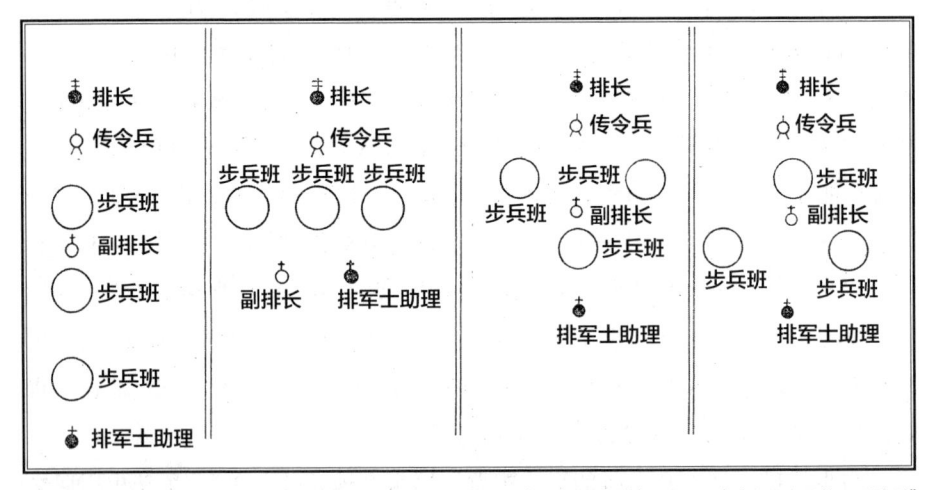

美国步兵排的队形，摘自《步兵连》。从左到右依次为："纵队队形"、"横队队形"（一字队形）、"步兵班两前一后队形"（倒楔形队形）和"步兵班一前两后队形"（正楔形队形）。需要注意的是，此图既没有按比例绘出各个班之间的距离、士兵之间的间距，也没有画出侦察兵。

10. 步兵连	在战场上, 1940 年 4 月 1 日			
	军官	士官	士兵	总计
理论人数	1	5	36	42
实际人数	1	5	19	25
临时(派遣性)任务	-	-	10	10
病员			7	7
休假			-	-

1940 年 4 月 1 日，"在战场上"的德军某步兵团第 10 连第 2 排的战场人员状况原始说明汇报表。此时，这支部队很可能是在西线战场上。从这张汇报表中可以看到，该排的理论人数为 42 人，包括 1 名军官、5 名士官和 36 名士兵。这张汇报表显示，该排有 10 名士兵正在执行临时任务或派遣性任务，有 7 名病员，实际人数仅有 25 人。

理想情况下，在发起进攻之前，步兵排的指挥官应精心策划相关方案，并提前向各班通报。在很多时候，排长最好将一个步兵班（或一个选定的小组）派往侧翼或靠近目标的位置，以便掩护主力发起突击。一般情况下，全排宜保留一个班作为预备队（一开始就需要所有人员全力进攻时除外）。在发起进攻之前，排长通常会先向前线派出侦察兵。然后，步兵排会向前推进——排长应下令朝敌军阵地的弱点发起主攻，并将预备队调往此处。接下来：

如步兵排遭遇有效的敌军轻武器火力攻击，士兵应通过交替掩护机动的方式继续前进。在此期间，步兵排应利用正面和侧翼火力压制敌军，同时让其他人员在火力掩护下机动前进，并利用一切掩体……随后，实施机动的士兵可占据射击阵地，并帮助原先的掩护部队前进。

疲惫不堪的德军步兵排的士兵停止了行军——本照片拍摄于 1940 年或 1941 年。他们没有携带行军背包，挖壕工具、饭盒、水壶、防毒面具和机枪弹药箱等装备也散落一地。面对战友的相机，三名士兵挥舞着木柄手榴弹。另外，请注意照片左上方的那门 5 厘米轻型迫击炮。①

---

① 译者注：在德国的文件中，轻武器以外的武器口径会以厘米为单位，如将50毫米写作5厘米。

图 5. 排成"箭头队形"的步兵排

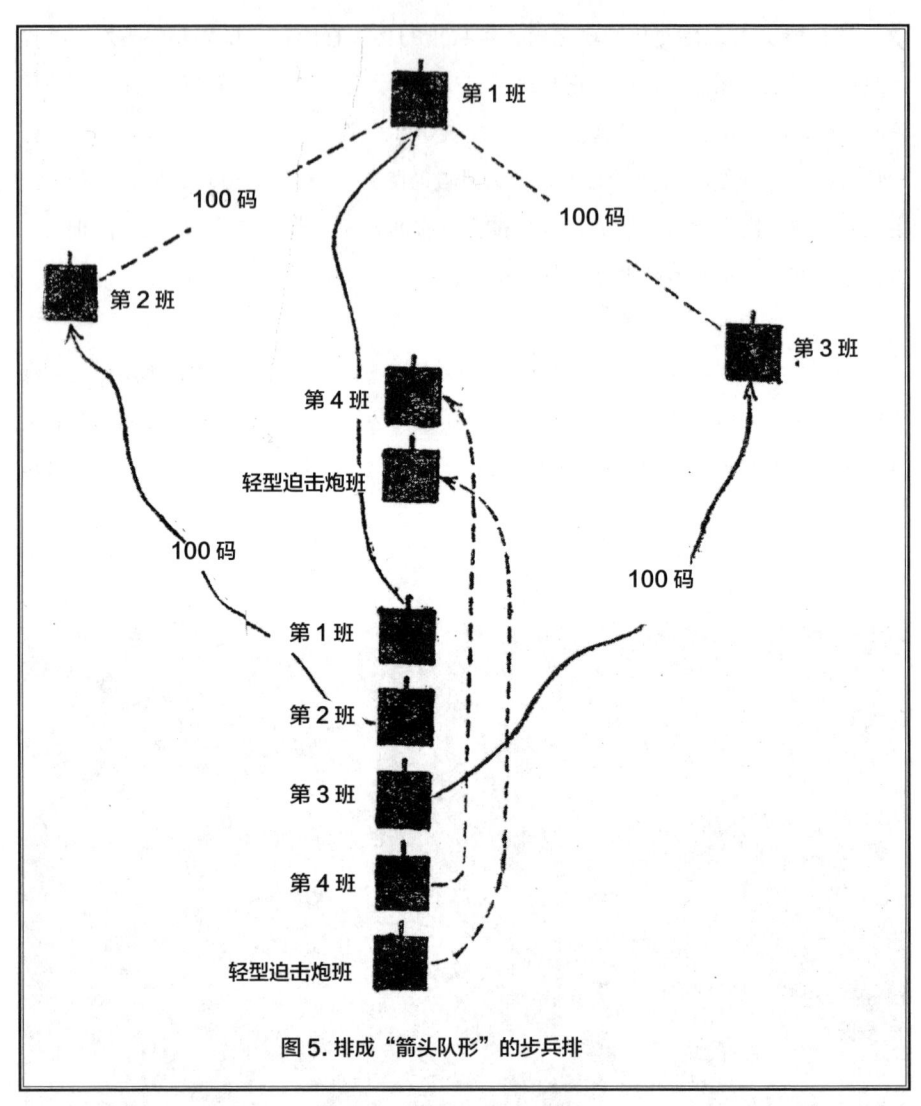

排成"箭头队形"前进的德军步兵排,摘自《德国步兵作战:小分队战术》。

  如果敌军的抵抗较弱,步兵排可用上述方式直接攻入敌军阵地。但如果敌军的阵地坚固,其侧翼或后方有掩体,步兵排就必须在尽量靠近攻击目标的地方组建一支"突击分队"。为给突击分队提供掩护火力,排长可以抽调其他士兵(尤其是勃朗宁自动步枪手)。

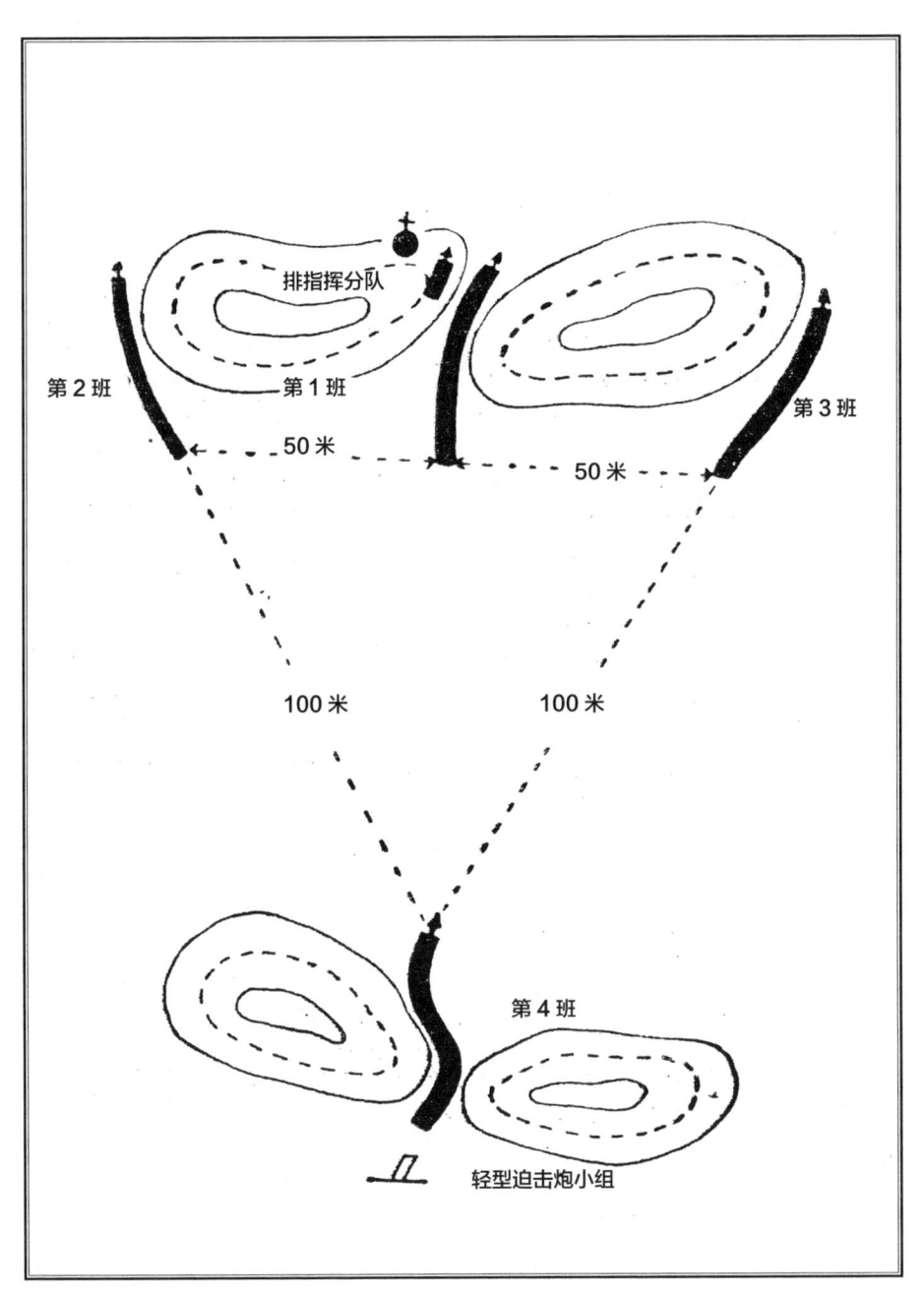

一个前进中的德军步兵排：3个步兵班和排指挥分队在前方，1个步兵班和轻型迫击炮小组在后方。1944年时，德军步兵排的规模减小到了3个步兵班，且不再配备轻型迫击炮（但保留了第4挺轻机枪）。本示意图摘自《步兵训练大纲》（1941年3月）。

美军的相关文件还规定：

排长既可以单独下达突击命令，也可以听取连长或营长的指示，从而与大部队的行动保持一致。步兵排的攻击梯队应尽量接近敌方阵地，但应避免遮挡友军的支援火力……在排级突击行动中，排长需发出既定信号，以停止火力支援。如果跟随大部队一起发起突击，排长必须遵守连长或营长命令。在战斗最激烈时，一个班甚至几名士兵都有可能自行发起突击。无论何时何地，一旦发起突击……视线范围内的所有士兵和单位都必须立即全力配合。在发起突击时，我方可以对敌军的防御阵地实施持续火力打击，以防止敌军占据防御阵地。

如情况允许，排长应在攻克敌军阵地后立即进行快速评估，判断是否可以继续前进。前锋排不可执着于肃清最后的敌军，而是应把该任务交给后续部队来完成。

尽管随着时间的推移，德军步兵排的组织形式发生了很大的变化，但其与美军步兵排还是有很多相似之处。在1940—1943年年底时，一个德军步兵排下辖4个班、1个排部，以及1个3人制5厘米轻型迫击炮小组，共计49人。根据相关资料显示，1944年时，德军步兵排的规模被大幅缩减（仅下辖3个班）。因此，在二战后期，一个满员的德军步兵排也只有33人，包括1名军官、3名士官（有时候是4名士官）和29名其他人员。尽管如此，德军步兵排的火力依然非常强悍——配有4挺轻机枪、7把冲锋枪和22支步枪。尽管从1944年年底开始，德军仅为一个国民掷弹兵排配备3挺轻机枪，但却为装甲掷弹兵排配备了更多的轻机枪（9挺）。

德军军官受到的教导是"宁可错判，也不要不作为和拖延时间"。德军认为，在特定情况下，如果一个战术问题的两种解决方案的成功概率相同，"那么必须选择更强调进攻的那一个"。有趣的是，在英国的一些训练备忘录中也有完全相同的说法——这无疑推翻了之前的《步兵训练》手册所强调的"更安全和按部就班"的训练思路。

通常情况下，德军步兵排会以箭头队形开进，不过有时其也会使用与美军类似的前后错开队形（与步兵班一前两后队形和步兵班两前一后队形很相似）和纵队。《德国步兵作战：小分队战术》中的相关内容显示，德军步兵排的排长应"先明确部署区域和目标",再决定应该使用的队形,并"详细说明各班的任务"。之后,各班将"交替发起攻击"。在此期间,排长"应找出敌军的防御弱点,并决定具体打击位置",然后:

如果第一次突击成功,即使突破口很窄,部队也必须向敌方阵地纵深推进。此时此刻,排长的榜样作用非常重要,他必须全力保持攻势……一旦敌人的抵抗力量减弱,他就必须立即展开追击。在完全攻破敌人的阵地之前,不可过早向侧翼移动,因为这是错误的做法。发起攻击的步兵班的侧翼,将由后方部队来提供保护。在发起进攻之后,预备队要负责摧毁任何残存的抵抗力量。

1944年时,英军步兵排的推荐编制为3个10人制班和1个排部[由排长、副排长、1个3人制2英寸迫击炮小组(小组成员也会携带步枪)、1名通信兵,外加军官的传令兵或勤务兵组成]。因此,当时1个标准的英军步兵排有37人,其装备包括1门轻型迫击炮、3挺布伦轻机枪、5支斯登冲锋枪和29支步枪,以及至少36枚手榴弹。不过,英军步兵排的编制和武器配备不会一成不变(会根据战时的具体情况而进行更改)。在实战中,英军步兵排的排部几乎都配有1个两人反坦克武器操作小组[来自连部,最初装备的是"博伊斯"(Boys)反坦克枪,1943年后装备的是步兵反坦克发射器(PIAT)],而勤务兵则兼任通信兵或无线电员。值得一提的是,在各国军队中,步兵排一旦参战就会遭遇伤亡——因伤亡而造成的"人员缺口",通常需要几天甚至几周的时间才能得到"填补",这导致步兵排的人数经常只有其满编人数的一小半。

在1944年时,通信是一个棘手的问题。从1943年开始,英军部分部队开始配备38号便携式无线电设备(No.38 Wireless Set,即38号无线电台)。这种设备最初是特种部队使用的,后来才被推广开来。一开始,在排一级部队中,38号便携式无线电设备被视为18号无线电设备(又名18号无线电台,一般由连部携带)的补充设备。后来,一线步兵排就不再使用38号便携式无线电设备了。英国人在《陆军训练备忘录》(*Army Training Memorandum*,1944年1月)中解释道:

……这种设备过于显眼,容易吸引敌军火力。在近战时,携带它的通信兵很

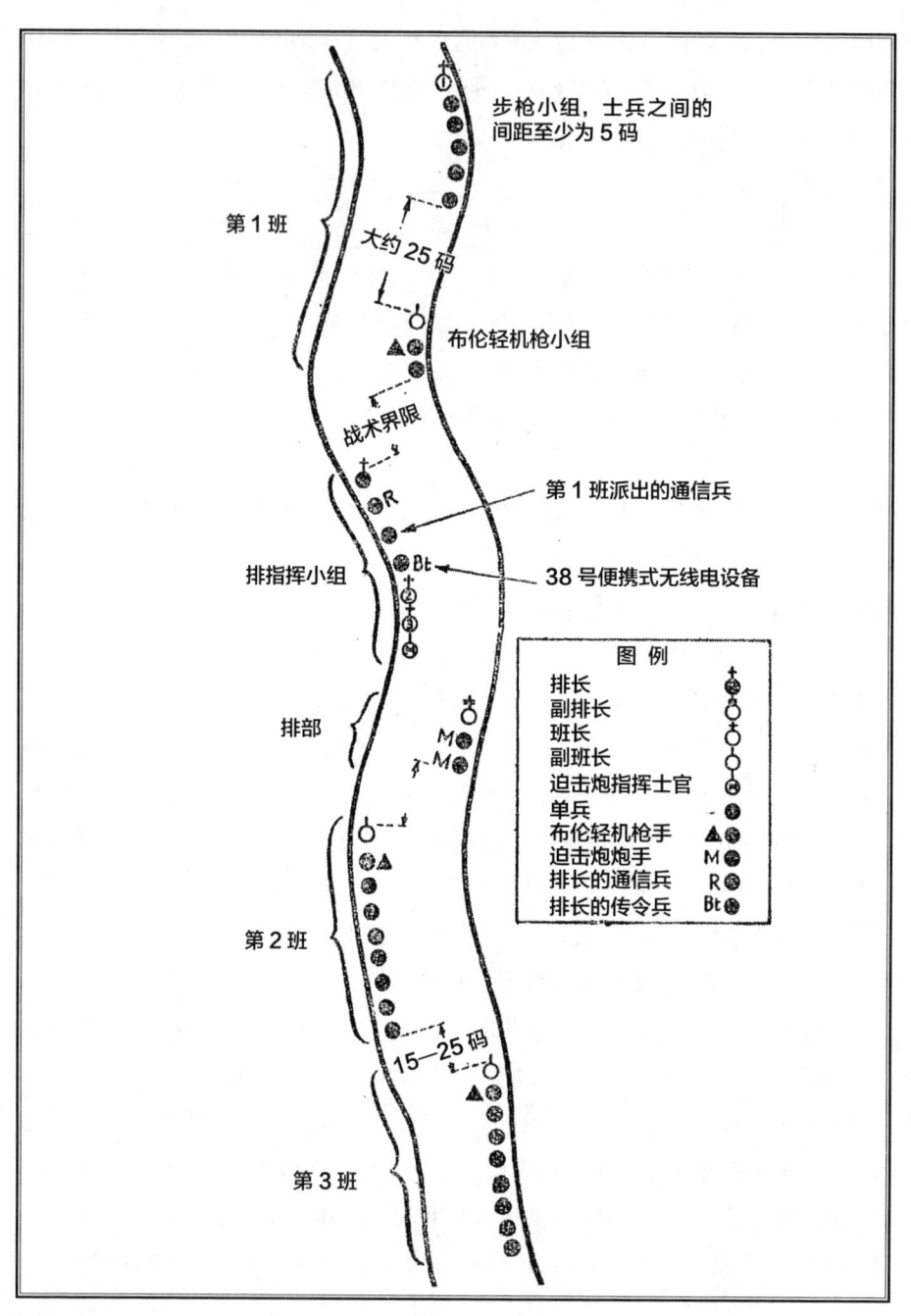

沿公路行进的英军步兵排——摘自《步兵训练》(1944年)。为减少人员伤亡，士兵之间的间隔为5码。图中并未列出两人PIAT小组——但至少从诺曼底登陆日开始，PIAT小组已几乎成为英军步兵排的标配。

难留在排长身边。因此，在最需要这种设备的时候，它却几乎发挥不了作用。此外，排长不得不做出一个艰难决定：是亲自带领步兵排（这是他的本职工作），还是留在无线电旁与连长保持联系。由于这些原因，在开发出尺寸更小的型号之前，将不再使用这些无线电设备。同时，每个连都配备了两套无线电设备，供其在内部使用。

1944年，诺曼底，一个英军步兵排正在短途行军。照片中的所有人都轻装上阵，没有携带小背包。照片最左边的是一名下士班长，我们可以通过军衔徽章、斯登冲锋枪和开山刀（挂在左臀后面）来辨别其身份。这名班长旁边的人是少尉排长——他手持斯登 Mk III 冲锋枪，并佩带着一把手枪。这名排长身上的勋带表明，他曾在北非或意大利参加过战斗。
在诺曼底作战时，英国步兵的伤亡率，尤其是下级军官的伤亡率，与一战时相当。第43（威塞克斯）师下属的萨默塞特轻步兵团第4营于1944年6月25日首次参战。可是当西德尼·贾里中尉于同年7月18日抵达第4营时，该营已经接收了17名军官和541名其他战斗补充人员——该营的编制人数为36名军官和750余名士兵。此时，贾里的D连18排已经只剩下17人了，其中12人还是最近才补充的。贾里是D连18排的第三任排长。（帝国战争博物馆供图，图片编号 B5380）

1944 年 10 月，荷兰。第 11 装甲师蒙默思团第 3 营的士兵正在准备发射一枚 2 磅高爆弹。英军步兵排的 2 英寸迫击炮的全重约 12 磅，射程为 500 码，能够以极快的速度发射高爆弹、烟幕弹或照明弹。虽然有些型号的 2 英寸迫击炮还配有瞄准器，但经验丰富的士兵通常只用眼睛来瞄准和估计仰角。（帝国战争博物馆供图，图片编号 BU1233）

事实上，一些回忆录和照片证据表明，在欧洲西北部，一些步兵排仍在继续使用 38 号便携式无线电设备。这种通信距离约为 4 英里的无线电设备，重约 27 磅，可以装在一个由织带编成的托架中，放在携带者胸前。此外，该设备还配有一个用于装电池盒的背囊。38 号便携式无线电设备的喉部麦克风可以解放使用者的双手，因此它很受一些士兵喜爱。

在前进时，英军步兵排的排长会先研究地面情况，再选择开进路线。在发动进攻时，排长应该先实施侦察，然后再发布命令。英军认为，排长应记住一个准则：

"如果一个排不能以正确的方式投入战斗,无论士兵们多么勇敢,都将与送死无异。"此外,英军还认为,"(学习)战斗规程只是手段,而不是目的",但它们可以教会士兵"基本打法",以便士兵根据实际情况随机应变。在穿越乡村时,英军可能会采用的一种队形是:第1班大致以不规则箭头队形前进,指挥小组紧随其后,最后是第2班和第3班——以开放队形并排前进。在实施侧翼包抄行动时,英军建议"命令1个班和迫击炮(通常由副排长指挥)从正面压制敌军,而其他班则通过有掩护的路线发动迂回"。

如果需要肃清小树林,英军步兵排的布伦轻机枪手会向前移动到树林边缘,以便用火力覆盖敌人的脱逃路线。同时,步兵排下辖的各班将展开行动,"像猎人一样将猎物赶出树林"。这些"猎人们"应大致排成一行谨慎前进,在树木之间交替移动,不断占据开火阵地。如果敌军殊死抵抗,支援小队就会尝试向侧翼机动;如果敌军临阵脱逃,他们就会陷入布伦轻机枪编织的火力网中。

虽然临时创造新战法的情况经常发生,但在有些情况下,部队也会发动"教科书般的攻击",正如驻守意大利的苏格兰卫队的1名排长——W.A.埃利奥特(W.A.Elliott)中尉说的那样:

我的排在最后的山脊下停了下来,我和班长们一起向前走,前往他们的新阵地。在这个过程中,我来到了山顶,那里有很多一排排的石堆(石头工事)……显然,这里和其他地方一样被敌人遗弃了。突然,在前方30码外的胸墙上,露出了一张白皙的脸,那人的头发是姜黄色的。我们对视了片刻。由于没有戴头盔,这个人看起来一点也不像德国人。然后,我迅速以腰射姿势开枪,并用德语大喊:"举起手来。"但是我的枪卡住了。我咒骂着重新上膛并开了1枪,这时我的枪又卡住了。接着,我的耳边传来了德国机枪子弹发出的噼啪声,这声音震耳欲聋……

我向后跃入机枪的射击死角,撤退回我的排。后面山上的其他连队开始向沿着山脊出现的德军开火。现在四面八方有无数眼睛注视着我,我"按照书本里的规定",用1个掩护班、2个侧翼班和2英寸迫击炮发起了一次典型攻击。但这次攻击之所以成功,还有赖于敌军的"配合",因为他们已全线撤退了……

图 XI

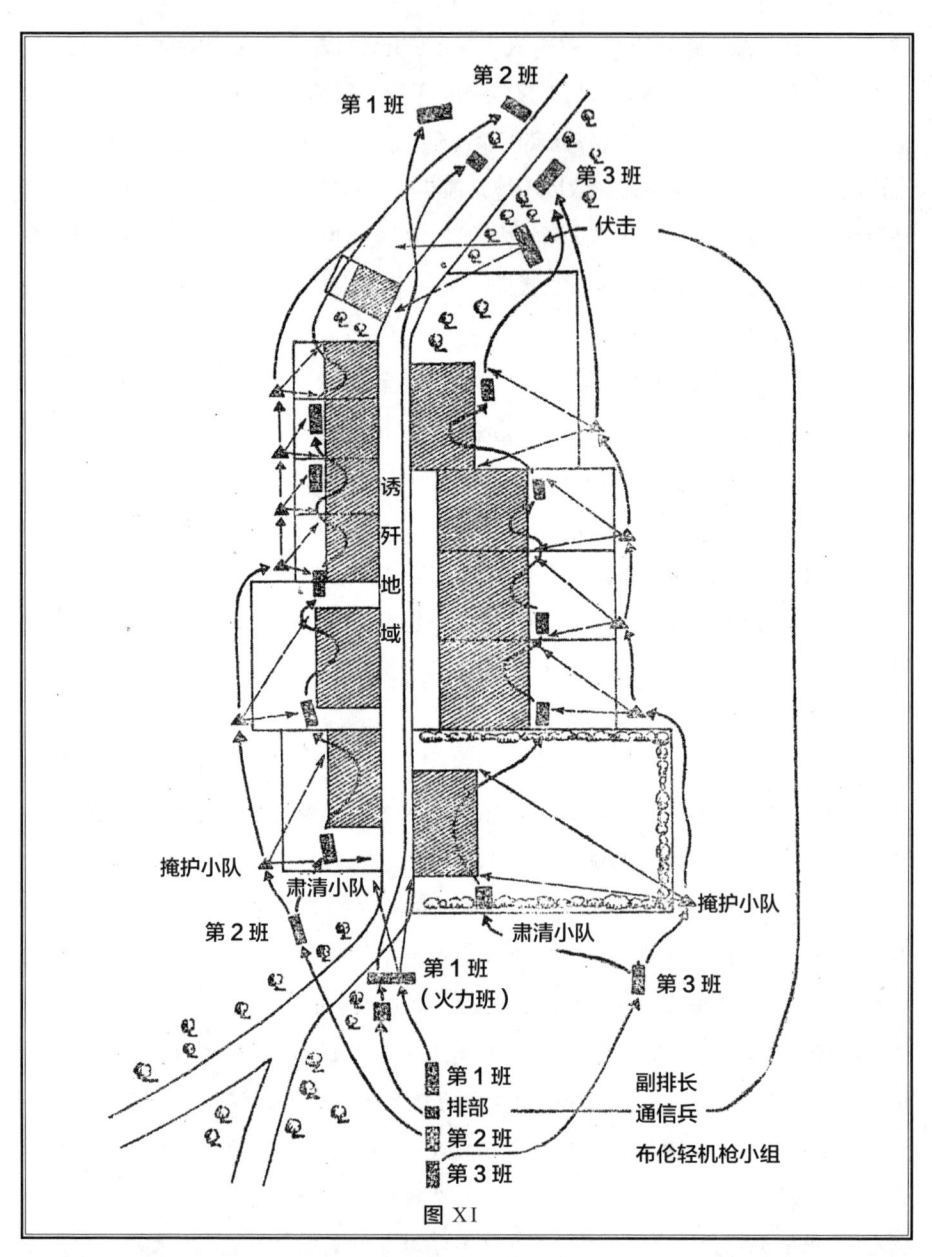

肃清村庄——摘自《步兵训练》。一个"伏击队"（其中包括副排长、1个布伦轻机枪小组和1名通信兵）从侧翼悄然前进，并设置了一条阻击线，准备消灭企图逃脱之敌。与此同时，1个"火力班"与排部一起占据了阵地，以监控敌人并肃清被指定为"诱歼地域"的主要街道。另外2个班被拆分为了多个"肃清小队"。在"掩护小队"的掩护下，"肃清小队"的士兵将沿着花园和房屋的后部，逐一肃清村庄里的建筑物。在进入建筑物之前，士兵会先对着门、隔墙和天花板射击，必要时他们还会使用手榴弹。

攻击一个地堡或支撑点①

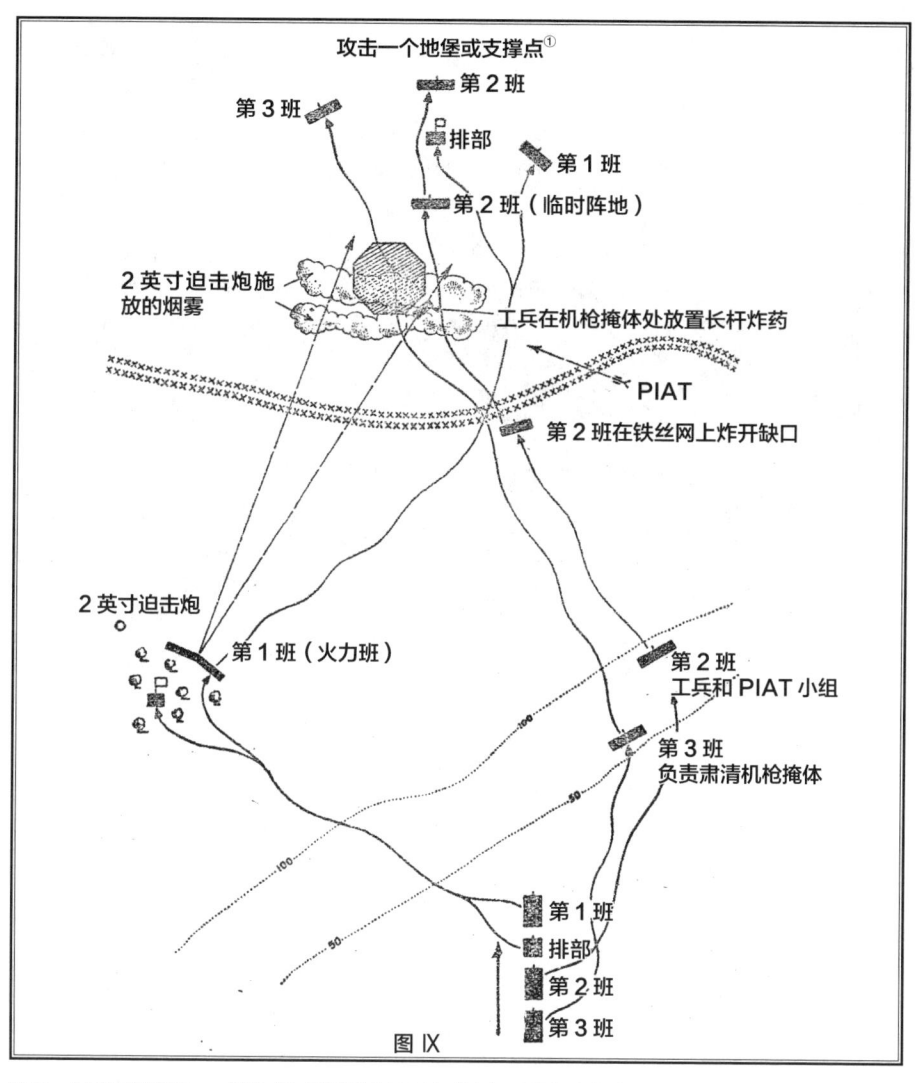

- 第3班
- 第2班
- 排部
- 第1班
- 第2班（临时阵地）
- 2英寸迫击炮施放的烟雾
- 工兵在机枪掩体处放置长杆炸药
- PIAT
- 第2班在铁丝网上炸开缺口
- 2英寸迫击炮
- 第1班（火力班）
- 第2班 工兵和PIAT小组
- 第3班 负责肃清机枪掩体
- 第1班
- 排部
- 第2班
- 第3班

图 IX

攻击一个地堡或支撑点——摘自《步兵训练》（1944年发布）。在发起攻击时，英军会将步兵排分成多个混合班。第1班负责对目标实施火力打击，排部的2英寸迫击炮会利用烟幕弹来为其提供掩护。第2班会与工兵和排部下属的PIAT小组一起行动——逼近目标，在近距离用PIAT进行爆破，并让工兵用炸药在铁丝网上炸出缺口。接下来，第2班和第3班将一起对这个缺口发起突击。第2班负责肃清地堡外围区域，并占领所有防御堑壕，而第3班则会用手榴弹来攻击目标。

---

① 译者注：支撑点（Strong point），即防御阵地中的关键据点，通常修有坚固的工事并配备大量自动武器。而且，在支撑点周围一般还有阵地群对其加以保护。摘自美军联合出版物《美军军语及相关术语辞典》。

一名美国士兵正在操作气冷式0.30英寸勃朗宁M1919机枪，该枪由250发织物弹链供弹。在1944年的美军编制中，每个步兵连都拥有一个"武器排"，即第4排——该排拥有两挺勃朗宁M1919机枪和3门60毫米迫击炮。不过，这些武器通常会被分散到各处，以支援各步兵排。（美国国家档案馆供图）

狙击手

虽然几乎所有士兵都可以狙击敌人，但如果你因此而认为狙击是一种没有理论基础或不需要进行专门训练的"随意活动"，那就大错特错了。[2]1940年，加拿大陆军少校内维尔·阿姆斯特朗（Neville Armstrong）在非官方出版物《野战技能：狙击与情报》（Fieldcraft: Sniping and Intelligence）中指出，"无组织的狙击行动几乎毫无用处"，但如果部署得当，"少量狙击手就能给敌人造成很大的影响"。按照他的说法，狙击手的主要任务是掩护己方阵地、为己方部队实施机动提供帮助、击杀敌军狙击手和动摇敌军士气。要做到这些，狙击手不仅要尽量多击中敌人、"通过火力优势来压制敌人"，还要利用"目视侦察"的方式来收集信息。

在美军中，综合侦察和狙击也有一定的联系。1944年，美军在相关手册中表示，狙击旨在专门狙杀敌军关键人员，从而削弱敌军的抵抗，并打击其士气。美军的相关条令规定，"观察员与狙击手"两人小队应占据隐蔽性较好的固定阵位——这些阵位要能够观察到指定区域。然后，各小队会轮流用双筒望远镜进行观察。为避免人员太过疲劳，应每隔15—20分钟轮换一次观察员。如果条件允许，狙击手还可以绘制射界信息卡，并标注从阵位到指定点的距离和相关地标。这样做有助于狙击手快速瞄准目标，并根据已知数据进行精准射击。观察员和狙击手不仅要拥有足够的耐心，还要时刻注意隐蔽——这意味着他们不能把枪管伸出掩体，不能吸烟。和"观察员与狙击手"两人小队不同，"流动狙击手"具有较强的攻击性：

> 流动狙击手需单独行动，频繁转移。他们将负责监视一大片区域……这种狙击手可以渗透敌方防线，寻找并歼灭敌方补给线和通信路线上的移动目标。流动狙击手必须确保"首发命中"。如果狙击手被迫多次开枪，不仅会暴露自身所处的位置，还会给敌人逃跑的时间。因此，流动狙击手不仅应精于"所有射程的射击"，还必须接受如下训练：跟踪目标，直到距离足够近，足以确保"首发命中"为止。

美军建议狙击手在敌后行动时携带第二件武器，例如一把手枪、一支冲锋枪，甚至是一支自动步枪。美军狙击手受到的警告是："白光瞄准镜不会使步枪变得更精准，也不会让射击者射得更准。"美军认为，枪法才是"准确命中目标的关键"，白光瞄准镜主要是为了让狙击手"能够捕捉到模糊的目标"，以及让狙击手尝试攻击射程之外的目标。在美军中，每个步兵排里都有几名士兵（他们应懂得如何使用地图和指南针，身手敏捷，并具备"用好步枪的潜力"）接受过狙击训练。一般来说，美军的狙击训练会重点培训高级射击技巧、距离估算技巧、隐蔽技巧、声音识别技巧、瞄准镜的保养和使用，以及弹道和风偏研究……

美军的基本狙击武器是带瞄准镜的 M1903 栓动式斯普林菲尔德步枪，该枪的射击精度很高——当然，它更正式的名称应该是"美制 0.30 英寸 M1903A4 步枪（狙击型）"。不过，美军在相关狙击手手册中指出，"不必总是安装瞄准镜"，而且在逼仄的环境中作战时，"狙击手也可以使用卡宾枪"。此外，美军还建议狙击手在夜间使用没有瞄准镜的武器时，在枪管顶部贴一条白色胶带，以此充当对付近距离目标的原始瞄准具。不过，在实战中，人们很快就发现，那些具有高度自我保护意识的狙击手（比如第 29 师的狙击手）放弃了射速相对较慢的栓动式步枪及其精致的瞄准镜，转而使用加兰德半自动步枪。此外，有些人还为加兰德半自动步枪和 M1 卡宾枪安装了白光瞄准镜。官方数据显示，到二战结束时，美国大约生产了 7000 支加兰德 M1C 狙击步枪，但其中被真正运抵欧洲的却寥寥无几。

狙击手可能会对战斗产生重大影响，第 45 师的巴德·麦克米兰（Bud McMillan）在回忆德军于安齐奥发起的一次反攻时说道：

天一亮，他们就开始向四周开炮。然后，他们开始在开阔地带奔跑……有狙击步枪在手，我能够狙杀那些我认为是军官或军士的人。你完全可以选择狙杀的对象。在 400—500 码的距离内，你可以对他们"挨个点名"。敌军士兵开始交替掩护机动，他们先向前跑，然后卧倒或翻滚，接下来又站起身，再向前跑……

虽然大多数德军狙击手使用的都是栓动式步枪，但也有人使用带瞄准镜的 G41 或 G43 半自动步枪。对盟军而言，诺曼底附近的所有德军狙击手都是重大威胁。美国第 90 师的一位排长指出，德军狙击手经常身穿"迷彩服"，在树上占据射击阵位。他认为，这些人"很麻烦"，以至于后来美军步兵"一旦发现可疑树木"，就会让勃朗宁自动步枪手"朝树上枝叶最茂密的地方扫射"。萨默塞特轻步兵团第7营的马歇尔（Marshall）上尉表示，德军狙击手会躺在沟渠里或藏在干草堆中，甚至还有一个顽固分子把自己关在了谷仓的上层，"直到一挺布伦轻机枪从紧闭的门外向内扫射，他才彻底没了声音"。

二战后期，德军在相关命令里指出，狙击手应该穿上迷彩罩衫或迷彩服，如果碰巧没有合适的迷彩服，则"必须穿上喷有迷彩色的战斗服"，而且"不可使用显眼的皮带"。此外，德军还规定，狙击手应戴上钢盔罩和钢盔网，并用帆布条或粗麻布来包裹步枪。值得一提的是，德军还会教狙击手如何搭建"树上阵地"，例如"用绳索和防潮布来修建一个藏身处"，以及"把用过的弹壳敲进树干"（可为潜伏的狙击手提供一些额外的支撑，或者让狙击手可以更轻松地爬树）。

为了吸引敌人的注意，德军狙击手还会摆放假人头，或者在树上悬挂假人——敌人一旦向它们开火，就会暴露自身位置。此外，德军还有一种"改进版的假目标"——为假人装上步枪，然后让小队中的一名士兵用长绳从远处操纵步枪射击。对德军顶尖狙击手的访谈内容显示，他们的开火距离一般在400米以内，并会优先瞄准敌方军官、观察员和支援武器操作人员。

在许多情况下，狙击手将前往己方战线前方，从黎明到黄昏一直坚守阵地。1944年8月，德军设立了一种狙击手臂章（上面有鹰头和橡树叶图案）。这种臂章有三个级别，分别表示成功完成了20次、40次和60次狙杀。不过，这种臂章很少出现在制服上，考虑到狙击手对隐蔽性的要求，这也是可以理解的。

英军狙击手使用的是栓动式步枪。二战初期，他们装备的大多是No.3 Mk Ⅰ（T）狙击步枪，即带瞄准镜的美制P14步枪。1942年时，他们开始使用经过改装的恩菲尔德No.4型步枪，即No.4 Mk Ⅰ（T）狙击步枪。另外，英军还在位于比斯利（Bisley）的国家步枪协会旧址成立了一个"狙击分校"。后来，英军又在北威尔士的兰贝里斯（Llanberis）和欧洲大陆成立了新的狙击学校。最初，英军所采用的狙击方法与其在一战时期采用的狙击方法差别不大——1940年版和1941年版《狙击手训练笔记》（*Notes on Training of Sniper*）曾对此进行过概述。一般来说，英军的每个营都会抽调8名士兵组成一个狙击手班——其成员既可以单独执行狙杀任务，也可以组成"观察员与狙击手"两人小队。英军建议狙击手最好用粗麻布将步枪包裹起来，紧急情况下可以用牛皮纸或泥土来代替粗麻布。

英军认为,"足够的耐心和敏锐的观察力是狙击手最重要的品质"。此外,如果狙击手感到焦躁不安,可以尝试嚼嚼口香糖。

狙击手需要从许多潜在的狙击位置中,选择最理想的一个。该狙击位置必须满足一个条件——可以在白天通过隐蔽通道进入或离开。英军认为,如果时间允许,军队在构筑野战阵地时,还可以准备一个狙击手阵地。此外,建筑物和墙壁后面也是合适的狙击位置,尤其是位于建筑物楼上的房间。英军狙击手受到的教导是,"应站在房间后面,斜向透过窗户进行狙击";可以"在被炮弹击中的建筑物的椽子间或烟囱后藏身",这些地方"既有利于狙击又难以被敌军发现";可以"从墙上拆下几块砖,打造多个射击孔,以便采用卧姿或跪姿射击"。最后,英军要求狙击手不要越过墙头射击(除非墙体顶部的轮廓非常不规则),最好靠着墙壁边缘射击,或者通过在墙壁上凿出的射击孔向外射击。

随着时间的推移,英军狙击手的数量逐渐增多。到1942年中期,英军几乎每个连部都会配备两个狙击手小队,而且每个班都有一名狙击手。英军认为,这些狙击手应"找到并狙杀敌方指挥官、侦察兵和狙击手……借助巧妙的野战技能,他们完全可以在300—400码外完成狙杀任务"。1944年1月,英军在《陆军训练备忘录》中提供了更多相关细节:

曾与德军或日军近距离交战的士兵都会意识到敌方狙击手的威胁。不过换个角度来看,如果我方也有一流的狙击手,那么其价值将不言而喻……他们必然会在战场上为我们带来丰厚的回报。在地中海地区,人们发现,每个班都训练1名"班狙击手"的用处很大。但这样一来,狙击步枪就会供不应求了。不过,就算没有狙击步枪,"班狙击手"也会是班里最好的枪手——有时候,他们能成长为神枪手。在发起攻击时,可命其从一个合适的位置机动到侧翼,以便射杀目标阵地中的单个敌军。

到诺曼底登陆日(D日)时,英军中已有很多训练有素的狙击手。以锡福斯高地团第5营为例:该营在意大利战役期间建立了狙击学校,到D日时,该营已拥有一支"精锐的狙击手队伍"(狙击手的数量比以前多了1倍)。在突击队和空降营中,不仅有普通的"班属狙击手",还有30—38名正式狙击手。

英军狙击手一般会身穿丹尼森迷彩罩衫(camouflaged Denison smock)。

这种罩衫有诸多特殊优点：裆部有一张布块，可以防止士兵匍匐着移动时罩衫往上卷起；罩衫上的口袋能装很多东西（比如弹药和手榴弹），在近身防御时非常有用。在二战后期，英军狙击手的典型装备包括丹尼森迷彩罩衫、迷彩面罩、双筒望远镜（或团侦察望远镜）、指南针、手榴弹（两枚）、应急口粮和水壶。在大多数情况下，英军狙击手携带的狙击枪的弹药为：50 发普通子弹、5 发曳光弹，以及 5 发穿甲弹。

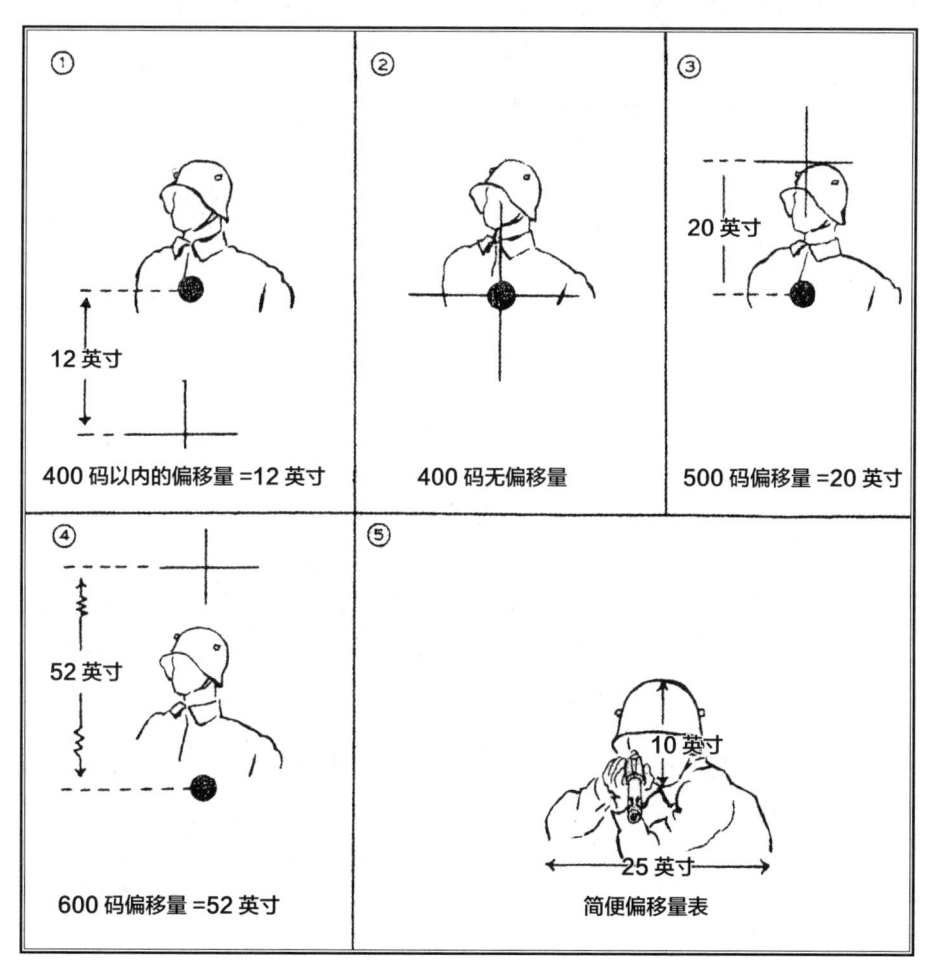

① 400 码以内的偏移量 =12 英寸
② 400 码无偏移量
③ 500 码偏移量 =20 英寸
④ 600 码偏移量 =52 英寸
⑤ 简便偏移量表

本图摘自一本于 1944 年发布的美军狙击手手册。为不影响开枪速度，该手册要求狙击手不得为单次射击调整瞄准镜，而是应以 400 码的距离为基准来进行瞄准。

1943年5月，第666宣传连成员休伯格（Heuberger）在苏联前线拍摄的照片。值得注意的是，照片中的狙击手并未将头伸出胸墙，而是利用了胸墙上的一处开口。

1944年7月，诺曼底，皇家诺福克团（Royal Norfolk Regiment）的狙击手正在接受训练。近处的这名士兵拿着一支No.3 Mk I（T）狙击步枪（这款步枪是美制旧式P14步枪的改进型），配备了白光瞄准镜。（帝国战争博物馆供图，图片编号B8178）

意大利，第 10 印度师的侦察兵和狙击手正在听取简报。他们穿着全套迷彩装备。本照片中共有 8 名狙击手，但乍一看并不容易找全。[女王直属兰开夏团（QLR）供图]

由于一成不变的服装容易引起敌军注意，因此英军似乎并不鼓励狙击手身穿某种"统一制服"。英军给出的建议是，狙击手可以充分利用粗布（粗麻布条，即美军术语中的"粗麻布"）、绳网、油漆、帆布和缴获的迷彩服。在兰登-戴维斯的杰作《国民军野战技巧手册》中，还提供了制作如今被称为"吉利服"的伪装服的详细教程。"吉利服"的制作材料包括风帽和一件宽松的粗麻布罩衫，狙击手可以"在其表面涂抹能与某区域背景相融合的迷彩图案"。兰登-戴维斯在《国民军野战技巧手册》中介绍了三种迷彩图案类型：

由黑色、"接近黑色的橄榄绿色"和中绿色色块构成的不规则迷彩图案，适合在"农田、树篱、田野和公园"中使用；由深棕色、大面积的暖灰色或浅黄色色块构成的迷彩图案，最适合在多岩石、石头或沙袋的环境中使用；由深棕色、石红色或砖红色色块构成的醒目的几何迷彩图案，最适合在建筑物密集区使用。此外，（狙击手）还可以在吉利服上搭配一些未上色的麻布。

二战期间，英军狙击手取得了一些显著成就，尤其是在战争的最后阶段。阿利斯泰尔·博思威克记录称，在荷兰作战的锡福斯高地团第5营的狙击手们甚至有一本记录狙杀战果的"功劳簿"：

在我们中间，狙击手无一阵亡，到战役结束时，我们的总人数依然是38人。我们在奥兰（Olland）是如此毫无顾忌，以至于有一天晚上，人们看到令人胆寒的弗雷泽（Fraser）骑着自行车就进入了（战场上双方战壕之间的）无人地带。也正是在那个时候，那些在"狙击时间"之外从不谦逊的狙击手们，在描述自己的丰硕战果时，使用了比平时更生动的措辞。弗雷泽的最佳贡献是："我打穿了他的脑袋。我是怎么知道的呢？哦，我看到他蜷缩起来，脚尖像兔子一样不停抽搐。"

德军机枪手京特·科朔雷克的记录也体现了狙击手的可怕，当时他正遭到苏军的炮火压制："在我们前面的某个地方，一名狙击手已经埋伏了起来，他的伪装堪称完美，我使用了望远镜也无法把他找出来。我之所以知道他的存在，是因为我们阵地周围到处都是危险的爆炸声……"科朔雷克的副手从射击掩体里探出头来，刚好看到了一顶皮帽。随后，他们两人都钻进掩体的底部，无法移动，而他们周围的战斗仍在继续。过了一会儿，科朔雷克冒险将三脚架降低了一点：

……接着，我的耳边又响起了一道尖锐的破裂声。我立即蹲下身子，然后就再也不敢动弹了。保罗瞪大眼睛，仿佛被闪电击中了一般，瘫倒在掩体底部……我震惊地看到，他左眼上方有一个拳头大小的洞，暗红色的血液正从这个洞里汩汩流出，流到他的钢盔上，流过他的脸，流到他一张一合的嘴里。我惊慌失措，试图翻转他的身体。但血液不断涌出，速度非常快，以至于我能听到轻微的"汩汩"声。

科朔雷克大声呼叫医疗兵，得到的答复却是，因为有狙击手，"没有人能把这家伙弄出来"。最终，这名阵亡的士兵被人从掩体里拉了出来，科朔雷克得到了一名新的副手。但没过多久，这名副手也被狙击手射杀了。

在面对狙击手时，经验丰富的军官会尽量不暴露自己的军衔。在美军中，军官们默许前线士兵不对自己敬礼。而且，军官们还会把地图和双筒望远镜藏在夹克里，并经常用油漆或泥土将头盔背面的白色军衔标志伪装起来。美军第29师的相关记载显示，该师的官兵经常违背官方命令，拆掉军官和军士的野战服上的肩章和臂章。此外，许多英军前线军官还会携带其他人员的装具，有些人还会携带步枪。

诺曼底法莱斯（Falaise）的加拿大狙击手，本照片拍摄于1944年夏。这两名狙击手露出了如释重负的表情——另一张照片显示，他们后面的建筑物发生了爆炸。（帝国战争博物馆供图，图片编号HU28888）

1944年7月，一名在诺曼底作战的英军狙击手。他头裹面纱（上面还随意添加了一些不规则的彩色粗麻布条），并穿了一件缴获的武装党卫军迷彩罩衫。值得注意的是，这件迷彩罩衫会让他在返回英军防线时面临巨大风险。（帝国战争博物馆供图，图片编号B8177）

美军
前进方向

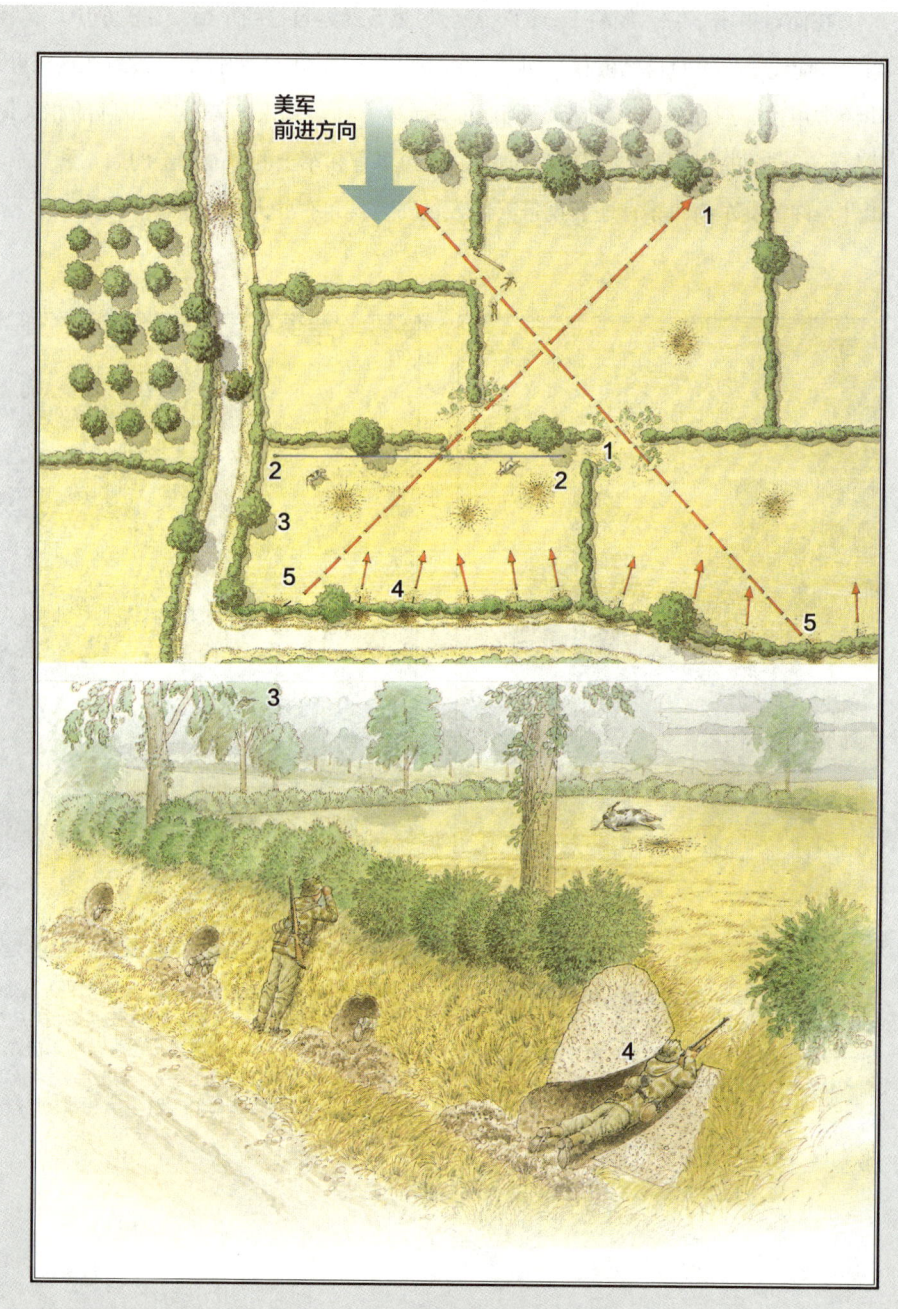

德军防御阵地：诺曼底，1944年6月至7月。[插图供图人：布莱恩·德尔夫（Brian Delf）]

德军防御阵地：诺曼底，1944年6月至7月

本插图取材于美军第90步兵师的目击者素描。这张图片展示了诺曼底乡间的树篱地形中的典型的德军阵地，包括阵地俯视图（上图）和阵地斜角透视图（下图）。当地林木众多（有一些小径穿插其间），河岸高耸。茂密的树林让坦克很难发挥作用。由于当地的地形对守军有利，所以进攻方必须对常规的步兵战术进行修改。

守军在一些树篱中故意留出了一些缺口（1），以供侧翼机枪组成交叉火力。这些机枪的枪口对准斜前方，以覆盖天然的前进通道。

守军在草丛中用锡罐串成了绊索（2）——这种能发出声音的绊索横跨在敌人潜在的前进路线上，可提供预警并使攻击者暂停前进。

狙击手在主防线前方的树上就位（3）。由于身处的位置较高，他能发现远方的敌人，并狙杀在地面无法打击到的目标。一旦听到狙击手开枪或接收到他发出的信号，整个步兵班的士兵都会立即警觉起来。

步枪手占据着在树篱底部挖掘的坑道（4），坑道前方有植被遮盖，几乎能完全隐藏住步枪枪口。如果必须撤退，步枪手可以从坑道里爬出来，沿着路边的沟渠爬行。哨兵可通过植被的缝隙进行监视，绝对不可探出身来。

机枪（5）既可以从不同的角度覆盖正面，也可以依托在树篱中挖掘的坑道向外射击。另外，守军还会选择一些备用阵地，以便肃清车行道和潜在的敌军观察点。

德军5厘米轻型迫击炮小组，1940—1943年。本图的原型为卡尔·西温纳（Carl Siwinna）上尉所著的《指挥手册》（Das Kommandobuch）中的插图，以及宣传连摄影师德曼（Deman）拍摄的一张照片。[插图供图人：迈克·查佩尔（Mike Chappell）]

德军 5 厘米轻型迫击炮小组，1940—1943 年

leGrW 36 型迫击炮是一种 5 厘米滑膛迫击炮（德军每个步兵排中均配有 1 门），能够用曲射火力打击 75—575 米内无法用直射火力打击到的目标。到 1943 年 6 月时，德国已经生产了大约 30000 门这种迫击炮。仅在 1940 年 5—6 月的法国战役中，德军就用 leGrW 36 型迫击炮发射了 50 多万枚炮弹。

这张图片仅展示了两名 leGrW 36 型迫击炮炮组成员（1）——该炮组的总人数为 3 人。第三个人，也就是该炮组的小组长（通常是一名下士）正在附近进行观察。图中手持杠杆式手柄的是 1 号炮手（他主要负责瞄准），正在装填炮弹的是 2 号炮手。这门迫击炮的弹药装在一个金属弹药箱（可容纳 10 发炮弹）中——值得一提的是，该弹药箱的标准容量为 5 发炮弹。这些士兵携带的 M1939 背架[①]可容纳迫击炮炮管、座钣或弹药箱，以及士兵的防水帐篷布和军用饭盒。至于面包袋、水壶、防毒面具罐、挖壕工具和随身武器，则可以挂在背架下面。

背架和背带的细节（2）。在本示例中，背架上固定了 1 个迫击炮座钣（士兵也可以利用座钣上的提手，直接携带该装备）。为快速行动，相关手册建议炮组成员利用掩体卧倒，然后卸下彼此的背架。

按 1940 年时的相关野战工事手册挖掘的一个轻型迫击炮掩体（3）。该掩体的标准深度为 1.45 米，宽度为 2.5 米。

---

① 译者注：实际上就是一个框架。

德国步兵战场阵地，1939—1945 年。（插图供图人：迈克·查佩尔）

德国步兵战场阵地，1939—1945年

对于战斗中的步兵来说，"防护和隐蔽关乎生死"。一句古老的德国谚语是这样说的："多流汗才能少流血。"在这张插图中，我们没有画出士兵和阵地周围的长得较高的草和灌木，尽管这样会显得不够真实，但却更方便展示相关细节。

标准散兵坑的侧视图（1），其原型来自韦伯于1938年发布的《士兵教科书》中的插图。该掩体深约1.4米，其边缘有一个小平台，士兵可以将手肘放在上面。此外，这个掩体的底部还有一个覆盖了灌木的集水槽。

这张斜角透视图展示了1944年时，一名党卫军一等兵占据的散兵坑（2），该散兵坑"几乎完全符合教科书中的规范"。请注意散兵坑一侧的迷彩防水帐篷布，士兵可以将其拉到洞口上方，从而把整个散兵坑都隐藏起来。当然，这张帐篷布也可以用来挡雨。

在路堤或山坡处作战（3和4），1944年。需要指出的是，我们在这里"省略了"许多植被。由于有路堤掩护，步兵可以自由进行战术机动。图中的士兵身披防水帐篷布，其钢盔网上还用树叶进行了伪装，可以与当地环境融为一体（3）。在观察敌情时，他没有从植被上方探出头去，而是试图透过缝隙进行观察。此外，他还可以在路堤背后移动，以便从不同地点迎敌。

由于认为暂时不会有战斗发生，这名装甲掷弹兵在山坡的反斜面上挖了一个掩蔽洞（4）。他把防水帐篷布钉在地上，以遮挡洞口。如果天气恶劣，他还会把"铁拳"无后坐力反坦克榴弹发射器（Panzerfaust，简称"铁拳"）收起来。

防御中的美国步兵排，阿登，1944—1945年。（插图供图人：布莱恩·德尔夫）

防御中的美国步兵排，阿登，1944—1945 年

本图以 1942 年和 1944 年出版的《步兵连》中的插图为蓝本绘制，展示了一个在前线实施防御的美国步兵排。士兵们挤在掩体中，用雪来掩盖弃土，他们的主要任务是"在主要抵抗阵地前用火力阻止敌人，如果敌人到达己方阵地，则通过近战将其击退"。在断绝地①，一个步兵排的前线宽度一般为 250 码；在开阔地（射界更开阔），步兵排的部署可以更分散。步兵排的阵地应让各班的火力可以交错覆盖相关区域，以及相邻步兵排之间的空隙。在本图中，地面上的沟渠可用于实施隐蔽机动。

勃朗宁自动步枪手（1）既可为步兵班的阵地提供加强，也可从侧翼向友邻步兵班的前方射击。步枪手（2）是整条防线的主力，班长将根据地形给他们分配主要"开火区域"。此外，他们还需要准备好手榴弹，以便近距离攻击不在加兰德半自动步枪瞄准线（Line of Sight）范围内的敌军。位于主战线后方的副排长（3），不仅要监视一整片区域，还要与排长保持联系。连武器排 60 毫米迫击炮小组的观测员（4）必须待在靠近排长且视野良好的地方。此外，他还需要与炮组成员保持手势联络。在行动时，位于阵地中央的排长（5）需要用无线电设备与连长保持联系。在步兵排内部，通信兵（6）会口头传达排长发布的命令和其他信息。60 毫米迫击炮小组（7）与观测员之间的距离，不应超过 100 码。此外，迫击炮小组还应占据适当的遮蔽位置——该位置必须能"（火力）覆盖通向步兵排所在区域的掩蔽通道，尤其是其中最危险的那几条"。至于单兵轻武器和机枪弹药箱存放处（8），则应当隐蔽且靠近射击掩体。一般来说，第 2 个存放处将用于存放迫击炮的弹药和托架。一开始，0.30 英寸机枪组（9）将按兵不动，直到有理想的目标出现。图片最右边的是相邻步兵排侧翼的步枪手（10）。各步兵排应保持密切联系，尤其是在有树林或其他障碍物的地方。

---

① 译者注：断绝地（Broken Terrain）。指被湖泊、沼泽、绝壁、沟谷等自然障碍阻隔，而难以通行的地域。

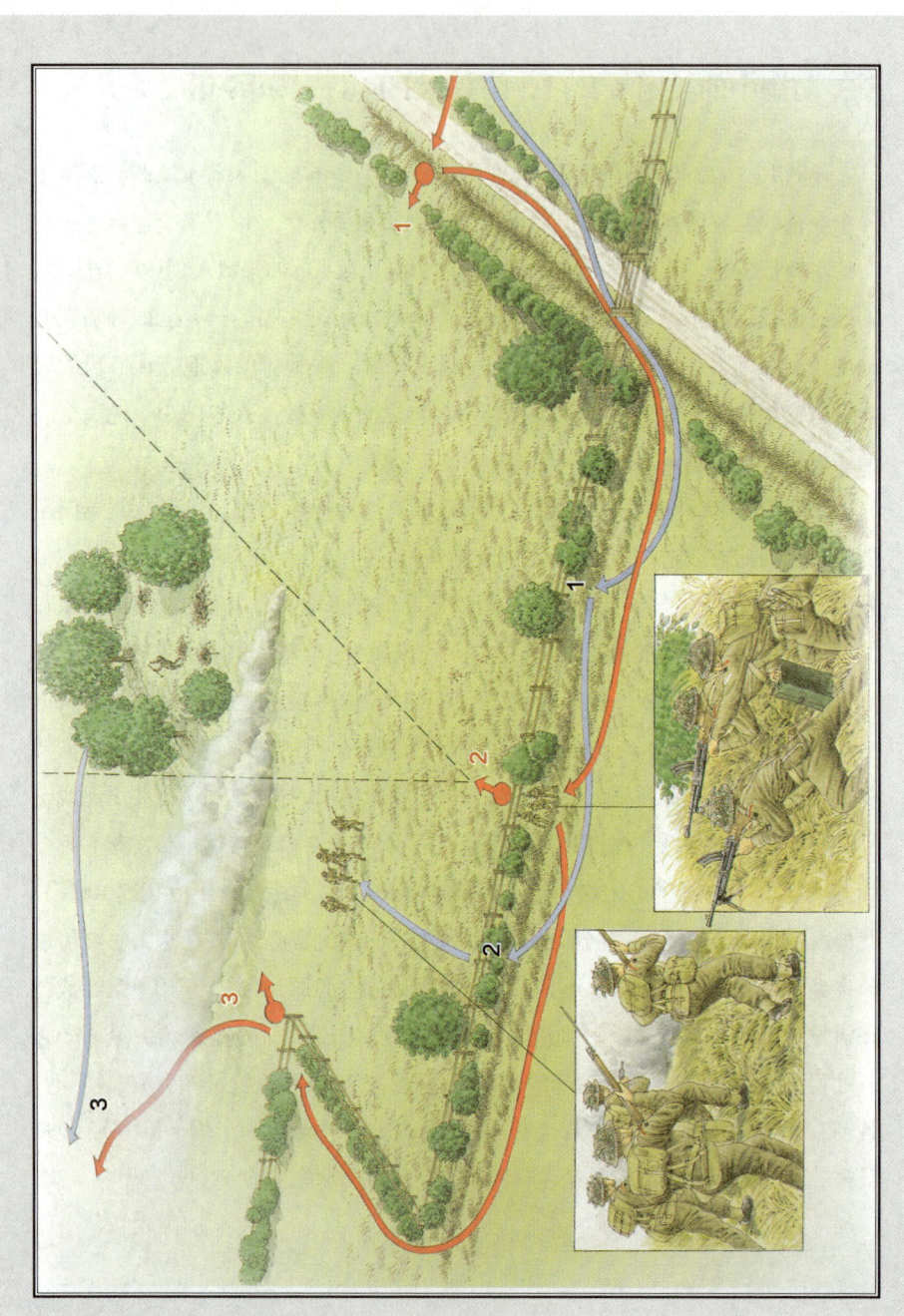

发起侧翼攻击的英军班，1944—1945年。（插图供图人：布莱恩·德尔夫）

✲ 发起侧翼攻击的英军班，1944—1945年

本插图严格按照《步兵训练》中的描述，展示了一种典型的"战斗规程"：从侧翼攻击敌军阵地。图中的红色箭头表示"布伦轻机枪小组"的机动路线，蓝色箭头表示"步枪小组"（步兵班的其余士兵，由一名配备斯登冲锋枪的士官指挥）的机动路线。在放大图中，我们可以看到两名机枪手和一名副排长。1944—1945年时，英军会为一些步兵班配发第二挺轻机枪（其中很多都是冗余的防空武器）。由于每挺轻机枪都需要两个人来操作，所以有的布伦轻机枪小组将由4—5人组成。

在前进时，如果步兵班遭到敌人的火力攻击，布伦轻机枪小组应立即进行还击（红1）。随后，步枪小组的士兵也应从掩体后开枪射击。此时，班长应先评估相关情况，再下令实施侧翼机动。班长会在布伦轻机枪小组的火力掩护下，带领步枪小组发起攻击，如有必要，他们还应使用交替掩护机动战术（蓝1）。这些士兵需要穿过隐蔽的缺口，并避开明显的雷区（如较为显眼的通道处）。一旦步枪手到达敌军侧翼后方的第2个阵地（蓝2），布伦轻机枪小组就应该机动到一个能有效支援攻击的位置。无论何时，在布伦轻机枪小组和步枪小组这两个小组中，都必须有一个小组要做好开火准备，即"总有一部分处于警戒状态"。在无法口头传达命令时，各小组应注意聆听战友开火的声音，或者使用手势来传达命令。

当布伦轻机枪小组做好从侧翼开火的准备后（红2），步兵排的2英寸迫击炮会发射多枚烟幕弹，以掩护步枪小组进攻。在靠近敌方阵地后，步枪手也可以投掷发烟手榴弹，以增加烟雾的浓度。随后，步枪小组将向前发起进攻。在此期间，士兵们可利用腰射姿势射击，并投掷破片手榴弹。某些时候，他们还会用到刺刀。一旦步枪小组完全投入战斗，布伦轻机枪小组就无法确保火力支援的安全性了。因此，该小组需要迅速移动到位于敌人后方的第3个阵地（红3）处，以切断敌人的后路。在赢得胜利后，该班会在敌方阵地外的某处（蓝3）进行重组，然后继续前进。

英国的"狭长射击堑壕"。上图是"双人狭长射击堑壕",下图是"三人V形狭长堑壕"。(插图供图人:迈克·查佩尔)

✵ 英国的"狭长射击堑壕"

1944年3月发布的《步兵训练》以图片的形式介绍了这种通体以砖石加固的"双人狭长射击堑壕"（1）。不过在实战中，只有在英国国内接受训练的部队才会挖掘这种堑壕。这种掩体两端的深度均为4英尺6英寸（从胸墙顶部算起），其中间还有一个2英尺的排水槽。① 双人狭长射击堑壕四周可插入一些实心木桩，而其内壁则可用砖石或成捆的树枝来加固。

这种复杂的工事建造起来非常耗时。在1943—1945年这段时期，由于前线的位置移动频繁，所以这种堑壕比较少见。

二战后期，战场上的典型堑壕是"三人V形狭长堑壕"（2）。这种堑壕深4英尺6英寸，其空间足以容纳副排长和一个两人布伦轻机枪组。这种"仓促"防御工事，一开始通常只是一个很小的坑洞，只能为士兵提供最基础的保护。如果条件允许，士兵会逐渐将其扩建为标准尺寸的狭长射击堑壕。如果有充足的时间，部队还会全力制作"某种头顶遮蔽物"，以抵御四处乱飞的炮弹破片。

本图展示了1945年春天，第5步兵师北安普敦团第5营在德国境内部署的一个布伦轻机枪组。作为一个从意大利前线调来的老兵营，该营装备的仍然是恩菲尔德步枪。他们修建的狭长堑壕带有一道低矮的胸墙，1号机枪手可以借助这种胸墙，在不使用两脚架的情况下开火。我们可以从图中看到，2号机枪手装弹匣的工具袋，以及装有备用枪管和清洁工具的手提包，都放在堑壕边缘。在需要进行快速机动时，英军通常会把上述物品放在后方，只携带通用镐和铁锹。因为，收拾这些物品很耗时间。

除了双人狭长射击堑壕和三人V形狭长堑壕，英国人还在《步兵训练》中详细介绍了"十字形三人狭长堑壕"（这种堑壕适用于在固定阵地上实施全方位防御）。

---

① 译者注：原文如此。经查证，这里的2英尺指的应该是排水槽的深度。

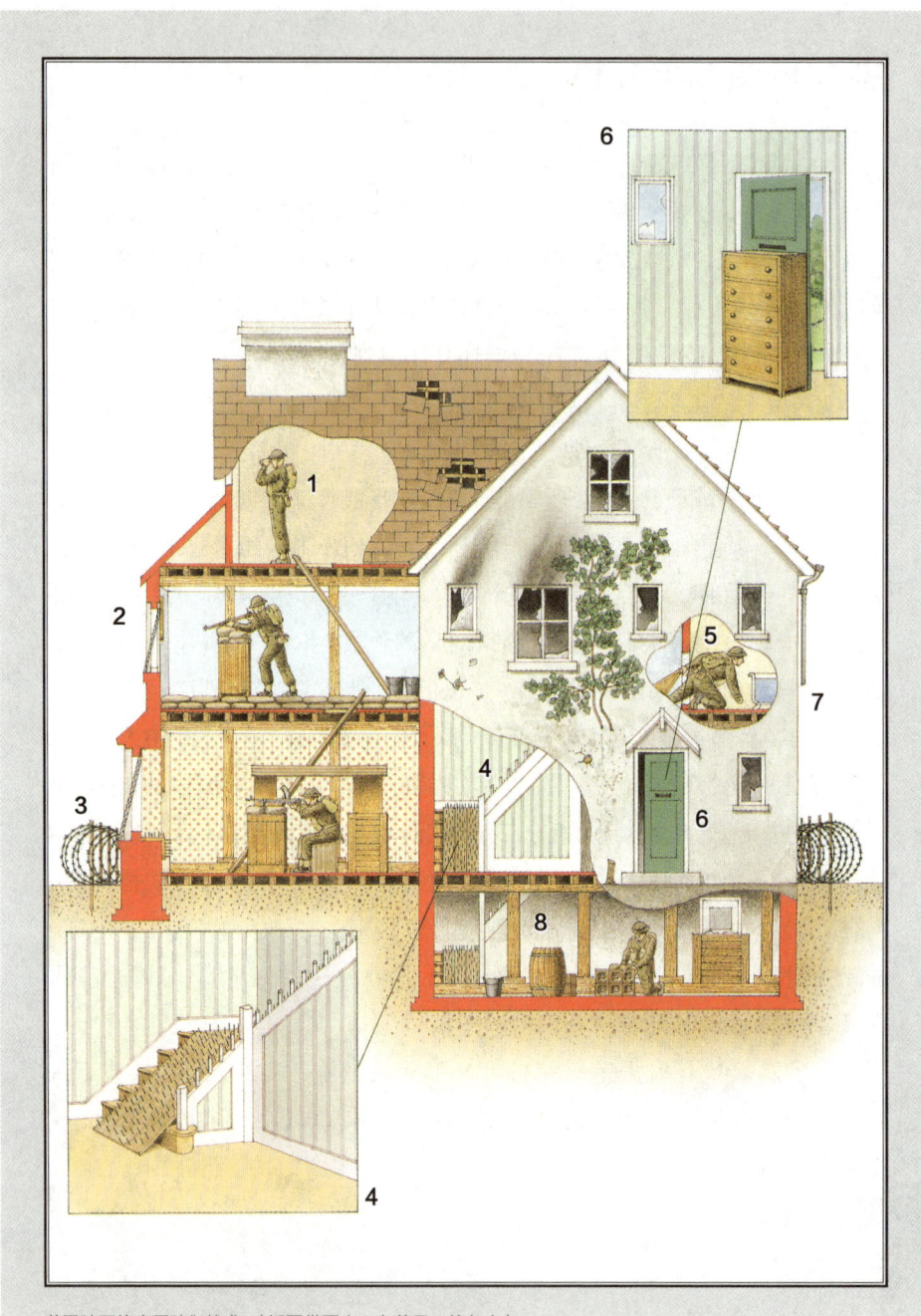

英国陆军的房屋防御战术。(插图供图人:布莱恩·德尔夫)

英国陆军的房屋防御战术

本插图取材于1944年的英国官方文件,并参考了1942年版《教官野战技能和战斗训练手册》中供正规军使用的图例和英军国民军在1940—1943年绘制的图例。

阁楼阵位(1)。为设置观察孔和射击孔,以便进行观察和狙击,守军拆除了一些砖块和石板,扩大了阁楼的出口,并架设了一个坚固的梯子。此外,狙击手也可能会被部署在屋顶的某些区域。

建筑物二楼的房间(2)。守军用木材支柱对天花板进行了加固,并在地板上铺了两层沙袋。此外,守军还敲掉所有窗户的玻璃,换上了防手榴弹网,并用窗帘或床单遮住了窗户的上半部分(还有一些窗户被守军用木板封住了)。这么做不仅能让房间内的步枪手可以斜向攻击敌人,还降低了他被敌军发现的可能性。为了能快速上下楼,守军还在地板上凿了一个洞,并安放了梯子。为了防火,守军将所有的容器都装满了水。值得注意的是,房间内的家具里装满了泥土、碎石或沙袋,拥有一定的防护力。

建筑物的一楼(3)。守军用带刺的钢丝网将房屋围了起来,使敌人无法靠近门窗。一楼窗户的处理方式和二楼一样。另外,守军还在窗台上铺设了带钉子的木板,以防止敌人潜入。为加固天花板、地板和室内的门框,守军还使用了一些木柱。而且,射击位周围的家具里,也填满了泥土。

守军拆掉了楼梯的栏杆和扶手,并在楼梯上铺设了钉板——只留了一条狭窄的通道(4)。需要注意的是,在敌人发起攻击时,守军会用钉板堵上这条通道。

守军在墙上凿开的孔洞(5)。守军在所有的内墙上都凿了爬行孔,以方便士兵在房屋内自由穿行。守军用装满泥土的家具挡住了通向室外的门,只留下一个狭窄的缝隙(6)。守军可通过该缝隙来观察周围的情况或射击敌人。某些时候,守军也会用沙袋来挡门。

守军拆除了排水管,并铲除了攀缘植物(7),以防止敌人向楼上攀爬。

被当成仓库使用的地窖(8),守军会在这里储存弹药和其他物资。

美军步兵班和步兵排的武器。(插图供图人：迈克·查佩尔)

美军步兵班和步兵排的武器

口径为 0.30 英寸的 M1918A1 勃朗宁自动步枪（1）。勃朗宁自动步枪从一战的最后几个月开始服役，是一种高度通用的步兵班组轻型支援武器。与 MG34、MG42 系列枪支和布伦轻机枪不同，勃朗宁自动步枪无法快速更换枪管——这一"弱点"，再加上它仅 20 发的弹匣容量，使其无法被真正当成轻机枪使用。尽管有上述缺点，但该枪仍被 S.L.A. 马歇尔（S.L.A.Marshall，美国陆军历史学家）描述为步兵行动"必不可少"的利器。

口径为 0.30 英寸的加兰德半自动步枪（2），是首款战斗步兵标配的半自动武器。虽然后来德国的 StG44 突击步枪的性能更优异，但在二战期间的大部分时间里，加兰德半自动步枪（可连续射出 8 发子弹，其最快射速取决于士兵扣动扳机的速度）都让美国士兵在火力上远超那些使用栓动式步枪的士兵。

口径为 0.30 英寸的 M1 卡宾枪（3）。这种枪械使用的是 0.30 英寸短弹，子弹的杀伤力较差。因此，M1 卡宾枪最初并不是一种步兵战斗武器，而是冲锋枪和手枪的替代品——一般被配发给下级指挥官和重型武器班组成员，供其在后方地带或车辆中使用。不过，该枪由于重量轻（只有 5.45 磅重，比 9.5 磅重的加兰德半自动步枪轻很多）、射速快，而很受欢迎。注意图中枪托上挂着的小袋，其中装有 2 个备用 15 发弹匣。

口径为 0.45 英寸的 M3 冲锋枪（4）。M3 冲锋枪的制造成本仅为 25 美元。该枪在二战后期成为 M1928A1 汤普森冲锋枪的替代品，前者不仅制造成本比后者低，设计也更简单。虽然身为新一代武器，但 M3 冲锋枪却是由相对粗糙的钢材冲压制成的。因此，该枪从来没有受到过美国士兵的欢迎，一些士兵甚至称其为"黄油枪"。在美军中，采用传统工艺制造的汤普森冲锋枪一直颇负盛名，再加上部队装备的步枪和卡宾枪性能出色，导致 M3 冲锋枪始终没能摘掉"辅助武器"的帽子。不过该冲锋枪有一个优点：其使用的 0.45 英寸子弹的近距离杀伤力较强。

口径为 60 毫米的 M2 迫击炮（5）。该迫击炮通常会被配发给步兵连的武器排。M2 迫击炮的战斗全重为 42 磅，每分钟可发射 18 枚 3 磅炮弹（射速主要取决于士兵所携带的弹药量），其射程在 100—2000 码之间。

M3 近战两刃短刀（6）。

Mk Ⅱ A1 破片手榴弹（7）。这是美军标配的通用步兵手榴弹。

安装在步枪枪口上的榴弹发射器（8）。该榴弹发射器可发射 Mk Ⅱ A1 破片手榴弹，其射程为 250 码。

Mk Ⅲ A2 进攻手榴弹（9）。该手榴弹的外壳材质是纤维板而非钢铁，只能依靠爆炸冲击波来造成杀伤（在肃清建筑物和暗堡时很有用）。在美军中，Mk Ⅲ A2 进攻手榴弹主要供前进部队在近战中使用。由于此类手榴弹的数量有限，所以在执行一些特定任务时，很多部队都只能使用破片手榴弹。

口径为 0.45 英寸的柯尔特 M1911A1 半自动手枪（10）。该手枪配有 1 个 7 发弹匣，射击精度较高，子弹威力较大，是一款近距离作战的利器。不过，和其他手枪一样，该枪的射程也比较近。

注释

1. 关于战争不同阶段的步兵编制与装备表，可参见鱼鹰出版社出版的下列图书:《二战中的美国步兵（1）：太平洋战区》(勇士系列45)、《二战中的美国步兵：地中海战区》(勇士系列53)，以及《二战中的美国步兵：欧洲战区》(勇士系列56)。
2. 可参见鱼鹰出版社出版的《1914年以来的军队狙击手》(精锐系列68)。

二战步兵战术：
步兵连和步兵营

第二部分

这张拍摄于二战爆发前夕的照片，为我们展示了英国陆军训练的真实场景。照片中的这门 76.2 毫米迫击炮是二战中各国营级步兵部队的标准武器。右边的那名士兵肩上挎着皮包（能用于携带可拆卸式瞄准镜），手上拿着炮口盖——为避免意外走火，他需要在开火后把炮口盖盖好。在短时间内，这门迫击炮能保持每分钟 10 发的射速。这套装备的战斗全重约为 50 千克。

引　言

"民族兴衰看军队，军队胜败看步兵"——这一极端观点源自 1942 年的德军征兵手册《大德意志陆军军官》（*Offizier Im Grossdeutschen Heer*）。1939—1945 年间，尽管相关技术进步巨大，但胜利仍然需要依靠步兵实现——因为他们是唯一能夺取和占领敌方领土的兵种。另外，还有一个不甚显眼的因素是——在二战时期，步兵的武器和战术也取得了长足进步，这也确保了步兵能继续发挥重要作用。汤姆·温特林厄姆上尉是一名英军教官，也是一名西班牙内战时期的"国际纵队"（International Brigade）的老兵，他在 1943 年时指出：

在"闪电战"的年代，步兵既要与飞机、坦克作战，也要与敌方人员作战。新式武器——炸药、反坦克地雷、手榴弹、高射炮和反坦克炮——的出现使这些成为可能。此外，由于现代战争的节奏极快，各兵种在固有单位中"单打独斗"的情况已一去不返。有些步兵部队配备了野战炮——这些火炮一般由团级指挥官直接指挥。这样一来，一个步兵旅或步兵团就汇聚了几乎所有兵种，甚至一些规模更小的作战单位也成了自成体系的"小型军队"。在这个过程中，"合成战斗队"的概念逐渐成形。也就是说，战斗部队愈发像是一个由紧密协同的多兵种组成的团队了。

在本书的第一部分中，我们研究了欧洲战场上的主要军队（德国、英联邦和美国的军队）的基本步兵组成要素——班和排。接下来，我们将对连级和营级部队，以及步兵支援武器（机枪和迫击炮等）进行分析。此外，我们还将审视步兵和装甲部队的相互影响，例如坦克取代步兵成为战场主导力量的重大转变，以及在新式轻型反坦克武器的帮助下，步兵为重获传统地位而付出的努力。

步兵连和步兵营

1944年发布的美军手册《步兵营》(Infantry Battalion)认为:

步兵营是步兵的基本战术单位。它通常会作为步兵团的一部分参加行动。步兵营的任务由其所属的步兵团的团长下达。行动时,步兵营应与其他步兵团的下属部队协调一致。在特殊情况下,步兵营可以脱离步兵团去独立执行任务。

在这一点上,美军和德军的做法基本相同。不过在英军的体制中,多个来自不同步兵团的步兵营仍然有可能会被混编在一起组成步兵旅——但即使如此,这些营仍然保留了其所在团的传统。锡福斯高地团第5营的阿利斯泰尔·博思威克中尉表示:

和某些人想的不同,各步兵营的传统并不会像悲剧小说一样,随着战争的进行而"凋零"。在战争中,哪怕这些步兵营损失了整整两茬新兵,也依然能保持其最初的传统。

步兵营的组织工作量十分庞大。1941年时,仅一个英军步兵营的装备清单的页码就多达49页,其内容纷繁复杂,令人眼花缭乱,从"多格式衣橱——夏季短裤用(共31套,位于营部的安全保管处)"到"12夸脱① 宿营用椭圆烧水壶(7个,通常留在后方基地)",简直事无巨细。在这本册子中,单是关于鞋匠用具的记录就写满了一页纸:除了约6千克重的鞋钉外,还列出了一千多种单独的零件、工具和备件。实际上,在英军步兵营中,任何业务都需要消耗大量的纸张。1944年11月,为强行通过荷兰境内的一条高堤公路,英军发起了一场名为"盖伊·福克斯"(Guy Fawkes)的行动。在这场行动中,仅"步兵营作战命令"就密密麻麻写满了五张纸——而且这种"简洁"还建立在使用了大量缩略语和暗语的基础之上,让不了解情况的外行人几乎很难理解。

---

① 译者注:12夸脱(英制)约合13.632升。

德军战术条令

在二战初期取得了一系列的成功后，德军在战术领域一度独领风骚。但需要指出的是，在这一领域中，介绍德军战术的英文材料却非常少：当年某些著作的译本，如《德国步兵作战：小分队战术》和1940版的《德国陆军手册》都做了很多删减；法勒－霍克利（Farrar-Hockley）[①]的开创性著作遗漏了一些重要内容，而加伊科夫斯基（Gajkowski）[②]的关注点主要是步兵班战术，而且他只利用了美国在战时的不完整翻译资料。

德国国防军一直被视为"国家的学校"，其"理论和参谋工作都非常扎实有力"。德军步兵战术的奠基之作是陆军服役条令HDV 300/1《部队指挥》（*Truppenfuhrung*）[③]——它出版于战前，主编是路德维希·贝克（Ludwig Beck）陆军大将。人们通常称《部队指挥》为"弗里达婶婶"（Tante Frieda）。[④]《部队指挥》的序章中所概述的理论，为德国所有其他战术理论奠定了基础。在谈及战争时，这本书中写道：

战争是一门艺术，是建立在科学原理基础上的自由、创造性活动。它对个人品质提出了最高的要求。战争的进行受（技术）持续发展的影响：新武器决定了（战争）不断变化的形式，它们的出现和影响都必须得到先期预料与正式评定，然后再被尽快投入使用。战事瞬息万变，它们经常并突然发生变化，很少能被人完全预料，但不可预料的因素往往具有决定性影响。战争是一方的意志与另一方的意志所展开的较量。

《部队指挥》在序章中还强调了"个人的作用"，认为不管军事技术如何

[①] 译者注：原文误拼写为"Farrer-Hockley"。这位作者的全名是安东尼·法勒-霍克利（Anthony Farrar-Hockley），英国军事历史学家，曾参加过二战和朝鲜战争，最终以陆军上将的军衔退伍。他著有《剑锋》（*The Edge of the Sword*）和《索姆河》（*The Somme*）等十余部历史书籍，而此处所谓的"开创性著作"则是指《步兵战术》一书。该书于1977年出版，在英语界首次以图文并茂、通俗易懂的方式介绍了二战步兵战术。

[②] 译者注：即马修·加伊科夫斯基（Matthew Gajkowski），他在1995年出版了一本名为《二战德国班组战术》（*German Squad Tactics in WWII*）的小册子。

[③] 译者注：这本书已在国内翻译出版，书名为《作战指挥，二战德国陆军实战指南》。

[④] 译者注："弗里达婶婶"的名字源自路德维希·托马斯（Ludwig Thoma）于1907年出版的同名小说，该小说和"部队指挥"一词的缩写都是"TF"。

发展，人在战争中都是决定性因素：

　　战争使个人在精神和身体耐力方面受到了最严峻的考验。出于这个原因，如坚韧这样的素质在战争中比智力更重要。正是因为如此，许多在和平时期默默无闻的人，在战场上却表现杰出……尽管存在技术力量和武器装备的差异，但决定性因素是每个士兵所具备的价值。战斗经验越丰富，他的重要性就越大。而一名士兵的训练水平、身体素质，以及无私、果断、自信与勇敢等素质，能使他克服最困难的情况……个人是整体的一部分……不仅要对自己，也应对他的战友负责。而比其他人更有能力，能取得更多成就者，必须指引并率领缺乏经验的人和弱者。在这种基础上发展出真正的战友情谊，指挥官与部下之间的同袍情谊与士兵之间的手足情同样重要。

1939年，法国。在带伪装的前线堑壕中，英国皇家沃里克郡团（Royal Warwickshires）的士兵摆出姿势"准备应战"，他们的步枪已装上了刺刀，而连长正在写电文。看到这种连续的战壕线，让人不禁想起第一次世界大战。这是《步兵训练》(Infantry Training，1937年发布) 中推荐的教科书式的防御案例——但在后来的战争中，这种"矫揉造作"的景象将愈发罕见。(英国陆军部供图，编号No.B.1545)

回顾当年，另一本具有参考价值的文献是埃尔温·隆美尔（Erwin Rommel）的《步兵攻击》（*The Infantry Attacks*，1937年首次出版）。隆美尔在该书中概括整理了自己于第一次世界大战期间目睹的步兵战术。有一种说法认为，希特勒正是在阅读过这本著作之后，才于次年产生了让隆美尔到元首司令部工作的念头。

此外，德国人还高度重视战术训练。正如受训步兵军官阿明·沙伊德包尔（Armin Scheiderbauer）所说的那样，陆军服役条令HDV 130/2 A《步兵连》（*Schützenkompanie*）"如同圣经"，其涉及范围不仅有班一级部队，还有排和连一级部队：

> ……这本书将全部战术规则归纳为670个要点……步兵军官在接受训练时，不仅需要学会如何指挥一个班、一个步兵排或一个步兵连，还需要了解如何使用重武器，包括重机枪、重型迫击炮、轻型和重型步兵炮，以及反坦克炮。此外，训练科目中还包括骑马和驾驶训练，后者包括驾驶马车和机动车。

然而，在沙伊德包尔看来，与这份官方条令相比，"赖伯特手册"（*Reibert*）则更为出彩：

1939年，行进中的德军自行车部队。到二战结束时，德军步兵部队中依然保留着大量的自行车，有些国民掷弹兵师甚至有一整个自行车团。请注意后边的马车——Hf7钢制步兵马车，其满载重量可超过2吨，绰号"战马杀手"。

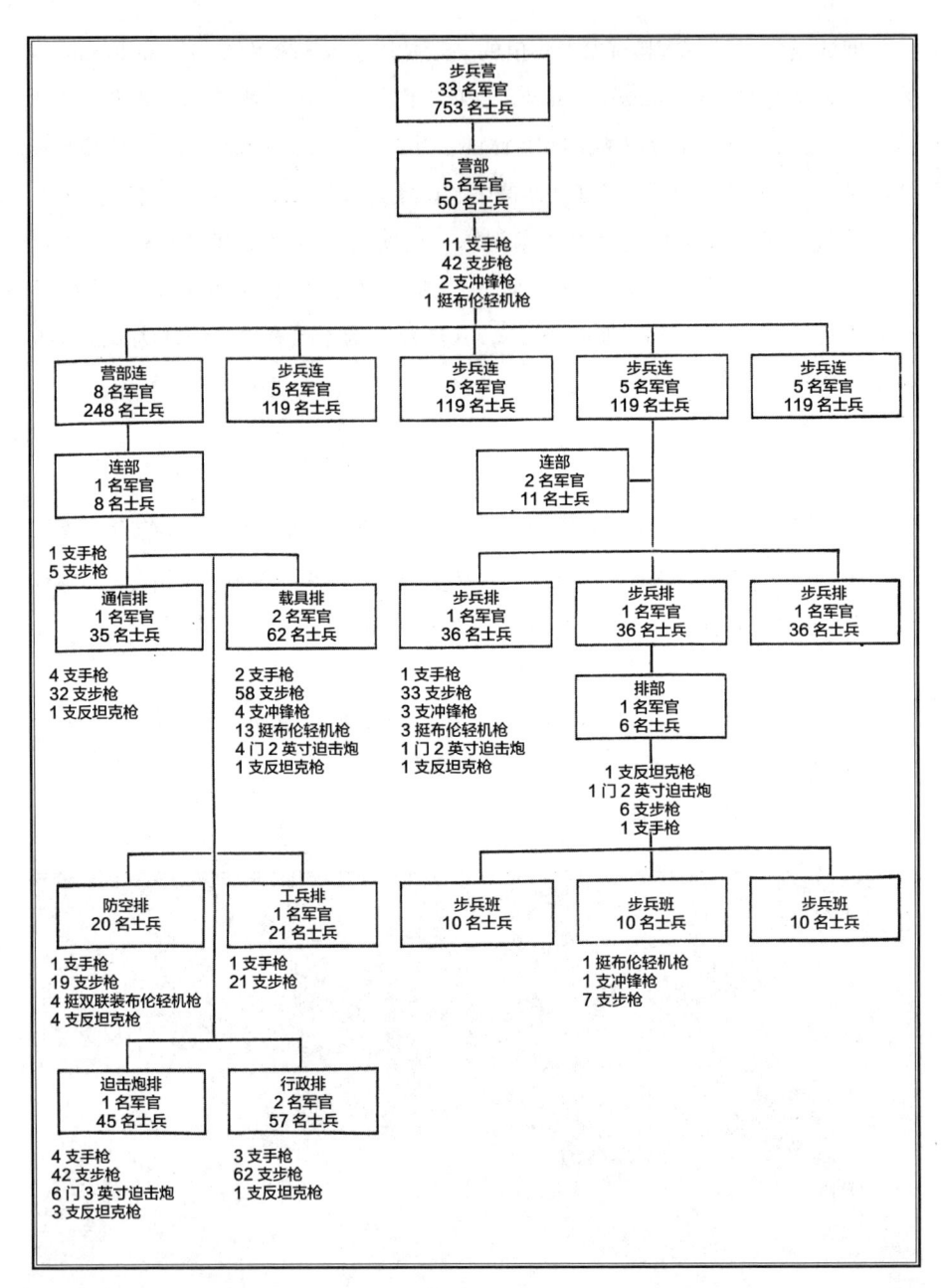

```
                          ┌──────────────┐
                          │   步兵营      │
                          │ 33 名军官     │
                          │ 753 名士兵    │
                          └──────────────┘
                                 │
                          ┌──────────────┐
                          │    营部       │
                          │ 5 名军官      │
                          │ 50 名士兵     │
                          └──────────────┘
                           11 支手枪
                           42 支步枪
                           2 支冲锋枪
                           1 挺布伦轻机枪
```

```
┌──────────┬──────────┬──────────┬──────────┬──────────┐
│  营部连   │  步兵连   │  步兵连   │  步兵连   │  步兵连   │
│ 8 名军官  │ 5 名军官  │ 5 名军官  │ 5 名军官  │ 5 名军官  │
│248 名士兵 │119 名士兵 │119 名士兵 │119 名士兵 │119 名士兵 │
└──────────┴──────────┴──────────┴──────────┴──────────┘
```

营部连：
- 连部：1 名军官，8 名士兵
  - 1 支手枪
  - 5 支步枪
- 通信排：1 名军官，35 名士兵
  - 4 支手枪
  - 32 支步枪
  - 1 支反坦克枪
- 载具排：2 名军官，62 名士兵
  - 2 支手枪
  - 58 支步枪
  - 4 支冲锋枪
  - 13 挺布伦轻机枪
  - 4 门 2 英寸迫击炮
  - 1 支反坦克枪
- 防空排：20 名士兵
  - 1 支手枪
  - 19 支步枪
  - 4 挺双联装布伦轻机枪
  - 4 支反坦克枪
- 工兵排：1 名军官，21 名士兵
  - 1 支手枪
  - 21 支步枪
- 迫击炮排：1 名军官，45 名士兵
  - 4 支手枪
  - 42 支步枪
  - 6 门 3 英寸迫击炮
  - 3 支反坦克枪
- 行政排：2 名军官，57 名士兵
  - 3 支手枪
  - 62 支步枪
  - 1 支反坦克枪

步兵连：
- 连部：2 名军官，11 名士兵
- 步兵排：1 名军官，36 名士兵
  - 1 支手枪
  - 33 支步枪
  - 3 挺布伦轻机枪
  - 1 门 2 英寸迫击炮
  - 1 支反坦克枪
- 排部：1 名军官，6 名士兵
  - 1 支反坦克枪
  - 1 门 2 英寸迫击炮
  - 6 支步枪
  - 1 支手枪
- 步兵班：10 名士兵
  - 1 挺布伦轻机枪
  - 1 支冲锋枪
  - 7 支步枪

英军步兵营编制，摘自美国出版的《英国陆军手册》(Handbook of the British Army, 1943 年版)。请注意，反坦克枪在当时仍被列为步兵排属武器。1944 年时，载具排、工兵排和迫击炮排已不再直属于连部，而是被编入了新组建的支援连。此外，在这种支援连的编制内还有一个反坦克排（配备 6 门 6 磅反坦克炮），而防空排则被解散了。

这本手册的名字源自其作者赖伯特博士的名字。此人是个陆军上尉，也是个连长。这本手册是一本 300 页的汇编文件，其正式名称是《军队服役指南》。我们使用的是绿色封面版，这是专为步兵连的人员配发的。《军队服役指南》是一本高质量、系统性的手册，是对所有步兵训练材料的汇编……

虽然备受推崇的《军队服役指南》并不是官方文件，但其内容却被官方文件广泛引用。然而，该手册的内容并未能保持实时更新。通过对比 1940 年和 1942 年的版本，我们发现后者更新的内容不多，而且许多插图都照搬自 20 世纪 30 年代的出版物。

德军步兵营的攻击战术

德军步兵营通常会在一个 400—1000 米宽的狭窄正面发起攻击，并常会以一个关键性地点为"主攻点"（Schwerpunkt）。

德军在发起进攻时，既会采用正面突击的方式，也会在条件允许的情况下实施侧翼攻击。德军称正面攻击受阻时实施的两翼包抄行动为"包抄进攻"（Umfassener Angriff）。有趣的是，"Umfassener"这个词在德语中还有"将胳膊弯成弧形"的意思。侧翼攻击（Flügelangriff）也是德军步兵营常用的进攻方法，该方法不是对敌军侧翼阵地的正面发起进攻，而是斜向切入目标阵地。阵地的两翼是理所当然的进攻地点。一开始，敌方阵地的弱点也许不会暴露出来，但德军会进行机动迂回，以此寻觅战机。此外，德军也会尝试在敌军绵延的防线上找到一个弱点，并予以突破。德军可以从行军状态直接转入进攻状态，迅速将行军队形转换为攻击队形。

虽然德军将领鼓励营长们将指挥所设在能观察到战斗的地点，并要求连长们"持续近距离侦察敌情"，但他们更重视尽快行动。通常情况下，在一次进攻中，从炮火准备到部队出击，间隔时间不会超过 40 分钟。《军队服役指南》认为，德军常用的攻击模式可分为三个阶段：

第一阶段："接近"，即攻击部队向前推进，直至到达进攻出发阵地。

第二阶段："突破"，即部队突入敌军阵地。

第三阶段："纵深战斗"，即部队在敌军阵地纵深地带与敌军交火。

无论是进攻还是防御，在交火中取得优势都非常重要。要想做到这一点，进攻方必须巧妙利用地形，并善于利用野战技能。交火过程可分为三个主要阶段：

第一阶段：先头部队（最多一个连）利用机枪和迫击炮等火力支援武器压制敌人，同时完成侦察，展开突击单位。

第二阶段：用火力和烟雾迷惑敌军，阻碍敌军观察战场情况，影响敌军运用火力。

第三阶段：在交火中占据优势并击败敌军，最终发起突击，攻入敌军阵地。

正如《德国陆军手册》（Handbook on the German Army）所指出的那样，德军的战术思想更强调渗透战术中的胆识和技巧：

德军 7.5 厘米 Le.IG18 轻型步兵炮是一种短管榴弹炮，能够发射高爆弹或空心装药炮弹，射程约 3.6 千米。1939 年，一个德军步兵炮连会配备 6 门轻型步兵炮（有的连会配备 8 门轻型步兵炮）和 2 门 15 厘米重型步兵炮。德军的每个三营制步兵团均配有一个此类步兵炮连。在美军步兵团的编制中，有一种类似的"步兵炮连"（每个连会配备 6 门 105 毫米短管榴弹炮）；英军的对应单位——步兵旅（下辖 3 个步兵营），则没有配备炮兵连。

……小分队渗透到敌军阵地之间，然后从侧翼和后方向敌军发起进攻。然后，这些小分队应努力发起猛烈的火力打击，以此来营造出己方兵力十分强大的假象……这种小分队突击行动能否取得成功，完全取决于那些抵近前线配合作战的重型支援武器能否提供巧妙而迅猛的火力支援。小分队需要得到步兵炮、反坦克炮、迫击炮和机枪的大力支援。此外，这些武器和步兵之间的配合必须非常密切。必要时，小分队还可以申请让俯冲轰炸机提供支援。

当遇到依托防御工事进行抵抗的敌人时，德军会抽调配备了不同武器的各种部队（包括步兵和工兵），将其混编为"突击分队"，协同作战。当时，这种使用"突击分队"来执行特殊任务的方式并不新鲜——这一概念已经非常成熟了，甚至成为过笑话的题材。英国出版物《战争》（陆军新闻局出版的双周刊）中曾有这样一段描述：

突击队员携带着炸药，也许还有火焰喷射器，朝着目标匍匐前进。这是普通步兵都会的战术动作。在步兵部队中，这种动作是如此普遍，以至于有份德国报纸打趣道："步兵们，如果你们在休假，请时刻牢记，此时你们是平民，而不是战场上的士兵。如果遇到关着的门，别动不动就想把它炸开。在我们这个文明的国家，正确的做法是按门铃。"

1941年出版的《德国步兵作战:小分队战术》介绍了一种典型的突击分队。这种突击分队包括多个小组：负责开辟通道的3—4人"铁丝网剪除小组"；有同样人数的"火力点清除小组"；两到三个"支援小组"，以及两到三个"烟雾小组"。在猛烈的支援火力和浓烟的掩护下，铁丝网剪除小组向前推进，用炸药和钢丝钳清除铁丝网，必要时还会使用手榴弹。一旦将铁丝网清除干净，火力点清除小组就会冲过通道，利用敌军的射击死角接近其阵地火力点，随后将之炸毁。突击分队配备的其他武器还包括：配属的火焰喷射器、可以使用信号手枪弹点燃的汽油罐，以及用于向枪眼中投掷的手榴弹。

在大规模的营级战术行动中，各部队的协作非常关键。正如1940年发布的德军手册《步兵训练大纲》第2卷中所述的那样："只有让全连的所有武器与重武器紧密配合，方能取得成功。因此，步兵必须学会协同作战，以提升整体战斗效能……他必须习惯其他武器在他身边开火或者'掠过头顶'。"此外，地形也能决定成败。《步兵连》中有这样一句话："地形和掩护，如果运用得当，战斗将如虎添翼；反之，则寸步难行，并导致士气受挫。若能巧妙利用地形，敌军火力的杀伤力势必会大打折扣。"

突击分队与支援火力的密切配合，衍生出了"战斗群"——这是一种不同部队为执行同一战斗任务而组成的混合单位。"战斗群"没有标准编组模式，但《团级军官用德国军队手册》(Regimental Officer's Handbook of the German Army，1943年发布)曾介绍了一种典型编组，即一个装甲掷弹兵营、装甲团的两个连、一个反坦克连、一个工兵排和一支轻型高射炮部队。美军在1945年版的《德国军队手册》中表示："如欲实施突击战术，德军认为有一个必不可少的条件——组建一支强大的联合部队，并实现其麾下各兵种的协同。"

英军的战术

《步兵战术和步兵班指挥》(Infantry Tactics and Infantry Section Leading)显示，在1939年和1940年，英军和德军的战术有很多相似之处。这和很多资料"兜售"的观点不同。但这些资料也没有否认，在敦刻尔克战役之后，英国吸收了许多敌人的战术思想。

1942年版的《作战》手册中列出的关键战术思想有：以火力主宰战场、克敌制胜；在决定性的时间点集中火力，凝聚"意志力"；保密；出其不意；多兵种协同作战。此外，英国人还在同年发布的临时性手册《教官野战技能和战斗训练手册》中强调了"渗透""使用烟雾"，以及"将攻击工事的排重组为多个配有工兵的班"——这些内容在德军文献中均有所体现。不仅如此，该手册还介绍了将某个狭窄正面确定为"主要方向"[①]的理论，这一理论也与德国步兵营和步兵连的相关战术方案十分相似。通常情况下，旅一级部队会根据"侦察组"(R groups)的侦

[①] 译者注：主要方向(Main Effort)。包括指挥官确定的负有最重要任务的、对上级总任务之达成具有决定意义的部队、阵地、地段、地区、轴线、接近路、作战地域和作战区等。资料来源为李宁著《英汉军语大辞典》。

察和规划结果,制定详细的攻击计划,然后通过"命令组"(Orders groups,由相关部队的军官或高级士官组成)将指令传达到各部队。

在步兵连正面突击的进攻规则方面,英军在1942年发布的相关指示中提供了三种基本方法:

1944年6月,诺曼底,第50师第151旅的二等兵琼斯(Jones)和伦威克(Renwick),他们均来自达勒姆轻步兵团。不寻常的是,第151旅的3个营(达勒姆轻步兵团第6营、第8营和第9营)都是达勒姆轻步兵团麾下的"姐妹单位"。照片中的两人正在使用的是一台18号无线电设备,这是当时步兵连与步兵营的标准通信设备(最大通信距离约8千米)。请注意无线电操作员的斯登冲锋枪。(帝国战争博物馆供图)

第一种，各班按展开顺序发起攻击，以熟悉的方式利用地形向前推进。

第二种，"胡椒瓶"战术。各班按疏开队形向前推进，一旦遭遇敌军火力抵抗，每个班立即再分成三个小组，各小组单独向前推进，每推进 20 码距离，就卧倒一次——以这种方法让敌军只能看到稍纵即逝的分散目标。如果在攻击过程中需要穿过农作物和草场，则这种战术极为有效。

第三，"通道"战术。步兵利用敌人的射击死角，排成单列纵队或"蛇形"纵队向前推进。此战术可为布伦轻机枪留出"一道畅通无阻的通道"，使其能维持火力输出，从而尽量延长支援战斗的时间。

不过，"通道"战术受到了广泛批评，尤其是哈里森 - 普莱斯（Harrison-Place）认为这种战术太过复杂，不利于在攻击过程中随机应变。虽然"通道"战术在发起预有准备的攻击时尚有一些用武之地，但 1944 年发布的《步兵训练》却更推崇另一种更加灵活的战术。在介绍该战术时，这本书认为，最好从敌人的侧翼发起攻击，以便使"掩护火力能一直持续到突击开始的那一刻"。到 1944 年时，"胡椒瓶"战术这个名词也已经淡出大众的视野，人们只知道它是众多火力与机动战术中的一种。不过，此时英军仍铭记着"卧倒，匍匐，观察，开火"这一格言——可能是因为它不但好记，还很实用。

在英国，尽管设立战斗群的想法从未发展到德国的那种程度，但它已被越来越多的部队所接受。例如，单兵火焰喷射器可能已经成了步兵营的标配装备。到战争结束时，《火焰喷射器的战术处理》（*Tactical Handling of Flame Throwers*，1945 年发布）建议，在执行特定任务时，应在发起攻击前准备好"救生圈"式（Lifebuoy type）火焰喷射器[①]或"攻击背包"式（Ackpack type）火焰喷射器，使其成为"攻击的一部分"。虽然使用火焰喷射器很可能会被扣上"不道德的帽子"，但人们注意到，这种武器的杀伤力巨大，不仅可以点燃敌军士兵，还能使其窒息。火焰喷射器射出的火焰还会"溅射到缝隙中"，持续不断燃烧，而且很难扑灭。此外，还可以先用未点燃的燃料喷射目标，再用火焰喷射器点燃燃料。当士兵携带火焰喷射器向前推

---

① 译者注：即 Mk Ⅱ 型单兵火焰喷射器，其背负式储油囊形似救生圈。

进时，附近的步兵会为其提供掩护，并在火焰喷射停止后立即发起攻击。

随着时间的推移，英军还尝试了多种在进攻中运用营级先头部队的方法。有些未被证实的消息表明，根据在北非、意大利和诺曼底作战的经验，英军经常派遣规模更小的部队"打头阵"。英军这样做，一方面显然是为了因地制宜和节省资源，另一方面则是因为英军发现"前进中的部队往往对对手一无所知"。在这种情况下，为探明敌情，英国人建议一个排最好派出一个班，一个连最好派出一个排，让这些小规模部队担任先头部队。如果敌军开火，英军指挥官就可以调集主力部队，对已暴露的敌军火力点实施打击。通常情况下，英军在发起进攻时，都极为依靠炮火支援。不过，这也是可以理解的。步兵指挥官的主要任务是让士兵能保持火力输出，并冒着枪林弹雨行动——可以想象，如果敌军依靠良好的掩体殊死抵抗，步兵想要在没有炮火支援的情况下做到这两点绝非易事。

还有一件事颇为有趣：1943年时，英军在营级攻击计划中使用的许多术语都与美国陆军所用的术语相同，而且在基本概念方面，英美两军也都与德军非常相似。

1940年左右，一支德军山地步兵纵队准备出发。虽然在照片左边可以看到一些运输车辆，但大部分装备（包括医疗设备）都是用马匹驮运的。这些右臂上佩有雪绒花徽章的人员，大多背着行军背包（Rucksack）。

美军步兵营

美军步兵营的战术也借鉴了德军的相关战术,并以其为基础制定了一系列特别全面的战术手册。美军对营长的要求极为苛刻。1940 年发布的《参谋军官战场手册》(*Staff Officer's Field Manual*)指出:"对于部队的行为和失败,指挥官需全权向上级负责。禁止指挥官将这一责任转移给其参谋或下级指挥官。"而野战条令《步兵营》(1944 年版),更是充分阐述了这一规定:

营长要想取得成功,就必须积极进取,反应敏捷,行动迅速。如果具备这些品质,他就能够激发部队士气。如果营长有勇气,有活力,且决策果断,必能激励其手下士兵的士气……营长就自己所指挥的营的相关状况和行动向团长负责。为了履行这一职责,营长应该预估当前形势,及时做出决策,制定计划和发布命令,并监督执行情况……在准备战斗时,步兵营营长的任务是使部队保持较好的状态。与行政管理相比,他应该更重视训练。他应该鼓励麾下的连长敢闯敢干,并积极主动完成任务。在申明策略,并下达了命令之后,他应给予下属最大程度的行动自由。

鉴于指挥是一项复杂的工作,所以营长必须将其中的一些关键任务委派出去。在美国的军队中,步兵营参谋部由五名军官组成,这五名军官分别是:执行官或副营长,代码为"XO";副官,代码为"S1";情报参谋,代码为"S2";作战与训练参谋,代码为"S3";后勤参谋,代码为"S4"。此外,一些下级单位的军官也需要承担步兵营内的参谋职责。作战时,营部必须在整个行动中不分昼夜地连续运作,而军官们也可能需要代行别人的职责。

在美国的军事理论中,营长的作战任务被称为"部队领导"(Troop Leading)——这是德语对应词的直译。"战斗通常由一系列相互关联的事件组成,在大部分情况下都必须当机立断",因此,对于营长而言,"抓住时机、未雨绸缪"是至关重要的。营长会借助地图,在作战与训练主官(参谋)的协助下进行规划,并发布"步兵营野战命令"。当营长召集下属并直接对他们讲话时,他可以发布"口头命令",但他必须确保在下达此类命令时用语"简洁、清晰、明了"。如果命令下达及时,营部所在位置没有遭到敌军火力打击,而且营长对战场情况也了若指掌,那这支部队就很有可能取得最好的战果。

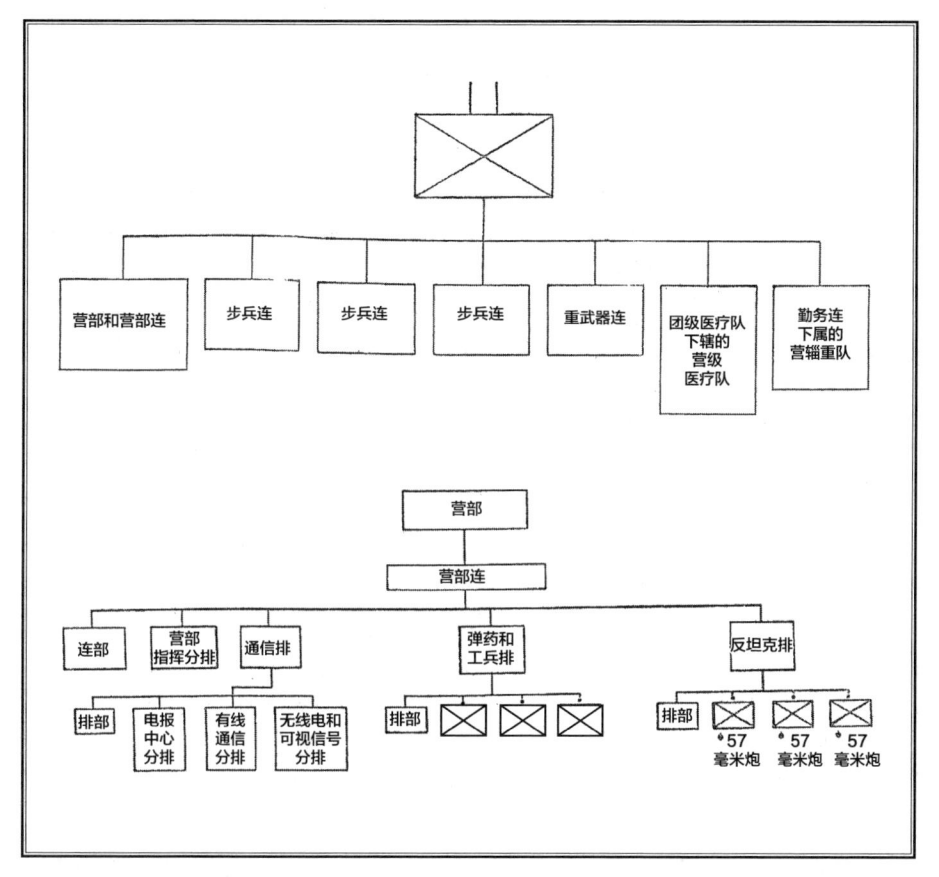

美国陆军步兵营的组织结构草图,摘自《步兵营》。

  战斗过程中,步兵营营长会在指挥所内指挥作战。指挥所的选址应"便于控制作战行动",但要避开村庄入口、十字路口和其他可能吸引敌军火力的位置。在发起进攻时,指挥所必须靠前部署,这样一来,就不必在部队再次向前推进时转移位置。在防御时,营长可将指挥所设在营辖区后方,以防止被敌军占领。在理想的情况下,营长应该提前选定备用指挥所的位置。一般来说,营长只负责指定指挥所的大致位置,由步兵营副官来负责确定其他相关细节。尽管如此,在选址时,营长还是应尽量选择"能让他充分了解麾下步兵连的作战态势,且能让他发挥最大影响力"的地方。

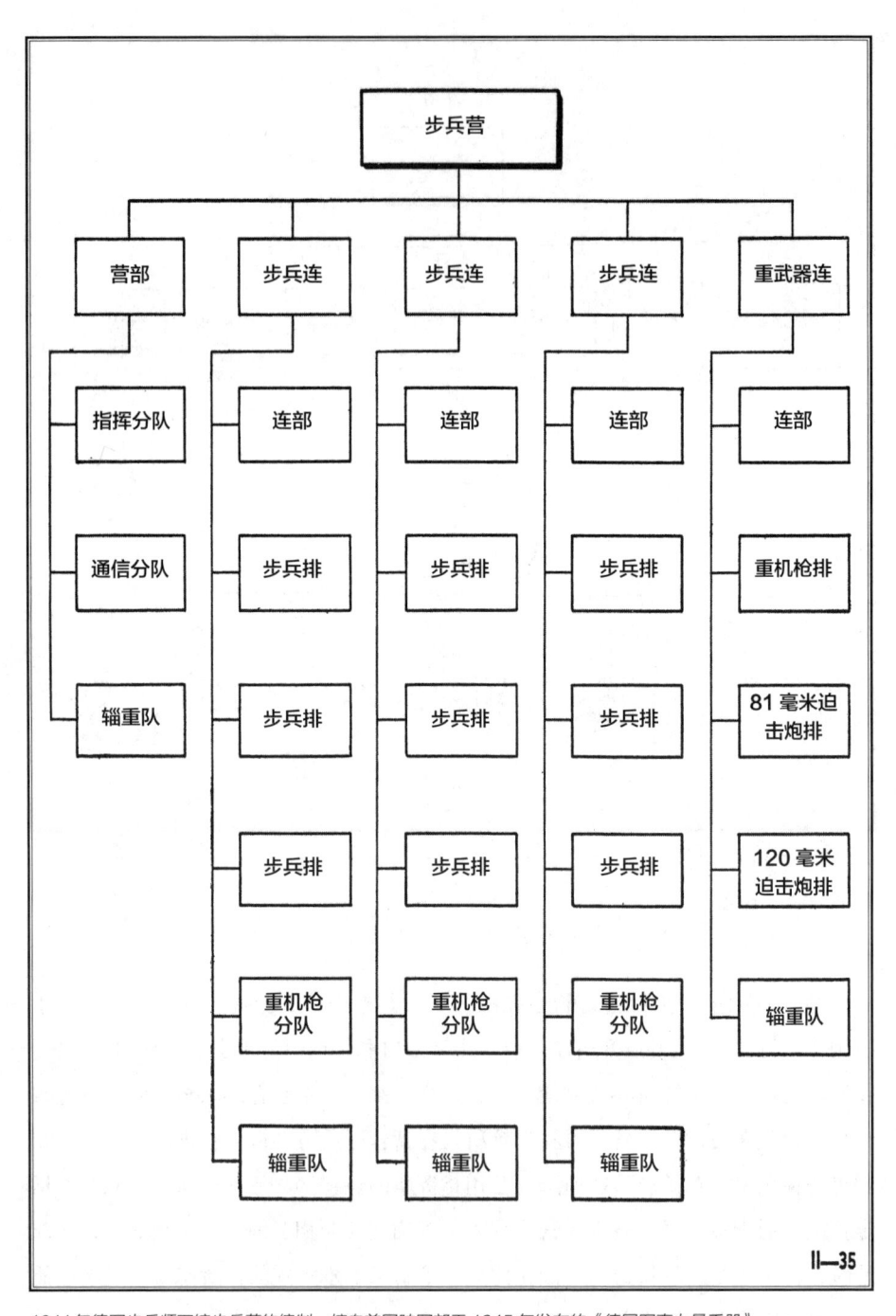

```
                        ┌─────────┐
                        │ 步兵营  │
                        └────┬────┘
       ┌──────────┬──────────┼──────────┬──────────┐
     ┌─┴─┐     ┌──┴──┐    ┌──┴──┐    ┌──┴──┐    ┌──┴───┐
     │营部│     │步兵连│    │步兵连│    │步兵连│    │重武器连│
     └─┬─┘     └──┬──┘    └──┬──┘    └──┬──┘    └──┬───┘
  ┌────┴────┐  ┌──┴──┐    ┌──┴──┐    ┌──┴──┐    ┌──┴──┐
  │指挥分队 │  │连部 │    │连部 │    │连部 │    │连部 │
  └─────────┘  └──┬──┘    └──┬──┘    └──┬──┘    └──┬──┘
  ┌─────────┐  ┌──┴──┐    ┌──┴──┐    ┌──┴──┐    ┌──┴────┐
  │通信分队 │  │步兵排│    │步兵排│    │步兵排│    │重机枪排│
  └─────────┘  └──┬──┘    └──┬──┘    └──┬──┘    └──┬────┘
  ┌─────────┐  ┌──┴──┐    ┌──┴──┐    ┌──┴──┐    ┌──┴──────┐
  │辎重队   │  │步兵排│    │步兵排│    │步兵排│    │81毫米迫击炮排│
  └─────────┘  └──┬──┘    └──┬──┘    └──┬──┘    └──┬──────┘
               ┌──┴──┐    ┌──┴──┐    ┌──┴──┐    ┌──┴───────┐
               │步兵排│    │步兵排│    │步兵排│    │120毫米迫击炮排│
               └──┬──┘    └──┬──┘    └──┬──┘    └──┬───────┘
               ┌──┴───┐   ┌──┴───┐   ┌──┴───┐   ┌──┴──┐
               │重机枪│   │重机枪│   │重机枪│   │辎重队│
               │分队  │   │分队  │   │分队  │   └─────┘
               └──┬───┘   └──┬───┘   └──┬───┘
               ┌──┴──┐    ┌──┴──┐    ┌──┴──┐
               │辎重队│    │辎重队│    │辎重队│
               └─────┘    └─────┘    └─────┘
```

II—35

1944年德军步兵师下辖步兵营的编制，摘自美国陆军部于1945年发布的《德国军事力量手册》。

除了参谋人员外，指挥所和观察哨内还有所谓的"营部指挥分排"的人员。其中的关键人员包括营军士长、情报军士、行政军士及其打字员，以及负责协助情报参谋、作战与训练参谋的"作战士官"。在战斗中，部队使用的主要地图是"作战图"和"情况图"①，其中，后者是一种"随时记录战术情况的图表"，由作战士官保存。虽然营长必须在进行战术决策和部署时做到"随机应变"，但也可以针对常见情况制定"常规作战程序"。

对于作战而言，保持通信畅通至关重要——这可以让炮火"在正确的时间落在正确的地点"，并让部队改变既定计划，从而提供"其他战争未曾有过的便利"。在大多数军队中，无线电通信都已向下覆盖到了连一级部队，并使步兵连成了一种重要的战术单位。当时，美国陆军拥有世界上最先进的通信网络。美国陆军装备的SCR300型单兵背负式电台 [SCR 是"通信部队电台"（Signal Corps Radio）的首字母缩写] 重约14.5千克，语音通信距离可达8.04千米左右，步兵连和步兵营之间的通信全靠它来实现。通信距离稍短的SCR536"手持对讲机"（SCR536步话机）则被美国陆军下发到了排一级部队。在欧洲，美国步兵营下属部队使用这些设备进行快速通信——通常的形式是语音交流，但没有使用暗语或进行加密。这是因为在快速变化的局部战术环境中，即使有信息泄露，也很难被敌军拦截到（即使敌军拦截到了相关信息，也很难理解其内容并采取行动）。通常而言，这种观点非常正确。然而，就连美军的描述也表明，美军军官"话多到了臭名昭著的地步"。

美军进攻战术

在《步兵营》（1944年发布）中，关于战斗细节的描述并不少见。该文件给出的建议如下：一旦部队因遭遇敌军炮击、（机枪）扫射或受到此类危险的威胁而被迫离开道路，就应立即开始"接敌行进"②，并应在先头部队越过"出发线"或遭遇有效的轻武器火力攻击时停止行进。在接敌行进时，士兵的队形应按分排、班或排组

---

① 译者注：情况图（Situation Map），一种标有兵力部署、行动企图及基本态势等情况的图纸，有敌情图、敌我态势图和兵力部署图等类型。

② 译者注：接敌行进（Approach March），作战部队即将与敌直接接触时的前进方式。此时，部队是全部或部分展开的。在与敌建立地面接触或占领进攻阵位后，接敌行进即告结束。摘自美军联合出版物《美军军语及相关术语辞典》。

成小纵队,然后分布在一条有一定深度的广阔战线上。实施接敌行进的命令通常由团级指挥官下达,但在某些情况下,为减少损失,营长也会下达此类命令。无论情况如何,步兵营营长均应迅速下达命令,并确保其命令包括:敌我双方的配置细节;任务;"调整线"①;正面;对下属部队的特殊指示。在有关"正面"的指示中,指挥官应辅助各下属部队确定其边界,而有关"调整线"(在特定情况下要跨越的一条线)的指示则能让营长更好地在战斗中进行控制。在正常能见度下,调整线的间距应以914—1828米为宜。至于目标,则可以用具体的地点或方向来表示,通常情况下,营长还应把它们分配给下属各连。

部队的进攻队形取决于以下因素:地形、前进区域的宽度,以及侧翼是否会受到保护。当两翼均不安全,或者可能需要向任一侧翼实施"迅速包抄"时,则适合采用以下队形:一个连在前面,另两个连在其左后方和右后方并排前进,组成一个尖三角队形。如果能见度有限,或者前进区域比较宽,则应让两个步兵连在前方齐头并进。指挥官应避免让三个步兵连齐头并进,同时他还尽量从后方步兵连中抽出兵力进行"侧翼巡逻"。指挥官可以让机枪分排、步兵排和迫击炮分排紧跟先头步兵连前进,也可以将其直接配属给先头步兵连。根据教材规定,一个步兵营能够对一个457—914米宽的正面发起"强大攻势"。

步兵营反坦克炮排的理想位置是在第一梯队和第二梯队之间,梯队之间的距离通常是91—180米。对于作战行动而言,侦察是至关重要的事。在实施侦察行动时,士兵应做到有计划,持续进行,循序渐进,并充分利用隐蔽手段、遮蔽物和一切地图与照片。如果掩护部队"足够强大",则步兵营营长可以亲临前线,以便获得"一手信息"。接敌行进是一种从一条调整线机动到下一条调整线的积极行动,下级指挥官应充分发挥主观能动性,巧妙利用地形,避开或快速通过十字路口等危险地带。

美军认为,一旦与运动中的敌军部队相逢或爆发"遭遇战",时间将是至关重要的因素,"在决定性方向上抢先进攻"的一方将赢得优势。在这种情况下,已经投入战斗的步兵营营长应继续指挥其部队作战,并派出一名参谋负责接收来自步兵团的命令;而未投入战斗的步兵营营长,则应亲自报告情况。

---

① 译者注:调整线(Phase Line),用以控制和协调军事行动的一条虚拟线,通常为作战地域内的一处易于识别的地貌地物。摘自美军联合出版物《美军军语及相关术语辞典》。

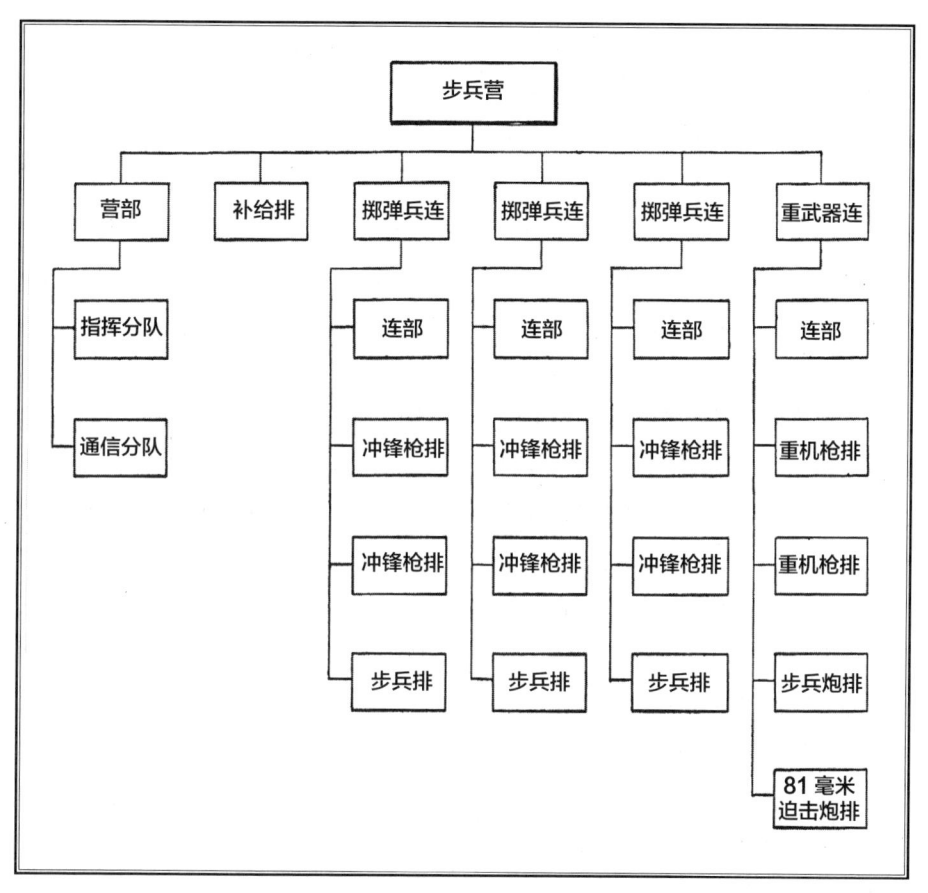

```
                          步兵营
                            │
  ┌─────────┬─────────┬─────────┬─────────┬─────────┐
 营部      补给排   掷弹兵连   掷弹兵连   掷弹兵连   重武器连
  │                   │          │          │          │
 指挥分队             连部        连部        连部        连部
  │                   │          │          │          │
 通信分队           冲锋枪排    冲锋枪排    冲锋枪排    重机枪排
                      │          │          │          │
                    冲锋枪排    冲锋枪排    冲锋枪排    重机枪排
                      │          │          │          │
                     步兵排      步兵排      步兵排     步兵炮排
                                                        │
                                                    81毫米
                                                    迫击炮排
```

从1944年年底开始，德军新国民掷弹兵师采用的步兵（"掷弹兵"）营编制。尽管由于大量人员损失，德军步兵营的编制有所缩减，但通过用"冲锋枪排"取代每个步兵连下辖的两个步兵排，每个德军步兵营可用于近距离战斗的自动武器比例却大大增加了。到1945年，这些冲锋枪排更是陆续换装了StG44突击步枪。当时，一个德军步兵营的理论编制情况如下：总兵力为642人，配备309支栓动步枪、253支StG44突击步枪、30挺轻机枪、8挺重机枪、6门8厘米迫击炮、4门7.5厘米步兵炮、3辆摩托车、2辆机动车、70辆马车。一个步兵连只有第1排由一名军官任排长，而其他排则由士官任排长。摘自《德国军事力量手册》。

美军的相关条令指出："从一开始，遭遇战就是一种添油式的攻击，部队接到任务，一旦就位就会立即投入战斗。在遭遇战中，发起攻击的速度和行动的快速性比充分协同和强大的火力支援更重要。"然而，在实际作战中，遭遇战并不常见。更常见的战斗形式，是手册中所谓的"对有组织的阵地发起的攻击"，而且这些攻击通常伴随着强大的火力支援。美军认为，在这种情况下：

……步兵营应利用火力和机动相结合的方式发起攻击，逼近敌军，然后以迅雷不及掩耳之势发起突击，最终彻底击败或俘虏敌军……可以通过杀伤敌人的有生力量来削弱敌军，并迫使敌军寻找掩护，从而使其瘫痪。如果遭遇敌军抵抗，并且我方没有掩体……则必须为其提供火力掩护。通过机动，步兵营一方面可以缩短与敌人之间的距离，另一方面可以将部队部署在敌军侧翼、易于我方集中火力的位置，进而加强火力输出效果。通过机动，步兵营还可以将其攻击梯队推进到离敌军阵地足够近的位置，以便其麾下部队使用手榴弹和刺刀进行攻击。

步兵营的"攻击机动"可分为两类："包围"和"突破"。① 进攻方一般很难立即包围敌军，并攻击其侧翼和后方。但在通常情况下，进攻方可以通过初期正面攻击打开一个突破口，然后利用机枪和其他武器从敌军侧翼发起攻击。由于行动区域的地形具有多样性，因此营长最好将兵力集中在一个选定的点上，这个点通常是敌军部署中最薄弱的点。这个点就是所谓"主攻点"。但在使用这个术语时，营长必须格外谨慎——某些人认为，这是因为怕那些承担"助攻"任务的部队一旦认识到自己是"打辅助的"，就不愿意拼死作战了。

"助攻"之所以重要，是因为它可以牵制敌军兵力，使敌军无法弄清进攻方的主攻点在哪里。在任何情况下，保留一支预备队都是很有必要的——指挥官不仅可以利用预备队来扩张战果，还可以用其来发起最后一击。已有的资料表明，这种预备队的规模可能从一个步兵排到两个步兵连不等。也许最常见的部署是这样的：主攻和助攻各投入一个连，再派遣第三个连留在后方，负责增援实施主攻的连或实施侧翼进攻的连。步兵营营长应随机应变，在执行计划时应"积极但不盲目"，且随时准备利用可乘之机。如果有需要，他可以调整主攻方向。在这方面的细节上，步兵营级的攻击方式与其上级部队的战略有许多共同点。

---

① 译者注：包围（Envelopment），一种攻势机动，即主攻部队绕过或越过敌方主要防御阵地以夺取敌后方目标。突破（Penetration），地面作战术语，指突破敌方防线、破坏敌方防御体系的进攻行动。摘自美军联合出版物《美军术语及相关术语辞典》。

机枪支援

通常而言，在有步兵参与的战斗中，机枪属于关键性支援武器——它可以辅助进攻，但在防御作战中可能最为有效。正如萨默塞特轻步兵团第4营B连的官兵在诺曼底潘松山（Mont Pincon）附近发现的那样，单靠机枪火力就完全能够阻止敌人的进攻。西德尼·贾里中尉回忆道：

前方步兵排……刚刚渡过小溪，密集的机枪火力就从前方和两翼袭来。当时大约有12挺机枪同时开火。这种毁灭性的火力使该营完全陷入了困境。士兵们前进没路，撤退无门。

皇家诺福克团第1营的二等兵埃文斯（W.Evans）也在诺曼底战役中遭到了攻击：

到目前为止，我们已经走了两三英里，一切都很顺利，直到我们来到一片玉米地时……一座小碉堡中的德国人的机枪突然开火。机枪火力以惊人的射速穿过三英尺高的金色玉米，小伙子们很快就被打成了筛子。我记得连里的炊事兵就跟在我身后，其中有个人的脖子中了一枪。

在更远的距离上，机枪的弹道不再是覆盖射击者和目标之间的所有空间的"平直弹道"，而是会有一定程度的上升和下降，形成了一个"落弹区"——其大小不仅取决于武器的类型，还取决于枪口和目标之间的高度差。随着距离的不断增加，射手必须根据风和温度对射击高度进行修正。因此，机枪火力支援这一主题绝非简单的"瞄准和射击"。有多本手册都涉及到了这一主题，德国陆军服役条令 H.Dv.73《重机枪操作规程》（*Schießvorschrift für das schwere Maschinengewehr*，1937年发布）就是其中最重要的一本。

在美国的武器系统中，支援武器可分为步兵连级支援武器和步兵营级支援武器。美军步兵连的直接支援部队是"武器排"，其武器配备包括：两挺7.62毫米轻机枪、三门60毫米迫击炮和三具60毫米火箭筒。每个武器小组被算作一个"班"。有时，该排还会配备一挺12.7毫米重机枪——主要用于防空。此外，该排的两个轻机枪组会组成一个"分排",它们会在尽可能协同行动的同时,确保有能力打击"机会目标"[①]。于1944年发布的《步兵连》曾指出:

要想获得最佳效果,可以同时集中两挺机枪火力向同一目标开火。分排排长会根据步兵排排长的命令指定目标,规定射速,并发出开火命令或信号……当步兵班被分配到射击区域后,每名班长的主要任务是向主管区域内的目标开火,次要任务是向邻近区域内出现的目标开火。当班长完全凭自己的主观意愿行动时,他应负责决定如何以最好的方式来支持步兵连的总体计划,并据此领导他的步兵班。

这是一张在二战前拍摄的照片。使用了三脚架的MG34机枪可以进行持续射击。这挺机枪比较靠近地面,很便于班组成员俯卧射击。照片中的1号机枪手正在通过3倍率棱镜望远瞄准镜进行观察,而机枪射击指挥员则正在使用双筒望远镜进行观察。

---

① 译者注:机会目标(Target of Opportunity),指战斗开始前未考虑、分析或计划进行打击的,但在战斗开始后观察到或侦察到,并需要应尽快予以攻击的目标。摘自美军联合出版物《美军军语及相关术语辞典》。

一般来说，分排指挥官会先建立自己的观察哨。然后，他会利用这个观察哨监视一个特定的区域或目标，并控制他的步兵班。

如果条件允许，武器排的士兵可以乘坐运输车向前推进，在步兵后方"交替"穿过开阔地带。车辆停靠点应设在隐蔽处，最好设在沟壑中，以防车辆被炮弹破片击伤或击毁。而且，武器排的排长或士官应亲自实施侦察。在选择轻机枪阵地时，美军会考虑两个因素：第一，便于对目标直接开火；第二，敌军机枪可能的埋伏位置。各小组将利用任何可用的掩护，步行进入最终阵地，而弹药手则会始终留在掩体内，直到需要他们行动时为止。在理想的情况下，美军还会在射击阵地的后面构筑一个掩体。此外，两挺机枪之间还应该有"足够大的间隔，通常是 45 米左右，以防止两挺机枪被同一枚敌军炮弹击中"。如果战术环境需要，美军也会将支援武器直接配发到步兵排，或者由连长直接控制。

在攻击行动中，轻机枪可以完成许多种任务，包括支援其所属或友邻连队、保护侧翼、瓦解敌军的反击，以及掩护部队重组等。如果在现有阵地上无法完成自己受领的任务，排长应转移到一个新阵地上——要么在战斗间歇时以分排为单位向前移动；要么一次移动一个班，而另一个班则继续开火。在己方发起突击期间，美军会以轻机枪集火打击攻击目标，以求压制敌军火力。

美国步兵营的直属支援部队是"重武器连"。在 1944 年的美军编制中，重武器连下辖两个重机枪排（装备了带三脚架的 7.62 毫米机枪）和一个 81 毫米迫击炮排。正如 1942 年发布的《重武器连》（*Heavy Weapons Company*）手册中所述的那样：

0.30 英寸重机枪是一种班组武器，它能够提供强大的连续火力输出。在中等射速（每分钟 125 发）下，它可以无限期持续射击；在速射状态（每分钟 250 发）下，它可以进行数分钟的持续发射，但两到三分钟内就会冒热气。由于采用了固定支架，因此这款重机枪能够进行超越射击，并能在夜间利用预定数据进行精准射击。鉴于其落弹区的长度（弹着点的水平散布），该机枪在纵射时的效果最好。如果无法或不适合进行超越射击，它还可从步枪手或步枪手小组之间的空隙中进行射击……可以为这类射击火力创造并保持这种空隙。

美军的相关条令指出：在直瞄射击模式下，制约重机枪火力的主要因素是视野；在间瞄射击模式下，制约重机枪火力的主要因素是其最大射程，以及是否有精确射击数据。重机枪既能够有效攻击暴露在掩体外的人员，也能够压制堑壕内的部队、各类枪支火力和观测员。机枪火力能够阻断敌方观测员的移动或行动，从而降低或摧毁目标部队的战斗效能。重武器连的最佳战术是集中火力攻击关键地点。在攻击行动中，这可能意味着要将重武器连置于某支步兵连的后面，让其通过超越射击的方式来提供火力支援。只要条件允许，重武器连就应使用武器运载工具，并尽可能提前预测"由于掩护火力或友军演习而造成的位置移动"。在预有准备的攻击中，预备营下辖的重武器连可以独立出来并向前移动，以加强对前方部队的火力支援。《步兵营》手册中的相关条款表示：在任何行军序列中，重武器连都最好位于行军队列的前方，以补偿部署所需的时间，并确保其火力随时可用。通常情况下，重武器连将由营长直接控制，并直接听取后者发布的命令，从而使其火力与总体攻击或防御计划相协调。因此，重武器连的最初部署方案和目标区域也将由营级指挥部门确定。

英军的机枪战术主要是根据布伦轻机枪的特点来制定的。虽然布伦轻机枪是一种理想的班用武器，但它并不适用于持续开火任务。《轻机枪》（*Light Machine Gun*，1939年发布）里的相关内容显示，如果把更换枪管和弹夹的时间计算在内，布伦轻机枪的短点射速度最快可以达到每分钟120发。在配备了三脚架以后，该武器可以在约900米外形成一个有效的落弹区（约90米长，3米宽）。英军在《靶场教程》（*Range Courses*，1939年发布）中明确规定：载具排必须接受相关训练，必须能够在约1370米的距离内有效使用带三脚架的布伦轻机枪。此外，英国还为执行防空任务的布伦轻机枪生产了弹容量为200发的弹鼓。在防御阵地上，如果友军可能位于发射点前方，那么部队应对轻机枪的部署做相应调整，以便它们能通过缺口向"固定通道"（Fixed Lines）开火。同时，部队还应为三脚架的支腿安装沙袋，以免枪身发生位移。另外，上述预设阵地还应具备在夜间开火的能力。

鉴于布伦轻机枪的优缺点，英军通常让水冷式机枪来承担持续开火任务。在1944年的英军编制中，每个步兵师都有一个专门的"机枪营"，该营下辖一个重型迫击炮连（装备了16门106毫米迫击炮）和三个机枪连——每个机枪连下辖3个排，每个排配备12挺维克斯"中型机枪"。这些维克斯机枪的口径为0.303英寸。虽然维克斯机枪是一战时期的武器，但其可靠性极高，能够在约1820米的有效射程内持续开火。尽管在射击距离超过2470米后，由于每发子弹的速度存在细微差异，维克斯机枪的射击精度会有所下降，但其仍可以有效对"区域目标"实施打击。在远距离上，敌人会感觉子弹就像是从天而降一样，越过山脊线呼啸而来，击中远离前线的地点。因此，他们会感到不寒而栗。英军的相关理论认为，机枪不仅可以提供直瞄支援火力，也可以提供间瞄支援火力。而且，很重要的是，进行间瞄射击的机枪小组通常不会遭到敌军的直瞄射击。不过，间瞄射击也有不足之处，例如在射击前需要先进行计算，必须考虑地物干扰，以及很难修正偏差。正如《火力控制》（*Fire Control*）手册中所述的那样：

1944年，法国东部一个伪装阵地中的美军第44师轻机枪手。他的勃朗宁M1919A6机枪配有两脚架、提手和肩托。在第44师下辖的步兵连中，该枪属于轻机枪。在步兵营下辖的重武器连中，三脚架式M1919A4机枪属于重武器，主要负责提供持续输出火力。

在意大利战役期间，师级机枪营下辖的一个维克斯机枪组，正在从一所房屋内为友军提供支援火力。请注意，这些士兵几乎把整挺机枪都布置在了房屋内。这挺机枪的三脚架上压着沙袋——这不仅能使机枪更稳，还能为班组成员提供一些保护。

打击目标的最常用的方法是直瞄射击，即通过瞄准具瞄准目标开火。直瞄射击的主要优点是非常灵活，可以快速攻击大范围内的一系列目标……机枪还能够进行间瞄射击，即利用辅助瞄准标志，并通过相关工具确定命中目标所需的仰角，然后让机枪在该仰角下开火。当不可能或不建议占据直瞄射击阵地时，以及在根据地图射击时，应采用间瞄射击的方式发起攻击。间瞄射击的主要技术优势是无须向多人指示目标。机枪的设置属于机械性操作，不受光线或距离的影响。

在理想情况下，上级需严格按照相关顺序向机枪组下达射击命令，以确保能立即发现错误和遗漏之处，并让接到任务的士兵能有所准备，可更快采取行动。一般来说，最佳的射击命令必须以确保"尽快开火"为前提。火力控制员在下达真正的射击命令之前，应先以洪亮清晰的声音给出以下信息：目标距离、目标特征、开火模式、风偏修正、射速。其中，目标距离要精确到45米左右——当需要进行修正时，火力控制员将通过诸如"向上400"或"左旋三下"之类的口令给出相关指示。在指挥多挺机枪时，机枪指挥官需要"在命令开头指明对应机枪的编号"，或者要求"全体"开火。如果目标较大（或需要攻击的范围较大），机枪组可以通过"扫射"的方式进行攻击；如果需要攻击移动目标，机枪组可以"创建敌人必须通过的射击区"或利用"横向扫射"的方式进行攻击。与战争电影和普遍的看法相反，士兵在实战中很少使用"横向扫射"。不过，"横向扫射"仍是一种近距离开火的好方法，也比较适合打击在开阔地前进的步兵队列。

在一般情况下，"机枪的主要战术作用"是为友军提供火力支援。不过，如果在目标附近可能有友军的话，机枪指挥官应将友军的安全放在第一位。根据相关条令显示，英军允许"在已知友军部队位置的3度范围内开火"，如果友军待在战壕内，则"该规则可以适当放宽"。另外，英军还积极鼓励实施"超越射击"（令子弹飞越己方人员上空）和侧翼射击。不过，很多人都认为坦克"不受安全规则约束"，负责提供火力支援的机枪组可以"在前方有友军坦克时射击，甚至可以向友军坦克之间射击"。

最复杂的火力支援的形式是"机枪弹幕"——这是一种大规模的火力输出，通常会被纳入火力计划，出现在预有准备的进攻中。在此期间，火炮和迫击炮也将一同开火。为确保火力密度，英军建议"至少每27米配备一挺机枪"。"机枪弹幕"可以从阵地的前方或侧翼投送——既可以采用"不动弹幕"（Standing）的形式，也可以采用"徐进弹幕"（Creeping）的形式。不过，英军规定"必须在前进部队的前方留出约366米的安全距离"。

德军主要使用两款机枪——MG34机枪及其后续型号MG42机枪（于1942年推出）。MG34和MG42都是优秀的"通用"机枪。它们不仅减轻了德军的训练负担，重量也相对较轻（因为没有使用水冷套筒）。在1944年的德军师级编制中，所有步兵营都下设了一个重型武器连——该连下辖的机枪排装备了六挺机枪（这些机枪通常都会由马匹来运输）。尽管大多数前线部队配备的都是MG34和MG42通用机枪，但德军也保留或征用了许多其他型号的机枪。在德军于1940年发布的指示手册中，老旧的MG08水冷式重机枪仍然占据了相当多的篇幅。此外，有些德军还在使用MG13通用机枪——从理论上来说，该机枪在二战前就已经退役了。有趣的是，在二战期间，MG13通用机枪成了军邮（勤务）等二线部队的主要支援武器。德军（特别是党卫军）还使用了许多缴获的机枪。由于德国为党卫军提供的装备数量相对较少，所以党卫军使用缴获的外国枪械的情况较为普遍。

无论德军所使用的机枪的具体型号是什么，盟军士兵都喜欢将它们统称为"斯潘道"（Spandaus）——可能是因为一战期间德军的许多机枪都是在斯潘道兵工厂制造的，其金属零件上也都印有"Spandau"字样。如果战场上出现了"斯潘道"机枪，就会引起盟军士兵的不安，锡福斯高地团第5营的阿利斯泰尔·博思威克上尉[①]曾回忆道："'斯潘道'机枪的特点非常鲜明。该枪瞄准的不是某个区域，仿佛是就冲着你来的，并且射速惊人。它的声音仿佛带着恨意。每次点射前，它都会发出一种奇怪的打嗝声，然后就会开始狂风暴雨般的射击，所以第一发子弹的破空声非常明显……随后而来的其他子弹的破空声就像撕开印花布的声音一样……连成一片。在任何战场上，它所发出的'噗噗噗噗，噗噗噗噗……'声都非常独特。"有人描述说，当德国机枪从远处打出短点射、子弹掠过他的头顶时，那声音就像是"数百只蟋蟀在鸣叫"。

正如韦伯在《士兵手册》中所述的那样，要想持续输出火力，理想的机枪组应由六人组成，包括一名机枪射击指挥员和一名1号机枪手（"瞄准手"，Richtschütze），其中后者负责机枪的搬运和射击。另外，2号机枪手主要负责携带和安装34型枪架（可折叠和徒步携带）；3号、4号和5号机枪手基本上都是弹药搬运人员，他们经常负责携带弹链携行箱、小型弹鼓和备用枪管。至于其他工具（包括清洁工具包、挖壕工具和双筒望远镜等），则一般由各机枪组组员分别携带。机枪射击指挥员、1号机枪手和2号机枪手要携带手枪，而其余人员则携带步枪。34型枪架可以支持各种射击姿势，包括卧姿、坐姿和跪姿射击。当小组成员准备就绪后，机枪射击指挥员会发出攻击命令，并要求使用不同的射击姿势。

在机枪射击指挥员下达"装弹"（Laden）或"就位"（Stellung）命令后，

[①] 译者注：原文如此，前文中此人的军衔为中尉。

相关人员将为机枪安装弹链,并拉动侧手柄,让子弹上膛。值得一提的是,尽管"Stellung"一词有多重含义,而用"Laden"一词来表示"装弹"更为严谨,但德军仍建议使用前者。因为"Laden"的发音与"Entladen"(卸弹)的发音很相似,在战况比较激烈时,容易混淆。为避免枪管过热和磨损严重,德军规定,无论将机枪设定为何种射速,都不可连续发射超过250发子弹。1940年发布的《德国陆军手册》指出,德军所使用的机枪的常规射速为每分钟300—350发。

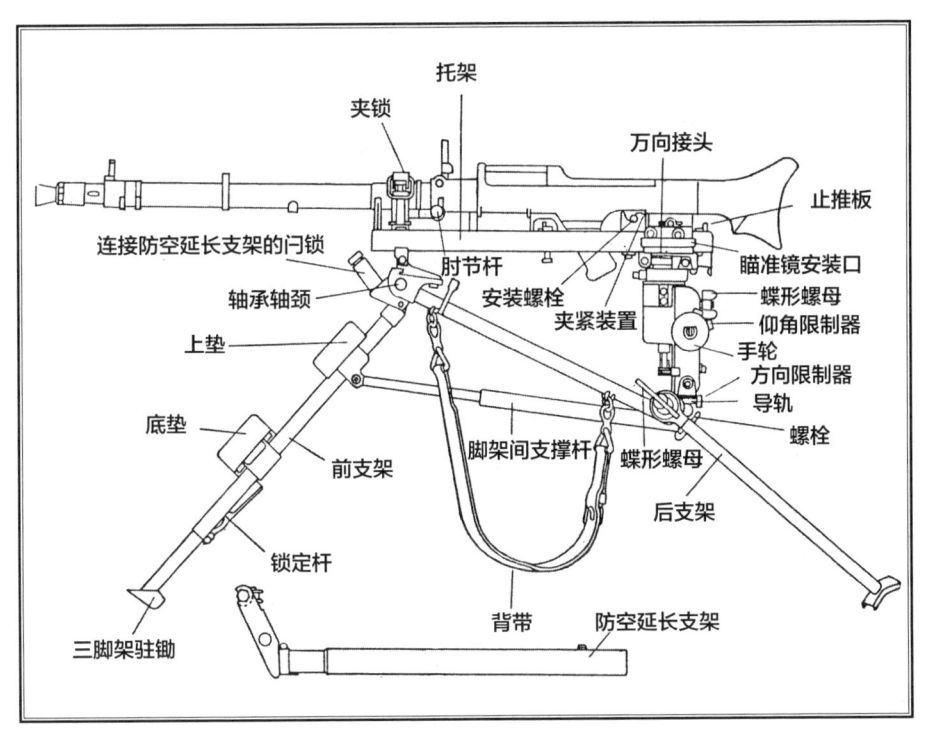

一挺MG34机枪。该机枪安装在34型枪架(Lafette 34)上,可以持续开火。三脚架中的弹簧支架能吸收射击时产生的大部分后坐力。请注意机枪背带和防空延长支架(位于图片下方),其中后者可用于架设机枪进行对空射击时。该机枪的肩托下方是方向机和高低机——可事先设定相关参数,使机枪能以极高的精度输出火力。本图摘自韦伯所著的《士兵手册》。

迫击炮

迫击炮是一种弹速较慢的高抛弹道武器。早在 15 世纪就已问世的迫击炮，直到一战期间才在战场上崭露头角。20 世纪 30 年代，各国军队主要装备的是 80 毫米迫击炮 [它们大多是以温弗雷德·斯托克斯（Wilfred Stokes）的简单设计为基础研发的]——充当营级支援武器。在迫击炮的整套操作流程中，最困难的莫过于寻找恰当的射击阵位和弹药堆放点，以及瞄准目标。迫击炮的发射流程很简单：操纵高低转向机构和水平转向机构，将炮管调整到正确的角度，然后将炮弹放入炮口即可。这类迫击炮大多没有单独的击发结构——炮管底部有一个"固定撞针"，可以撞击炮弹的底火帽。这类迫击炮的使用方法，可以从训练德军士兵操纵 34 型迫击炮的 D147 号手册中略见一斑：

在做好架设和瞄准准备后，炮长会下令开火。接下来，2 号炮手应该"牢牢握住"炮弹，在将其尾部放入炮管后，立即松开双手。然后，附近的所有炮组成员（一般为三名士兵）都把身体往前倾，1 号和 2 号炮手低下头，并分别抓住迫击炮的两根支架。

二战期间，各国都始终致力于改进迫击炮，想要简化结构、增加射程。德国的 50 毫米迫击炮和英国的 2 英寸排级迫击炮都去除了早期设计中的过于复杂的瞄准镜系统。1943 年，德国的排级迫击炮实际上已被完全剔除出前线战斗步兵连的装备序列，被降格为二线武器和防御武器。在二战即将结束时，德军的 34 型迫击炮家族又增加了一个新成员——34/1 型迫击炮（此改型采用了圆形座钣和简化的两脚架，拥有更远的射程）。英制 3 英寸营级迫击炮（76.2 毫米迫击炮）的早期型号的射程（约 1463 米）中规中矩，但其改型（Mk 2 迫击炮）的射程则被增加到了 2500 米左右。这一显著的射程变化具有积极的战术影响，因为这大大减少了迫击炮的转移次数。一般来说，更远的射程就意味着更大的弹着散布范围。所以，如果按以前的标准来看，一门 3 英寸的迫击炮就已经能算得上是一个相当可靠的"火力单位"了，但是到了 1944 年时，一个火力单位至少得有两门迫击炮。

对于被打击的一方而言，遭遇迫击炮的轰击是一种非常特殊和可怕的经历。如果一名士兵离炮击点足够近，他先是会听到一种空洞的"嗵嗵"声，然后在一段沉寂期后，大量的弹雨就会从天而降，砸在地上，引发剧烈的爆炸。发射后的迫击炮炮弹，在接触到任何硬质物体时都会被引爆。不过，根据英国方面的描述，迫击炮炮弹的这个特性在巷战中却是一个缺点。因此，一些炮组成员会特意发射带铁质安全保护帽的炮弹，而不是带易碎式击针帽的炮弹——前者可以穿透掩体，造成更大的杀伤。迫击炮射击时发出的"嗵嗵"声或连续弹幕射击会让人无比惊恐，但要真正杀伤敌人，仍需要观测人员的配合。锡福斯高地团第5营的阿利斯泰尔·博思威克表示：

我们在营部的观察哨（D连驻防区内的一个位于路边的阁楼）里仔细观望敌情。忽然，一枚迫击炮炮弹毫无征兆地落了下来，砸在前方各班和伤兵汤米·唐斯（Tommy Downs）中士之间。

这是一次完美的射击，敌人不用再浪费时间校准了——另外十几颗炮弹很快就会接踵而至。每个人都俯下身子寻求掩蔽。但奇怪的是，没有炮弹飞来。相反，我们听到了步枪发出的噼啪声。稍稍停顿了一会儿之后，我们看到一个德国人从弗雷泽负责监视的房顶上慢慢滚落下来，从两层楼高的地方掉到地上。从那以后再也没有炮弹砸过来。如果这个德国人当时一动不动，我们根本不会发现他，但他为迫击炮发出信号后，就被弗雷泽看到了。

虽然迫击炮拥有独特的战术优势，但它们还是经常被人忽略。1942年10月，英国陆军在一份训练备忘录中指出：

要准确找到敌军的位置总是一件很困难的事，但一旦确定了其位置，无论他们藏在哪个角落里，也无论他们所处的环境是多么的封闭，2英寸和3英寸迫击炮都能准确打到他们。此外，迫击炮还拥有操纵简便和易于维护的优点……它们有着很高的射速，能够在打击敌方士气的同时，提振本方士气。一门25磅火炮能够在一分钟以内，以"密集"的射速射出总重约57千克的炮弹，而一门3英寸迫击炮可在同样的时间内，射出约91千克重的炮弹。

美军正在使用一门81毫米迫击炮。一名士兵正在转动方向螺栓以调整瞄准方向。转动方向螺栓可以在不移动迫击炮的情况下,使炮管向左或向右偏移5度。当左边的炮组成员将炮弹放入炮管后,炮弹会砸到底部的固定撞针上,从而被立即迫击发出去。为了保护耳膜,迫击炮手最好将头部保持在炮口以下位置,并用双手捂住耳朵。不过在紧张的战斗条件下,这种预防措施早被士兵们抛在脑后。照片中的这几名士兵都是日裔美国人(Nisei,在日语中有"二世"的意思)。战争爆发后,美国军方曾将大量日裔美国人派往欧洲战场参战。第442日裔团级战斗队曾与第3师和第36师共同行动,是美国陆军中获得荣誉最多的团级部队。(美国国家档案馆供图)

很明显，迫击炮是一种非常有效的武器。在使用迫击炮时，士兵既不必考虑地形的因素，也不必考虑敌人前面是否有掩体。只要能够掌握迫击炮的使用技巧，它就能够带来一百倍的回报。一名营长可以随时呼叫这种"隔着障碍也能打的武器"，用它来打击藏身在任何常规掩体里的敌人。在短时间内，一个步兵营的六门3英寸迫击炮可以提供比一个拥有八门火炮的野战炮群更强大的火力。而且迫击炮更加灵活，更容易控制，也更容易隐藏。

根据1944年1月的另一份训练备忘录显示，在攻击行动中，3英寸迫击炮具有多种使用方法。例如，可以将迫击炮置于"进攻发起线"的后方，并通过某种布置方式，使其火力能覆盖全营正面，同时，一名排长会进入固定观察哨，他将根据营长的命令对迫击炮进行统一指挥。另外，部队也可以派遣一名"移动火力控制员"跟随前方某个连一同行动，指挥迫击炮群为攻击部队提供近距离支援，并打击那些在攻击开始时未被发现的目标。此外，英军还在这份训练备忘录中指出，只要地形合适，迫击炮就应当前移，并接受前方步兵的指挥。

理想状态下，3英寸迫击炮应从预先挖好的坑位中发射，但在快速移动部署期间，要做到这一点并不现实。一个解决办法是：把六枚75号手榴弹埋放在三个约61厘米深的洞里，炸出一个约3.6米长、1.8米宽的大坑（负责引爆手榴弹的人至少要待在27米远的地方，并头戴钢盔）。一般来说，从听取任务，到挖洞埋入手榴弹，再到最后修整好发射坑，只需要花大约半个小时的时间。可若是用铲子挖出一个坑位，则需要耗费四个小时的时间。

在战场上，士兵可以通过多种方法来找寻敌方迫击炮的方位，例如听音测距、寻找发射火光来源，以及使用雷达定位。通过训练，哪怕是普通士兵也能目视搜寻到一些踪迹。虽然精通这种冷门技术的步兵少之又少，但正如英国战时手册《通过检查弹坑确定迫击炮位置》(*Mortar Location by Examination of Bomb Craters*，1944年3月发布）所述，通过炮弹在地上砸出的弹坑，是能够大致判断出炮弹的飞行方向和下降角度的（比如，可以观察弹坑是圆形还是椭圆形的。如果弹坑是圆形的，那就表明炮弹是从很近的距离发射的）。在该手册的背面，印制了一个简单实用的图例——只需要一根棍子、一张地图和一个量角器，有经验的士兵就能准确锁定一门迫击炮的大概位置。

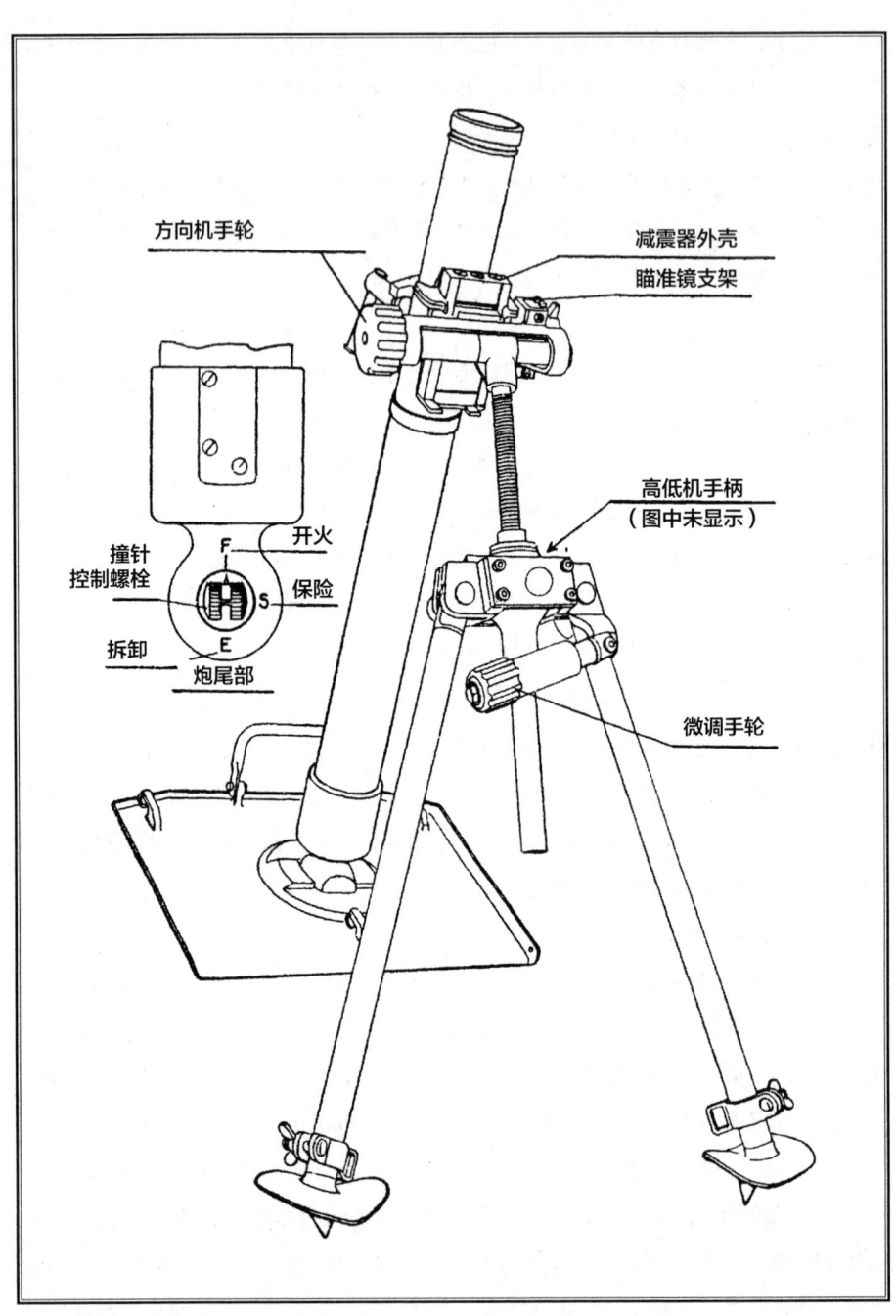

德制80毫米34型迫击炮构造图，摘自《敌军武器，第五部分》(Enemy Weapons, Part V, 1943年发布)。二战期间，各国装备的80毫米迫击炮在功能和性能方面都大体相似。

美军步兵营的重武器连均配有美制81毫米迫击炮，其射程约为3000米。迫击炮本身的机动性"与重机枪大致相同"。每门迫击炮都可以有效集火覆盖90米×90米的区域。因此，一个六炮制的迫击炮排就是一个相当强大的火力单位。然而，正如《重武器连》手册所述，这种武器也存在极大的战术限制——其最大的缺点莫过于弹药消耗量太大。根据弹药类型的不同，每发迫击炮炮弹的重量在32—45千克之间。理论上，迫击炮的最大射速可达一分钟18发。也就是说，一门迫击炮一分钟消耗的炮弹就重达数百千克。

为了节省弹药，士兵必须谨慎选择目标。美国人认为，合适的目标包括：

已确定了具体方位或大致方位的敌机枪、迫击炮和反坦克炮，以及无法被步枪或机枪火力直接攻击到的观察点和小型区域目标，例如藏身于路堑、路堤或壕沟中的人员或武器。远离我方步枪和机枪火力且适合敌方逼近的反斜面和树林，是防御战斗中的合适目标。在进攻战斗中，反斜面和树林也是合适的打击目标……可以骚扰撤退的敌军，阻挠敌预备队的运动或集结。不过，迫击炮的优先打击目标始终是"通过观察发现的目标"。

此外，迫击炮可以在有顶盖的阵地上发射，或者用来制造烟雾。迫击炮高抛的曲线弹道是一个天然优势，这意味着它的阵位选择比较自由。在可以直接观察或通过通信手段观察目标的情况下，士兵可以将迫击炮放置在较深的低洼地带、密林间的空隙处或其他难以被敌人击中的地方。

地雷

在战间期发展完善的反步兵地雷，给步兵作战带来了新的重大挑战。虽然从技术上来说地雷属于工兵装备，但其对步兵作战的影响已变得越来越大，而且不仅仅是造成伤亡这么简单。尤其是非标准的"诡雷陷阱"，更加让人防不胜防。正如英军官方手册《诡雷陷阱》（*Booby Traps*，1941 年发布）中所说的那样，使用诡雷和反步兵地雷可以"让敌人惶惶不可终日，不知道什么时候就会踩到这玩意，从而降低他们的士气，并减缓他们的攻势。造成伤亡和破坏仅仅是实现这一目的的一种手段"。因此，所有的兵种都需要对地雷有基本了解，步兵营中的工兵排更是经常承担定位和突破敌方雷区的职责。

军队可以将地雷布设在指定区域，其战术目标包括阻挡敌军前进、诱导他们进入"火力歼击区"，或者守卫特定的地点。反步兵地雷可以布设在反坦克地雷之间，甚至附在反坦克地雷上，从而加大敌方清理坦克通道的难度。此外，军队也可以零散布设地雷，并以此滋扰敌军。有趣的是，1940 年 10 月发布的英军手册《反坦克地雷》（*Anti-Tank Mines*）中指出，反坦克地雷有时可能会被摩托车、骡马或人压爆。因此，所有类型的地雷都会给人员带来致命威胁。

德军在二战初期主要装备的反步兵地雷是 35 型 S 雷，这是一种体积小巧的圆柱形地雷，其内部含有大约 360 枚小钢珠，可以通过压发式引信、拉发式绊索引信或一种电子击发装置来引爆。在被引爆后，该地雷的战斗部将被弹射到距地面一米或更高的空中爆炸，并形成众多高速飞行的弹片——美军官兵因此将它称作"弹跳贝蒂"（Bouncing Betty）。在没有专业扫雷队的帮助时，步兵只能通过"仔细观察和保持警惕"来避免触雷。除了用眼睛观察和凭直觉揣测外，步兵也可以使用棍子或普通刺刀，小心地戳刺地面来探查地雷——千万不能用力猛刺，而是要"稳稳地以 45 度角斜刺入地面"。根据英军《步兵训练备忘录》（*Infantry Training Memorandum*，1944 年 5 月发布）中的说法，盟军部队花了好长时间才学会在踩中地雷之后，如何做出正确的应对：

> 教官告诫我，如果我踩上了一枚反步兵地雷，这时我唯一能做的，就是让脚保持原来的姿势，然后将身体向后倾斜。虽然这样我必然会被炸掉一只脚，

压发式引信

图 1

拉发式引信

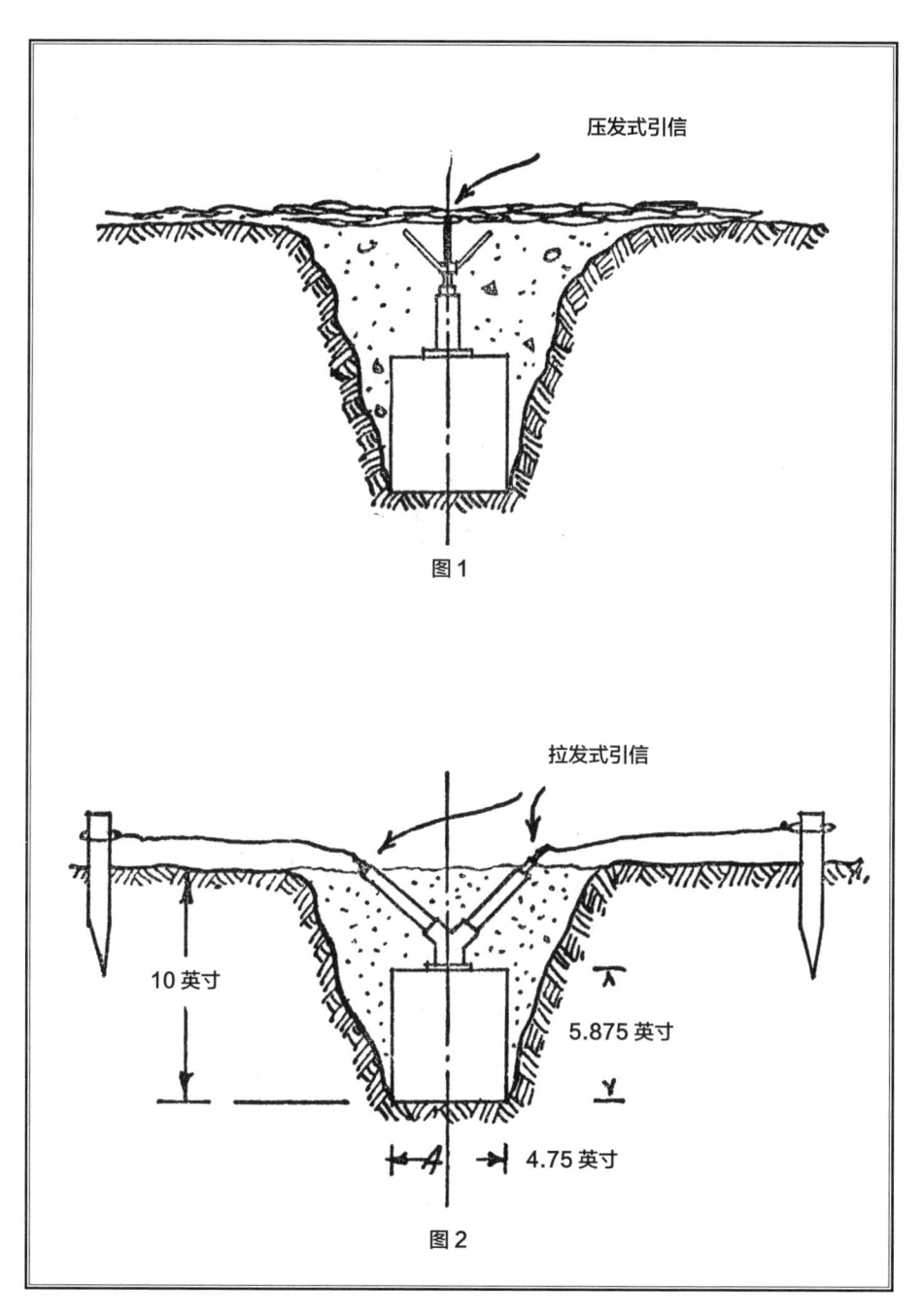

10 英寸

5.875 英寸

4.75 英寸

图 2

这张英军于 1941 年绘制的草图，展示了德制 S 雷的工作原理。该地雷既可以使用多脚压发式引信，也可以使用与绊索相连的拉发式引信。

但却不会让地雷凌空爆炸，从而保住性命。不过，那些曾经处理过大量S雷，拥有丰富排雷经验的第8集团军的工兵告诉我，这种流行了一段时间的方法并不正确。反步兵地雷一般配有一个可延时三至四秒的延时引信。当人踩中地雷时，会听到一声沉闷的咔哒声，这表明埋在土里的地雷的延时引信已被触发。在延时引信被触发三至四秒后，地雷的圆筒状战斗部将被弹射到一米多高的空中，并发生爆炸。圆筒状战斗部很少会笔直飞到空中，它们通常会偏向某一侧。战斗部的下半部分释放的弹片通常会击中地雷埋设点周围的地面（杀伤范围大约一米），而战斗部的上半部分释放的弹片则会在距地面一米左右的半空中，以水平方向朝四周飞散。战斗部的底部通常会在爆炸后，向下飞到距离地雷埋设点很近的地方……

踩到地雷以后，最好的方法是立即移动到距地雷3米左右的地方卧倒。虽然三四秒钟的延时足以让人跑到约18米开外，从而避免被战斗部射出的碎片或钢珠击中，但转身跑开并不是正确的处理方法。敌人习惯于将一些地雷集中布设在一起，当你从一枚地雷旁边跑开时，很可能会踏上另一枚地雷，或者卧倒在其他地雷的旁边或上面。因此，踩中地雷的官兵可以在听到地雷发出沉闷的咔哒声后，只跑出一小段距离，然后立即卧倒——这么做的风险远比继续踩着地雷小。不过，德国人有时候也会布设没有延时引信的压发雷，这种地雷一踩即爆——这会让踩雷的官兵没有时间做出任何反应。

不过，也有一些人非常幸运地躲过了一劫。锡福斯高地团第5营的神父曾踏中一枚地雷，这枚地雷弹起来撞飞了他的眼镜，但也许是因为上帝的眷顾，地雷并没有爆炸。美军第26步兵师的一等兵拉里·特雷夫（Larry Treff）也是一位幸运儿，他踩中的地雷跳起来击中了他的腹股沟后，并没有爆炸。虽然他被这枚地雷弹到了几英尺外，但却活了下来，他受到的伤害仅仅是腹股沟"青紫并且肿胀"——这让他暂时丧失了行动能力。英军蒙哥马利元帅曾在1943年评论说，步兵在面对地雷时，需要具备"非常坚强的意志力"。

在诺曼底登陆期间，S雷只是德国诸多致命地雷家族中的一员而已。一些德制地雷只使用了很少的金属部件，因此很难被电子手段探测到。比如1942型和1943型反步兵地雷，其主体是一个木盒——它的盖子在被脚踩中后就会下沉，从而触发引信。这些地雷的优点是可以在学校和小作坊里制造，从而节省了大量的工业产能。德国还在1943年装备了玻璃地雷，其弹体是由厚玻璃制成的，顶部的盖子较薄——在被踩压时就会破碎，并引爆地雷。英国士兵在战场上遇到了各种各样的地雷，要让所有兵种都熟悉每一种地雷几乎是不可能的。因此，从1943年年末开始，英国军方按照训练水平将军队分为了三个类别："熟练掌握地雷相关技术"的皇家工兵、"相对熟练掌握地雷相关技术"的普通士兵，以及"对地雷相关技术不甚了解"的其他人员。

美军在《德国军事力量手册》（1945年3月出版）中表示：

到了战争后期，德军的地雷战战术理论已经得到了高度发展。主要的反坦克雷区都按照统一模式布设，而且雷区正面边缘地带还混杂了大量的反步兵地雷，这些地雷通常都设有反拆除装置或绊索。但无论是何种地雷，都只有在能得到己方炮火掩护的雷区里才能发挥最大效能。德军布雷兵可通过地雷测量索来标记地雷的埋设地点。这条测量索一般由旧电话线制成，通常有24米长，上面标注着刻度和地雷的位置。一般而言，地雷阵列会彼此交错，但S雷的理想间距在2—4米。不过，有些反步兵地雷之间的间距会被缩短到0.5米左右（密集间距）。具有一定纵深的反步兵地雷带最多可达12排，因此平均每一米的前线正面，就可能埋有四枚之多的地雷。在重要地段的正面，一般都散乱布设着大量未经标注的地雷，它们之间没有预留任何通道，一般被用于保卫补给品堆放点或已经废弃的防御阵地。

作为普通地雷的补充，德军还经常使用诡雷，以及由炸药和手榴弹组成的障碍。1944年1月发布的英军《陆军训练备忘录》中，就记载了四种典型的"德国伎俩"：第一种是将诡雷附着在英制地雷上，从而杀伤英军排雷人员；第二种是将手榴弹"丢弃"在地雷周围，一旦有人想要捡起它们，就会引爆藏匿的诡雷；第三种是将一件吸引人的物品和爆炸物相连；第四种是将地雷埋设在诱饵附近的坑洞或壕沟里，一旦有盟军士兵想从上述地点观察或清除诱饵，就会引爆地雷。曾经有一次，一名冒失的军士就撞上了德国人的陷阱，被炸成了"比小狗的早餐还要细碎"的齑粉。因此，战场上有一条铁律："在搞清楚你看到的金属线的

盟军在地上竖起告示牌，提醒德国油桶下面可能埋着一颗连接拉发式引信的 S 型诡雷。油桶是一件诱人的战利品，但又不那么显眼。这张照片曾被刊登在《德国军事力量手册》中。

另一端连着什么之前，绝不要去碰它。"

美军的地雷战术在《地雷和诡雷》（*Land Mines and Booby Traps*，1943年11月发布）手册中有详细介绍。按照美军的理论，地雷最大的价值在于反坦克能力。雷区最好能够得到己方火力的掩护，反坦克雷区中应混杂布设反步兵地雷，以阻碍敌人排雷或穿越雷区，"如果雷区没有火力掩护，其迟滞作用将非常有限，抵不上在布雷时耗费的巨大人力与物力"。美军还建议设置若干警戒哨，其位置可以位于雷区内，但最好是位于雷区前面，以防止敌人巡逻队发现雷区边界和展开排雷工作。为供部队通行，相关部队应设置带标记的车道和路径（并且这些标记只能从友军一侧看到）——为了使它们不被敌人发现，还应保留额外的铁丝网、地雷和掩护火力，以在敌人进攻时挡住通道。在需要使用地雷，但又没有时间妥善布设雷场时，部队可按固定模式仓促布设雷区，而且不应在内部布置诡雷，以便事后迅速发现和清除，或者将它们重新布设到其他雷区。

由于美军在二战期间通常处于攻势（除了阿登战役），因此探雷、排雷和如何避开敌方雷区便成了美军士兵的日常话题。在没有查明或扫清地雷的情况下，绝不沿公路前进是美军的一条非常重要的原则，除非遭遇了某些特殊情况：

> 在战况紧急时，为加快前进速度，部队可以不必用探雷器或简易探雷工具探查每一寸土地。此时美军士兵必须承担踏过雷区的风险，但如果所有人都保持警惕，并学会时刻用双眼搜索地雷的痕迹，部队的伤亡必定会大大降低……一旦发现有被翻动过的土地、石头堆、地雷箱、制作地雷的原料，以及不必要的敌方警戒哨，都意味着附近很可能存在雷区。在靠近各类低垂着的线绳时都必须格外小心。任何反常之处都值得仔细探查。在进行任何调查时都需要无比谨慎。

空中侦察、询问平民，以及留意那些并无必要的地面翻动痕迹和车辙，都可以让部队发现敌人布设的地雷。对敌军雷区的侦察应尽早开始——最好是在夜间进行，目的包括确定雷区边界、形状，以及此地是否适合车辆通过。在初步了解雷区的相关情况后，部队就可以派出一支"雷区侦察小组"（由一名军官

42型碟形地雷是德军常用的地雷之一，其共有5种子型号。该地雷的生产，从1929年一直持续到二战结束，产量高达上百万枚。该地雷被德军广泛用于各条战线。42型碟形地雷的直径约为30厘米，装有5.5千克重的TNT炸药，掩埋深度为7—10厘米。这款地雷带有提手，其侧面和底部也装有引信——与防拆除装置相连，以便于制作诡雷。它通常被用作反坦克地雷，但由于可安装不同的踩压式引爆器，因此其也有反步兵型号。

或军士带领六名士兵），对雷区进行详细侦察。这类小组的成员既可以是经过特殊训练的步兵，也可以是工兵（如果小组成员是步兵，他们通常会来自步兵营的"弹药和工兵排"）。

雷区侦察小组中通常有两名成员携带冲锋枪或卡宾枪，而其他成员则只携带手榴弹。组长负责决定前进方向，他身上携带着地图、指南针、钉子、手电筒、钳子和一条长约180米的绳索。一号和二号组员在行动时会走在组长前方，一号组员负责操作一根"短臂式"电子探雷器或探针，并以此开辟一条约1.2米宽的小道。二号组员携带着用于标注地雷位置的白色带子和标记，并且负责切断所有找到的地雷绊索。雷区侦察小组将一边推进，一边匀速释放白色带子和绳索。组长负责检查每一处被发现的埋雷点，并通过在白色带子上打结来标记可疑目标的类型：地雷绊索用一个绳结表示；反步兵地雷用两个绳结表示；反坦克地雷用三个绳结表示；新型地雷用四个绳结表示。

"局部警戒"任务由携带武器的三号和四号组员负责（他们的位置通常在前面几人身后20米处），但他们只会在"绝对必要时"才开火射击。跟在三号和四号组员身后的是五号组员，他是后备探雷器操作手——虽然他也携带了探雷装备，但其首要职责是拆除被标记出来的地雷。如果五号组员遇到了无法立即拆除的新型地雷，组长将在回程途中处理它。六号组员是预备队员，他留在其他组员进入雷区的入口处，负责携带包括一个探雷器在内的所有冗余装备。在扫雷行动中有一点非常重要：雷区侦察小组必须在撤离雷区时消除所有的行动痕迹，只留下那根绳索（在撤退时，要将白色带子再次卷成一卷）。通过细致的检查，并比对其他雷区侦察小组带回的白色带子，指挥官可推断出雷区的性质和纵深。

突破雷区的方法应根据战场环境而定。虽然电子探雷加徒手拆除被认为是"最可靠和快捷的排雷方法"，但非金属地雷只能用人手慢慢地探查。链枷式扫雷坦克和扫雷辊的优点是不怕轻武器攻击，但其作业速度极为缓慢——这个缺点直到1943年年底也没有得到彻底解决。美军的爆破扫雷手段包括：试用"蛇"型爆破筒（'Snake' Type Bangalore Torpedo），将"胡萝卜"状炸药包悬挂在坦克前方进行诱爆，使用导爆网，将小型炸药放置在单个地雷上引爆等。但无论选择哪种排雷方法，步兵仍在其中扮演了关键性角色：

五枚 35 型碟形反坦克地雷被一根压力棒连在一起,以便同时引爆。最下面一枚地雷的提手上系有拉绳,在需要时可以拉动该绳,让地雷横置在路中间。

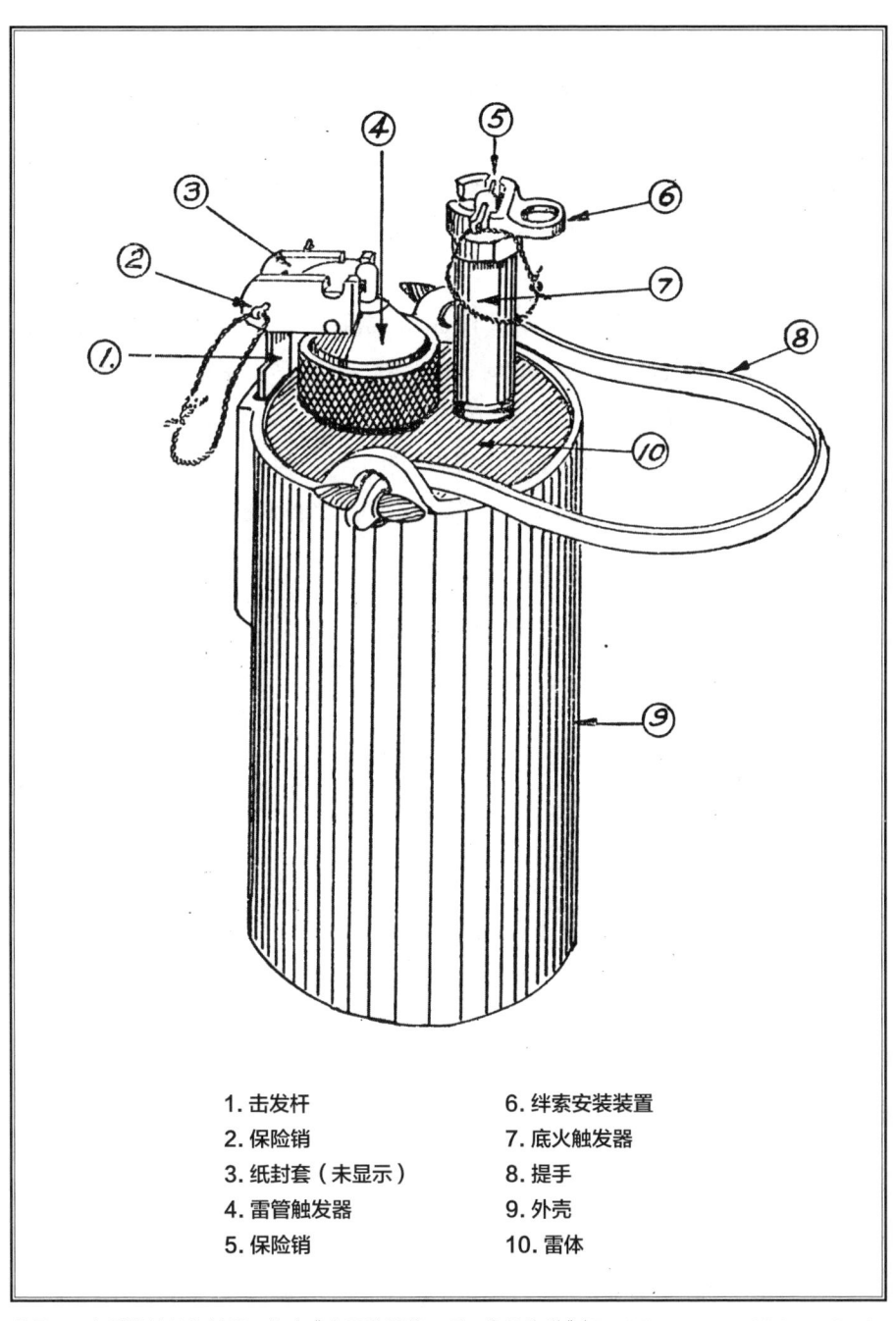

1. 击发杆
2. 保险销
3. 纸封套（未显示）
4. 雷管触发器
5. 保险销
6. 绊索安装装置
7. 底火触发器
8. 提手
9. 外壳
10. 雷体

英国 MK Ⅰ 型弹片杀伤地雷。摘自《全军种野战工兵：诡雷陷阱》(Field Engineering All Arms: Booby Traps，1941 年发布)。

美军突破雷区的战术有点像渡河作战，需要先让一队步兵建立一个桥头堡阵地，再掩护其他部队开辟出一条可供车辆通行的小路。由于敌方一般都会在雷区附近设置观察哨和巡逻队，以密切监视雷区动向，并且会不断用火力掩护雷区，以避免其遭到破坏，所以部队在开辟雷区通道的时候几乎都会遇到抵抗。因此，扫雷行动经常会在夜间进行，并需要得到己方重炮的火力掩护。

　　在策划突破雷区的计划时，有几种战术因素需要考虑。其中速度尤为重要，它能确保当步兵在雷区建立桥头堡时，能及时得到友军坦克和其他支援武器的增援。而月光、雾气和部队主动制造的烟雾等条件，也能让攻方处于有利地位。事先在战线后方进行战术演习虽然会浪费一些时间，但却可以改善各部队的战术配合。良好的通信和交通管制能确保开辟后的道路得到最佳运用。

步兵连和步兵营的反坦克战术，1939—1942 年

士兵和坦克的力量经常此消彼长，这一点对步兵战术影响极大。随着坦克和步兵武器的不断改进，双方的力量平衡多次发生重大变化。一般而言，装甲兵在不同地理环境下发起进攻的威力和速度，主要取决于守卫部队的抵抗力度。在二战初期，步兵的主要反坦克武器是反坦克枪。德军最先在 1918 年将这种武器投入实战，而在二战爆发时，反坦克枪已在各国部队中广泛装备。

在 1939 年至 1942 年组建的德军部队中，几乎每个排都配有一支反坦克枪。于 1943 年出版的《团级军官用德国军队手册》中记载，德军装备的反坦克枪被一直使用到 1943 年 8 月底。39 型反坦克枪（Pzb39）是德军最常用的枪型。此外，德军还装备了一些较老的 38 型反坦克枪，以及缴获的波兰产反坦克枪。据估计，在 1940 年，共有约 10000 支反坦克枪在德军中服役。虽然波兰产反坦克枪配有一个 10 发弹匣，但它仍是一种单发武器。与波兰产反坦克枪相比，德制反坦克枪的穿甲性能要更胜一筹——在 300 米距离上的最大穿甲厚度为 25 毫米（实际的穿甲厚度取决于弹头的入射角度）。1941 年版的《步兵训练大纲》中记载，德军一个反坦克枪小组由两名士兵组成，一号组员为射手，负责携带反坦克枪和相关装备（包括一套枪械保养工具和一支用于自卫的手枪），二号组员是副射手，携带一支步枪和反坦克枪的弹药（副射手的任务是观测射击目标和弹着情况）。这两人都随身携带有折叠式掘壕工具，他们腰带上的专用弹夹包可容纳 40 发反坦克枪子弹。在战争末期，许多德军反坦克枪都因为"无用武之地"而被改装成了枪榴弹发射器。

英军的反坦克枪是口径为 0.55 英寸的"博伊斯"反坦克枪。这款反坦克枪最初的代号为"支柱"（Stanchion），当其一位主要设计师——博伊斯上尉去世后，就以他的名字来命名了。根据常规编制，每个排应装备一支"博伊斯"反坦克枪，而 1941 年 9 月的"作战装备编制表"则允许每个步兵营装备 25 支此型反坦克枪。其中，每个步兵连 3 支，有 13 支则被分别配属给营部、载具排和其他辅助部队。"博伊斯"反坦克枪配有一个五发弹夹，还有一个缓冲器（可吸收射击时产生的巨大后坐力），能在 450 米左右的距离上击穿 20 毫米厚的装甲，所以随着反坦克枪的发展，它还算一件称手的武器。该枪的自重达 16.3 千克左右——这个重量在反坦

克枪中很平常，只有德军的39型反坦克枪比它略轻。虽然一名士兵也能单独携带这种武器徒步行走一段较短的距离，但大多数时候该枪都是由两人协力搬运的。1939年版的《反坦克枪》(Anti-Tank Rifle)手册建议，在通常情况下，应使用步兵排的卡车来运输该武器。反坦克枪射手平时的训练工作主要侧重于如何从固定发射阵地命中运动目标——射手应尽量选择坦克行动受限的时候开火。射手们被教导要瞄准装甲车辆成员所在的位置开火，不过很多训练方法在实战中被发现根本不切实际。英军在1941年10月发布的《陆军训练备忘录》中强烈建议，反坦克枪射手应绘制出德军坦克的侧面图，并标出其薄弱点，然后将此图挂在标靶上。但这种训练建议非常适合"在当地小酒馆（英国国民军成员经常在此出没）里"传播，就连英军此时也已意识到"博伊斯"反坦克枪的问题，正如这份《陆军训练备忘录》所说的那样：

这款反坦克枪提供了一种对抗敌军轻型装甲战斗车辆的有效手段。它的子弹可以在415米内击穿敌军装甲、杀伤车内成员。不过，该反坦克枪很难重创车辆本身。一名训练有素的士兵能够在一分钟内发射九发反坦克枪弹。它实际是一种偷袭武器……

随着坦克防护性能的提升，很快，连这种有限的期望也化为了泡影，古德里安早在1937年出版的《注意，坦克！》(Achtung Panzer!)一书中就预见到了这个结果。德军在20世纪30年代中期装备的主力坦克——也就是一号坦克——最大装甲厚度只有13毫米。但到了1942年，四号坦克和M4"谢尔曼"坦克的装甲厚度已经超过了90毫米。① 反坦克枪的发展不但受到战术和人员的制约，技术上也遇到了难以逾越的障碍：反坦克枪的威力主要取决于它的穿甲性能和枪口初速，它在单位时间内的"弹药投送量"还不如步枪。反坦克枪本身是一件防御武器，要提高其作战威力必然导致携带不便。因此，反坦克枪的战场地位自然也变得越来越尴尬。

---

① 译者注：原文如此，此处有误。1942年时，德军四号坦克的最大装甲厚度只有80毫米，而"谢尔曼"坦克只有炮盾部分的装甲厚度超过了90毫米。

因此，在实际的战斗中，反坦克枪的表现往往是"有心栽花花不开，无心插柳柳成荫"。这一点在下面那段取材自东兰开夏团第1营（1st East Lancashire Regiment）战史的滑稽剧中就有所体现。这一战斗发生在1940年5月20日黎明时分，是该营首次与德军接触：

……一支德军巡逻队逼近了D连。敌军在损失三人后撤出了战斗。上午晚些时候，一名敌军在光天化日之下，跑到B连对面的运河堤坝上，大声向我们喊道："希特勒万岁，你们这些民主国家的家伙！"我们之中有人立刻回应道："滚远点，你这个呆头呆脑的疯子！"这名敌军随后被两挺布伦式机枪和一支反坦克枪合力干掉了。此后不久，我们看到一辆敌军轿车从一条小路上驶出，向堤坝行驶，它后面还跟着传令兵的摩托车，摩托后座上还有一个人……驻守英军待敌人进入射程之后，才开火射击，布伦式机枪和反坦克枪的子弹击毙了摩托车驾驶员、摩托后座上的士兵，以及汽车上的四名德军……在A连对面的堤坝上有一个装满油料的大型储油罐。我军尝试用反坦克枪摧毁这个油罐，但没有成功。最后还是一枚敌军的榴弹炮弹或迫击炮炮弹炸毁了这个油罐。爆炸产生了一股浓烟……第二天一早，敌人就开始行动了。B连用反坦克步枪击毁了两辆德军轻型坦克和两辆装甲车辆。A连还打爆了一辆弹药运输车。

英国和1940年本土面临的入侵的危机

1940年8月，敦刻尔克大撤退后，英军向驻守在英吉利海峡沿岸的所有步兵部队下发了《坦克猎歼与摧毁》（*Tank Hunting and Destruction*）手册。该手册充分反映了坦克和步兵力量的此消彼长（这是一个变化迅速和剧烈的过程），其内容旨在帮助"有决心和勇气与坦克近距离搏斗的官兵"，使其能对付拥有绝对装甲优势之敌。虽然该手册极力试图突出"光明的一面"，但其内容却足以让人胆寒：

我们必须将猎杀坦克的战斗看作是一项运动——一场"狩猎大型动物"的运动。这项惊心动魄的运动虽然极度危险，甚至不亚于赤手空拳地击杀一只猛虎，但只要方法得当，也不是不可能完成的事情——前提是严格遵循与猎虎差不多的行动原则和伏击方法。

执行"猎杀坦克"任务的官兵必须拥有一往无前的精神和足够的胆量。此外，他们还要充分发挥近距离突击的优势（借鉴自西班牙内战期间的实战经验）。作为一名曾在"国际纵队"中担任营长的老兵，汤姆·温特林厄姆认为："在面对坦克时，最危险的距离是 180 米左右，而最安全的距离是 15 厘米左右……"

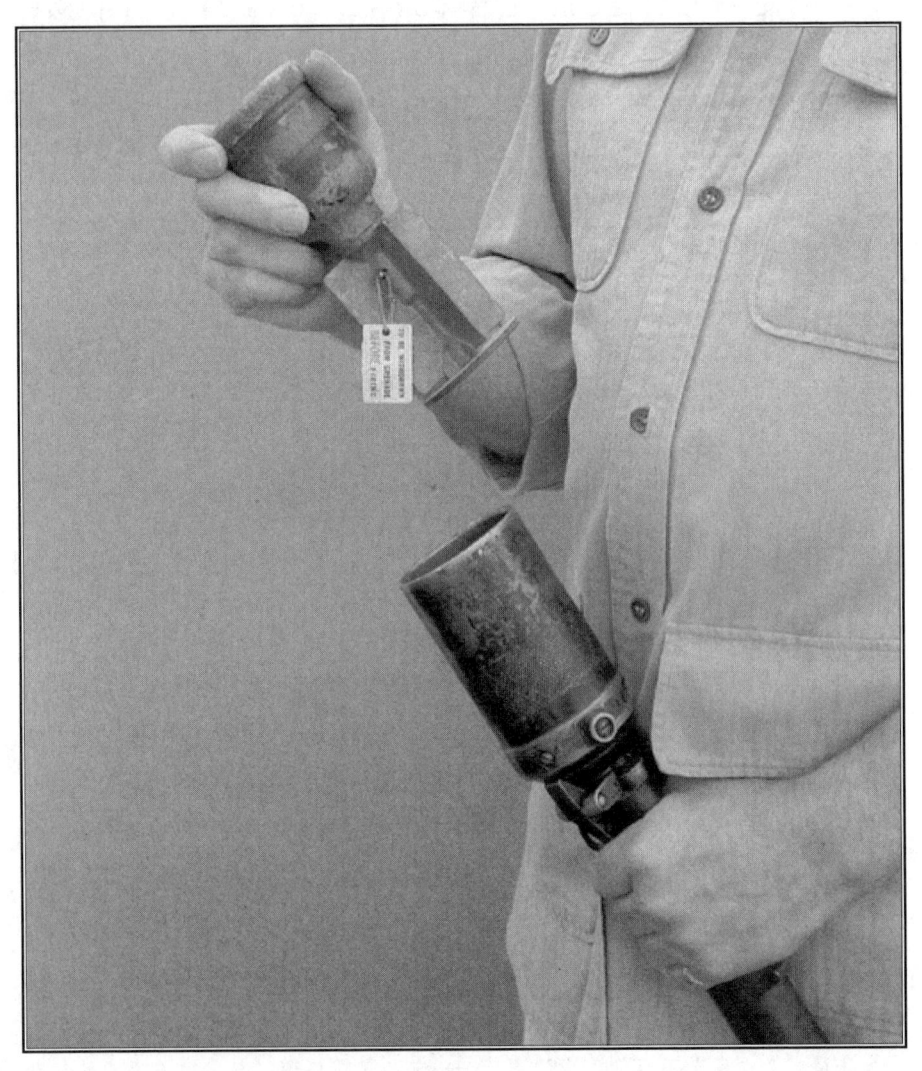

68 号反坦克榴弹，可通过步枪口上加装的杯形枪榴弹发射器投射。68 号反坦克榴弹的弹体上挂着一个锡制标签，提醒使用者在将带十字尾翼的弹体底部插入发射器之前，应先取下安全销。

"黏性炸弹"——74号反坦克手榴弹。这是一个被回收的74号反坦克手榴弹,在其玻璃球体上仍有残留的黏合剂涂层,只不过现在这些黏合剂已完全变干了。

　　为更好地与敌坦克周旋,坦克猎手应尽量利用坦克的弱点,例如:视野和射界有限;发动机燃料可能耗尽,且容易燃烧;履带、排气管和观察孔都很脆弱;坦克兵需要食物和睡眠,并且都喜欢在行进中敞开舱盖。在执行反坦克任务时,士兵需要运用一切现有手段，例如：用轻武器在近距离水平扫射敌方坦克的观察孔；将点燃的"莫洛托夫鸡尾酒"（一种装满汽油和焦油等易燃物的燃烧瓶）投向坦克的进气口和排气管，以便燃烧的液体流入或被吸入坦克的机械管路，从而使其内部环境变得让人"难以忍受"，甚至起火燃烧；用高抛法或从窗户中投掷燃烧瓶，可取得比直接用力投掷更好的效果。一次投掷成功后，继续向该位置投掷的其他燃烧瓶可以不用点燃，因为它们在碎裂后会自动燃烧。值得一提的是，磷弹的攻击效果更为出色，因为磷这种物质本身就十分易燃，并会在燃烧的同时喷出滚滚浓烟（其原本的用途就是发烟），而且在磷烧尽之前火焰几乎无法被扑灭。

"黏性炸弹"，又称"ST型手榴弹"（74号反坦克手榴弹），是一种只有勇敢者才会使用的武器。这种炸弹形似一个玻璃瓶（里边装有1磅重的硝化甘油炸药），其表面覆盖着一层棕色黏性混合物，可以让炸弹粘贴在坦克装甲上。士兵在使用"黏性炸弹"时，必须先将其表面的金属保护壳拆下，然后再拉掉保险环。最后只要松开握柄，炸弹就将在五秒钟后爆炸。在使用这种"自杀性武器"时，为确保攻击效果，士兵需要用力将它顶到坦克或装甲车的钢板上，以"确保玻璃瓶被撞碎，同时让黏性炸弹与钢板的接触面积尽可能大"。如果想要提高生还率，士兵可以从楼上或路边的灌木丛中（最好有烟雾的掩护）向目标投掷黏性炸弹。虽然这种黏性炸弹早在1940年就已问世，并持续生产到1943年，但英军军械委员会（Ordnance Board）从未认可过该武器，并将其中的大多数都提供给了法国地下抵抗组织。

此外，英军还有一种没那么危险的反坦克武器——73号反坦克手榴弹，又被称作"热水瓶炸弹"（这个昵称源自其尺寸和外形）。这种炸弹内装有3磅重的炸药，由69号雷管引爆。在被投掷出去后，73号反坦克手榴弹上面的保险销会被一根带有配重的带子拉掉。这种手榴弹最适合被用来攻击坦克的履带，当其在坦克的前诱导轮与履带连接处爆炸时，破坏效果最为明显——此时坦克的履带会迅速从轮子上"掉落"，导致坦克瘫痪。这时，坦克内的车组成员将被迫冒着枪林弹雨从事抢修工作。

在近距离对抗坦克时，在路旁部署的绳索拉发式反坦克地雷、"马斯登"（Marsden）、火焰喷射器，以及"诺斯欧文"（Northover）投射器都很有效。在手头没有喷火武器时，士兵可以在路边的沟渠中灌满汽油并点燃。如果其他方法都没有奏效，坦克猎手们也可以趁坦克缓慢行驶时，在其主动轮和履带间塞入铁棍或木棍，以卡住履带的方式迫使坦克停止前进。当坦克停止行驶后，由于其内部空间十分局促，通常只需将一枚 36 号"米尔斯"（No.36 Mills）卵形手雷投入坦克舱盖，就可以杀死坦克内的所有车组成员。为尽量扩大应急反坦克措施的战果，英军在 1940 年要求坦克猎手以小组或排为单位展开行动，并在攻击时封锁目标坦克前后的道路。不负责执行抵近攻击任务的士兵将充当诱饵，狙击敌方坦克车组成员和伴随步兵，或者负责瞭望敌情。

我们可以从 1941 年 8 月发布的英军《反坦克武器》手册中了解到，英军使用的反坦克武器在过去几年中的变化其实并不大，英军主要的反坦克武器仍然是反坦克手榴弹和反坦克枪。该手册告诫士兵在使用反坦克枪时距离目标不要超过 100 米，并且射击履带也不一定会有明显的效果。至于如何对付德军的重型坦克，该手册的建议只有一条："专门对坦克的薄弱点发起攻击，特别是对其炮塔、车体及炮盾的连接部位开火，或者是往坦克的活动部位的接缝处塞入阻碍物，以卡住其活动机构。"当时，68 号反坦克枪榴弹已广泛在英军中列装，英军称其是世界上第一种空心装药反坦克武器。这种枪榴弹于 1940 年 5 月投入生产，有一个与迫击炮炮弹类似的尾翼，其发射工具为标准型杯形枪榴弹发射器。英国人在 1942 年出版的一份武器手册中称，这种枪榴弹的射程在 45 米至 78 米之间，在对付坦克较薄的后装甲时"效果显著"——要做到这一点，必须先让敌军坦克从面前驶过。换言之，这种武器的实际用途远没有英军最初宣称的那样广泛。

东线德军

英国并非唯一热衷于研究单兵简易反坦克武器的国家。早在 1936 年 5 月，德国就发布了一份标题为"步兵武器反坦克战术大全"（Guidelines for Anti-Tank Warfare all Weapons）的文件，该文件认为"必须立即着手研究"如何应对敌军的装甲车辆。但直到 1941 年入侵苏联后，德军才真正开始全面研究步兵反坦克战术。1942 年，德军在《反坦克防御战术》（Anti-Tank Defense）手册中，列举了大量作用不一的反坦克手段。

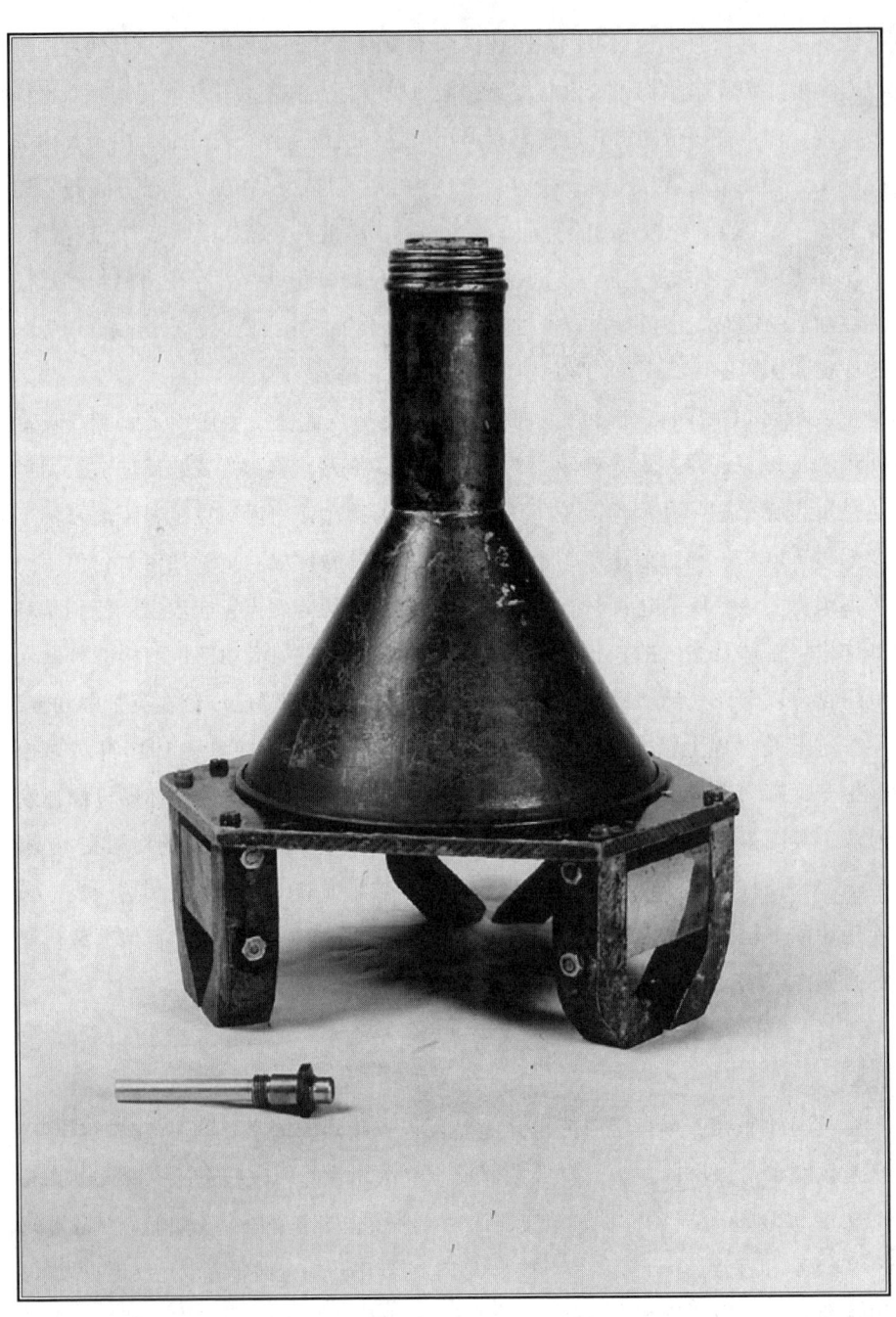

德制 3 千克磁性吸附雷。这种武器带有磁性底座，需要使用者手动将其贴在坦克的装甲上。照片前景处是一根插入式引信。这种步兵反坦克武器与英制"黏性炸弹"有着类似之处，光看使用说明，就会让人不寒而栗。

一名全副武装的英国 PIAT 射手——其总携行重量（含制服和装具）高达 36 千克。尽管这种武器配有背带，但将 PIAT 扛在肩上还是更舒服些。当该武器处于待击发状态但未装弹时，射手需用软木塞住发射管口，以防止雨水进入。有趣的是，我们可以隐约在他的小背包和卷起的防毒斗篷之间，看到一枚 75 号手榴弹（75 号霍金斯手雷，该手雷的外形类似盛放滑石粉的锡罐）——这是一种用途广泛且相对安全的武器，非常适合用于炸断坦克和装甲车辆的履带。美国陆军也采用了这种武器。（帝国战争博物馆供图）

德军的反坦克战术理论分为两个主要类别：一类是使敌军坦克"失明"或陷入混乱，另一类则是彻底摧毁敌军坦克。烟雾、燃烧弹和闪光弹很容易让敌军的坦克手失去方向感。在迫不得已时，士兵还可以使用油漆、毯子或帆布帐篷遮住敌军坦克的观察孔。上述战术还有一个"巧妙的变种"，就是将两枚发烟手榴弹系在一起，再把它们抛向坦克——"它们会像南美洲牛仔使用的套牛绳一样，缠绕在坦克炮管上"。

对敌军坦克威胁更大的简易攻击手段，是使用"莫洛托夫鸡尾酒"、地雷或炸药。碟形反坦克地雷（Teller-Mine）是公认的反坦克利器，它可以击穿厚达100毫米的装甲板。除了将这种地雷埋在雷区中等待猎物上钩外，德国步兵还会主动出击，将它抛向敌军坦克的履带，或者将它放在敌军坦克车体尾部的舱盖上，又或者将几枚地雷固定在一根横木或木板上之后，横放在敌军坦克的必经之路上。至于其他的变通方法还有：将爆炸物塞入敌军坦克的炮管中；将数个长柄手榴弹的战斗部绑在一起组成"集束炸药"（集束手榴弹）；使用绑着发烟手榴弹的汽油罐——发烟手榴弹的作用是在撞击到目标的同时引燃汽油。

除上述方法，德国还研制出了许多专用于近距离对抗坦克的特种榴弹和炸药。其中，采用空心装药的反坦克枪榴弹在1939—1943年特别盛行。德制枪榴弹发射系统分为套管形和杯形两种，前者在使用时需要将枪榴弹插在一个突刺上。最先出现在战场上的，是一种口径为30毫米的枪榴弹发射器，其配套的枪榴弹的穿甲厚度只有30毫米，对敌军坦克的攻击力很有限。后来出现的杯形枪榴弹发射器的威力更大，其配备的枪榴弹弹头为椭圆形。然而，即便是在最理想的情况下，它们也只能击穿100毫米厚的装甲板，而最大有效射程则只有80米。德国在二战期间生产了数百万枚反坦克枪榴弹，并在1945年试图研制一种火箭助推枪榴弹。德国人甚至还研发了一种可以用信号枪发射的空心装药枪榴弹，但其反坦克效果比不上步枪用枪榴弹。

此外，还有一种杀伤力更强，但使用风险也更大的武器——采用空心装药的磁性吸附雷（Hafthohlladung）。其中，威力最大的一种型号的最大穿甲厚度为180毫米，足以摧毁当时盟军的任何一种现役坦克。该武器于1942年正式投产，并一直生产到1944年。在使用这种武器时，反坦克手必须先在圆锥形弹体的顶部插上一根雷管，并去掉弹体底部磁性装置上的保护片。接下来才是真正考验反坦克手水平的环节，即如何尽可能靠近目标坦克，并徒手将磁性吸附雷放置在坦克的钢板上。此时，反坦克手通常有两个选择：潜伏在敌军坦克可能通过的灌木丛中，或者借助地形的掩护悄悄靠近目标。但无论选择哪种方法，其风险都异常巨大，因为反坦克手必须亲自将磁性吸附雷安放到位并拉掉引信，然后再利用7.5秒的引爆延迟时间跑开。

事后来看，美国陆军还是很幸运的：既没有列装过反坦克枪，也没有被迫操练各种看起来就不太靠谱的战术（如使用简易爆炸物攻击坦克）。1941年，美国人直接开始使用步枪发射反坦克枪榴弹——空心装药的M9型反坦克枪榴弹，及其后续型号M9A1反坦克枪榴弹。这类反坦克枪榴弹一般由副班长使用加兰德步枪来发射，是一种射程相对较短的武器，其最大穿甲厚度约为60毫米。相关的使用手册建议，在针对普通车辆时，这类反坦克枪榴弹的有效射程为75米（如果采用高仰角发射法，还可以攻击260米远的人员目标）。而且，这种武器最多只适合被用来打击中型坦克。在实战中，如果足够幸运的话，它也许能够从正面击毁德军坦克。当然，最好的做法还是先让坦克从旁边驶过，待它露出脆弱的侧面和尾部时再动手。显然，这需要反坦克手具备足够的勇气和运气。所以毫不奇怪，实战中很少有人能成功做到这一点。

步兵连和步兵营的反坦克战术，1943—1945年

到了二战中期，步兵和坦克的力量对比开始朝有利于步兵的方向发展。可以说，德国人的进展最快，而英国人的进展最慢。这就产生了严重的后果，因为这极大地坚定了德国步兵对抗坦克的信心，哪怕德国的坦克很少——对于在1943—1945年间基本处于守势的德国国防军来说，这已经成为一种常态。反过来看，这又使得美军和英军的坦克兵比战争早期的德军坦克兵更加谨慎。在近战环境中，反坦克武器的效能将成倍增加。曾在诺曼底树篱地区（附近有大量田埂和浓密的树篱）作战的美国第2装甲师对此深有体会，该师发布的一份战后观察报告称：

PIAT射手已做好开火准备。PIAT的弹头周围绘有一个红色圆环，表明其中"填充有炸药"（圆环下部标注了炸药种类）。一号射手必须先把肩托牢牢抵在肩膀上，再用力扣动扳机。如果发射时握持得够稳，可借助后坐力自动压紧弹簧。当弹簧被松开时整件武器会突然向前冲，然后在发射药点火时又会重新后坐。PIAT的使用流程比较复杂，操作者需要掌握足够的技巧。（帝国战争博物馆供图）

每一片树篱对我军坦克而言，都是一个可怕的障碍，它为敌方的狂热分子提供了理想的掩护和隐蔽。在许多情况下，小股敌人会离开树篱的掩护，用手榴弹和反坦克火箭弹攻击我方前进中的坦克。这类反击令我们的支援步兵难以招架，并使我军的坦克消耗了巨量的轻武器弹药。

英国：PIAT 和反坦克伏击

很多武器曾被盟军寄予厚望，英国的 PIAT 就是其中之一。这款武器由英国皇家炮兵上校[①]布莱克（Blacker）研制，原型是其之前开发的"杆式迫击炮"或"布莱克臼炮"（Blacker Bombard）。1942 年，PIAT 获得英国军方的批准，被正式列装部队。这种武器的弹药没什么问题，但它的发射方式却存在较大的缺陷。

PIAT 的主体是一个圆筒，里面装有一个巨大的弹簧——发射时可以将击针杆向前推出。PIAT 的其他组件包括一个 T 形托把、一个握把和扳机总成，以及一个装载弹药的半圆柱形凹槽（下方还有一根支柱）。PIAT 的重量约为 14.5 千克，仅比大多数反坦克枪略轻——要想在保持自身隐蔽的情况下使这头猛兽进入待发状态，射手"必须同时拥有重量级摔跤手的体格和杂技演员的技巧"。1943 年 6 月出版的《步兵反坦克发射器指南》（Projector, Infantry, Anti-Tank）训练手册详细解释了它的待发过程：

……仰躺在地面上，将发射器放在胸口，使弹药支架（发射槽）指向一侧肩膀，并将发射器的肩托部分平放在地面上。尽量使前支架不要接触到身体和手臂，两脚踩住肩托，分别位于外壳两侧……用一只手从下面牢牢抓住扳机护圈，用另一只手紧握住发射器便于借力的其他部分……转为坐姿，根据掩体空间，必要时可屈膝……将外壳从抵肩部分上拉开，并逆时针转动它，直到转不动为止。然后，手脚同时发力向相反方向拉扯，以这种方式不断地拉起外壳，直到听到"咔哒"一声……克服主弹簧的阻力十分费劲，传来"咔哒"声意味着发射器已进入待发状态。

[①] 译者注：原文如此，此处有误，应为中校。

1944年8月2日，在空间局促的诺曼底地区的树篱之间，一名美国步兵正在使用2.36英寸火箭筒（它就是后来大名鼎鼎的巴祖卡火箭筒）瞄准目标。为完成开火准备，装填手须从一个帆布袋（可装三发火箭弹）中取出一枚装在纸板包装筒中的火箭弹，并从火箭弹尾部解开一根连接线。然后，他要按住发射筒顶部的插销，将火箭弹装进发射筒尾部，同时还要握住连接线较为松动的一端，把它绕在发射筒的电接触片上。最后，装填手需要移动到一边避免被尾焰波及，并轻敲一号射手的头盔，示意他"弹药装填完毕"。（美国国家档案馆供图）

也就是说，PIAT的1号射手将利用腿部力量来不断拉动武器外壳，以扳紧弹簧，使武器进入待击发状态。然后，他会把肩托抵在肩膀上。此时，2号射手会把一个安装好引信的弹头放入发射槽中。1号射手扣动扳机后，击针杆将撞向弹头尾部，并引爆里面的底火推进剂，将空心装药的战斗部抛射出去。同时，重新压紧弹簧（理论上是这样的，但并非总能如此）。整个发射过程就像使用弩箭一样，但是会发出巨大声响。因此有人建议，1号射手应当用脱脂棉或清洁步枪用的法兰绒塞住自己的耳朵。

PIAT的弹头装药量为2.5磅，口径为3.5英寸，其75毫米的穿甲深度可以说是相当不错了。而且，PIAT也确实取得了很多战果——曾成功击毁或打趴了多辆重型坦克，其中就有"虎式"坦克。有时候，一个PIAT发射组甚至可以在短时间内连续摧毁多个目标。但是这些战果得来并不容易，因为PIAT的有效射程只有大约 100 米。二战期间，曾有不止一位 PIAT 射手获得了维多利亚十字勋章。有意思的是，"PIAT 最显赫的成功却是在扮演次要角色时立下的"——在巷战中充当"破门者"。此外，该武器可以在高仰角和低仰角状态下发射，最远能打击 350 米外的敌军建筑和掩体。

理论上，每个步兵连均配有三具 PIAT，即每个排拥有一具。一个 PIAT 操作组通常由两人组成，即一名射击手和一名装弹手。PIAT 的针对性训练主要侧重于在狭窄的堑壕中向敌人开火——尤其强调突然性和隐蔽性，以及士兵应尽可能地朝敌方坦克的侧面和尾部射击。PIAT 的弹药装在一种三联式包装筒（与 76.2 毫米迫击炮炮弹的弹药箱很相似）中。PIAT 的发射器本身不太容易携带，但士兵"可以在压紧弹簧但未上弹的情况下将其斜挎在背后"，也有不少人喜欢将其扛在肩上。

英国人在《步兵训练》（1944 年）中简单介绍了一个方案，即利用训练有素的步兵组建"坦克猎歼队"，最好是每一个步兵连都能下辖一个这样的"狩猎排"。《步兵训练》认为，坦克猎歼队应主要负责执行精心策划的伏击：

……不要犯这样的基本错误：总是把坦克陷阱设在 S 形弯道或洼地中。敌人早就学会了避开这些地方。把你的陷阱设在一段略有弯度的道路上，道路两旁最好只有少量的掩护（如房屋、墙壁、河岸或一排树木），要让敌军撤离困难但又并非完全不可能撤离。

在设伏时，英军经常会建立一个观察点和若干"阻截点"。在设伏期间，可以不必让整支队伍都处在警戒和等待状态。相反，还可以让一部分成员在附近休息。当发现敌人时，士兵可以通过哨声来召唤不在场的战友——敌人在引擎轰鸣的嘈杂环境中是听不到这种哨声的。

伏击的最好方法是干掉纵队中的头三辆车（坦克）。不过，这需要在沿途设立三个"阻截点"，而且每一个"阻截点"都应配备一些反坦克地雷或 75 号手榴弹，还要用绳子把它们串起来，存放在路边的洞里。为确定这些爆炸物的确切布置地点，部队须从驾驶员的角度来观察路面情况，并根据战术队形来判断敌军坦克的相对位置。例如，敌军纵队的头一辆坦克在离弯道近侧 50 米远的地方，那么下一辆坦克的位置很可能就会在弯道上。由于在受到攻击时，训练有素的驾驶员必然会尽力驶离道路，因此英军在设伏时会选择坦克难以驶离的地点，并运用反坦克地雷"加大此敌人撤离的难度"。

如时间允许，伏击方应在离道路稍远，而且坦克看不到的地方挖好战壕。因为敌军坦克一旦受到攻击，就会立刻用火力扫射路边的沟渠。由于伏击会引发极大的混乱，并造成浓厚的烟雾，所以伏击方的所有士兵都应待在道路的同一侧，以免误伤战友。当然，这样的安排"也有助于伏击方快速逃离"。指挥官应该在事先决定并明确判断是否要忽略轻型侦察车辆或前导警卫车辆。如果他决定只攻击坦克，那么他就必须部署额外的武器来对付"其他先被放过的敌人"——因为伏击开始时，他们可能会回过头来干扰伏击行动。

这些美国大兵正在查看一具缴获的德制"战车噩梦"火箭筒（口径为 88 毫米）。与美军装备的火箭筒相比，"战车噩梦"的口径更大，威力更大，开火时产生的尾焰也更危险。该火箭筒的早期生产型没有配备面部护盾，射手只能自行佩戴防毒面具来避免被尾焰烧伤。在非机动化部队中，"战车噩梦"通常由 If8 步兵推车来负责运输，一辆车最多可装 6 个发射器和 30 枚弹药。在 1945 年的两营制国民掷弹兵团中，一个独立的反坦克连可配备多达 72 具该型火箭筒。（美国国家档案馆）

在实际的伏击战中,"团队合作极为重要"。部队需要在敌军纵队的中间引爆横放在路上的成串的地雷。然后,PIAT 随之开火,2 英寸迫击炮也开始朝侧翼上风位置施放烟雾,部分士兵在烟雾的掩护下冲出去,朝着敌军坦克的通风口和其他薄弱点投掷手榴弹和燃烧弹。其余的人员则从掩蔽处开火,射击出现在眼前的任何步兵或坦克。按计划,整个行动就是一场仅持续两到三分钟的闪电攻势,伏击方不会留在原地逗留观察战果,而是要马上赶到集合点——这里的交通工具会将他们接走。

美国:巴祖卡火箭筒

与 PIAT 相比,1942 年入役的美制 2.36 英寸巴祖卡火箭筒,算得上是一件真正的革命性武器。它的重量只有 6 千克左右,有一个结构简单、可发射多种弹药、具备再装填能力的发射筒,其发射的火箭弹(重约 1.54 千克)能够穿透 100 毫米厚的装甲板。这种火箭筒设计上的绝妙之处在于,它将几种现成的设计元素妥善组合在了一起,这些元素包括:几乎没有后坐力的开放式发射筒、自带推进剂的火箭弹,以及空心装药穿甲弹头。到 1943 年,这种火箭筒被普遍配发给了几乎所有美国步兵编队,到二战后期,甚至连团属加农炮连这样的步兵支援单位也接收了这种武器,以用于近距离防御。正如美军在 1944 年发布的《加农炮连手册》中描述的那样:

……配发的火箭筒和高爆火箭弹的主要打击目标,是在极近距离威胁到我方步兵的敌军坦克和其他装甲车辆……次要攻击目标是敌军的班组武器、掩体、碉堡和人员集群……必须节省使用弹药,以便对付主要打击目标……

火箭筒的配发标准通常是连部一具、每个排一具。应利用部队建制内的车辆来运输火箭筒。

为了进行有效装填和再装填,一个巴祖卡火箭筒发射小组通常由两名操作手组成。不过,通常会安排四个人接受一具发射筒的开火训练。此外,部队还会提供一枚练习用火箭弹,以帮助射手了解该武器的机械使用原理,掌握提前量预估技巧和开火技术,以及提高射术。

(火箭筒)可以采取卧姿、站姿、坐姿或跪姿进行发射,也可以从散兵坑和坑洞型工事中发射……这种火箭筒的最大射程为约 594 米,在打击约 274 米外的移动目标时仍相当准确。为达到突然性,在打击移动目标时应尽量找到最佳时机……在进攻战和防御战中，部队都应认真勘察敌军装甲车辆可能的进军路径，如条件允许，还应尽快选择和构筑火箭筒小组的发射阵地。

早期型的巴祖卡火箭筒采用了一根单独的固定式发射管——虽然很轻，但还是不太便于在有限的空间里携带或存放。这个问题很快在后续的 M9 型中得到了解决，该型号的火箭筒采用了一根更长的、可伸缩的两节式发射管。巴祖卡火箭筒和大多数无后坐力反坦克发射器一样，都存在一个固有的问题——尾焰的温度很高。装弹手必须在巴祖卡火箭筒开火时远离发射管的尾部。此外，尾焰还会扬起大量的灰尘和树叶，从而彻底暴露发射人员。如果不管不顾地在封闭空间里开火（比如在房子里或战壕里），可能会带来灾难性的后果。

尽管巴祖卡火箭筒的穿深还不错，但它还是对五号"黑豹"坦克和六号"虎式"坦克的正面装甲无能为力——如果射手想要攻击坦克脆弱的侧面和后面，就需要足够的技巧、运气和勇气了。美国第 1 步兵师的撒迪厄斯·隆巴尔斯基（Thaddeus Lombarski）中士是这样描述他在阿登的遭遇的：

我们在一片树林中走了一半的路程时，决定看看外面道路上的情况。我们发现一辆德国坦克停在那里。我们绕到那辆坦克的后面——这是一个非常完美的射击位置，整个坦克的尾部完全暴露在我们的枪口之下。这样的机会太少有了。于是我回去叫上我的巴祖卡火箭筒射手，一起摸了过去。他开火了，但没有打中。那辆坦克掉过头来朝我们射击。它杀死了我的巴祖卡火箭筒射手，但没有击中我。

德国："战车噩梦"和"铁拳"

德国的"战车噩梦"（正式的德语名称为 Raketen Panzerbuchse）于 1943 年首次被投入使用。它的设计灵感正是来源于德军在苏德战场上缴获的巴祖卡火箭筒（美国曾在 1942 年向苏联提供过该武器）[①]——德军在巴祖卡火箭筒的基础上，进行了大量改进。"战车噩梦"的口径为 88 毫米，与其匹配的火箭弹重约 3.18 千克（可

---

① 译者注：有一种说法是，德军是在北非的突尼斯战场缴获的巴祖卡火箭筒。

以在150米的距离上击穿100毫米厚的装甲)。1944年时,德军要求为每个反坦克步兵连配备36具"战车噩梦",外加3门75毫米牵引式反坦克炮。此外,国民掷弹兵团的第14连(反坦克连)通常也会配备72具"战车噩梦"。到1944年7月时,这种武器的总产量已超过了33万具。这是一种备受欢迎,而且实战效果出色的武器。不过,它发射时产生的尾焰还是相当危险的。基于这个原因,德军为它加装了一个护盾——这对于后期型的巴祖卡火箭筒来说则完全没有必要。

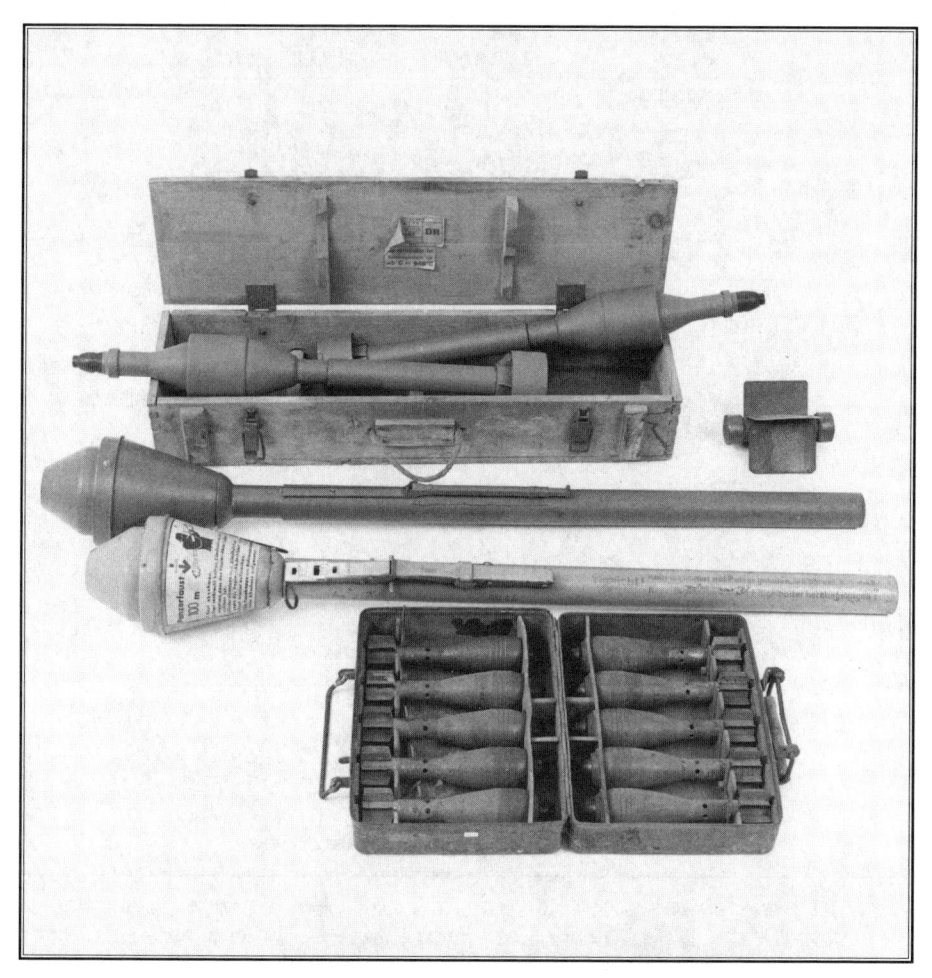

最上方是"战车噩梦"的88毫米空心装药火箭弹;中间是"铁拳30"(上)和"铁拳100"(下)——数字代表了该武器的建议开火距离,单位为米;最下方是一个装有10枚50毫米迫击炮炮弹的手提箱。

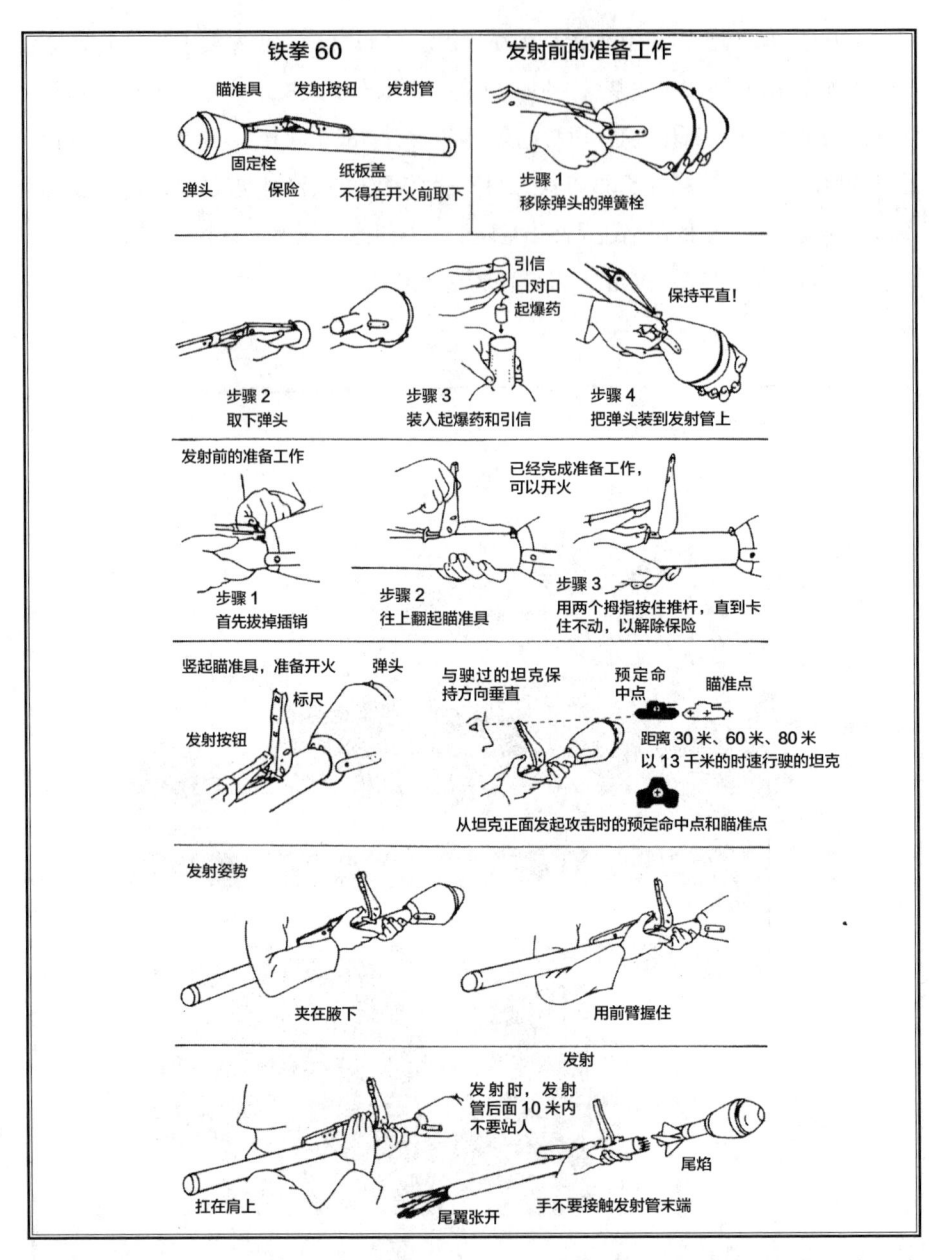

铁拳 60	发射前的准备工作
瞄准具　发射按钮　发射管 固定栓　　保险　　纸板盖 弹头　　　　　　不得在开火前取下	步骤 1 移除弹头的弹簧栓

步骤 2 取下弹头	步骤 3 装入起爆药和引信 （引信口对口起爆药）	步骤 4 把弹头装到发射管上 保持平直！

发射前的准备工作

步骤 1 首先拔掉插销	步骤 2 往上翻起瞄准具	已经完成准备工作，可以开火 步骤 3 用两个拇指按住推杆，直到卡住不动，以解除保险

竖起瞄准具，准备开火

发射按钮　标尺　　　　　弹头

与驶过的坦克保持方向垂直

预定命中点　　瞄准点

距离 30 米、60 米、80 米
以 13 千米的时速行驶的坦克

从坦克正面发起攻击时的预定命中点和瞄准点

发射姿势

夹在腋下	用前臂握住

发射

发射时，发射管后面 10 米内不要站人

扛在肩上　　尾翼张开　　手不要接触发射管末端　　尾焰

这张图片介绍了"铁拳"的使用方法。首先，使用者需插入弹头。然后，他要将简易的觇孔式瞄准具往上翻，从而露出发射按钮。接下来，他要根据具体射程，选择一个瞄准孔（共三个），并将其与弹头边缘上的凹状准星、目标的中心，以三点一线的方式对齐；如果目标正在移动，瞄准时预留一定的提前量。最后，使用者必须把发射按钮按到底，以发射榴弹。弹头离开发射管后，其带弹簧的尾翼会自动展开。士兵可以将"铁拳"扛在肩上、夹在腋下或臂弯处发射。此外，这张图片还告诫使用者，一定要远离危险的尾焰。

1945年4月,第11装甲师法夫和弗福尔义勇骑兵团(Fife & Forfar Yeomanry)的一名英国士兵正在看守两名德国俘虏。这两名稚气未脱的德军士兵,来自一个骑自行车作战的"铁拳"攻击小组,他们是在英军渡过威悉河后被俘的。请注意,这个英国士兵手上拿着斯登冲锋枪,背上还有一把缴获的德国突击步枪。

至于更加著名的"铁拳",则是德国人于1942年开始研发的——由海因里希·兰格威勒(Heinrich Langweiler)博士主持设计。这种武器采用了空心装药弹头,并配备了简单的击发装置和上翻式瞄具。该武器使用了一条一端开口的无后坐力发射管,其管口仅比弹头的尾杆略宽。德国大规模生产和装备了这种一次性武器。阿尔伯特·施佩尔在回忆录中表示,1944年年底前,德国每个月能生产100万具"铁拳"。同年12月,"铁拳"的产量达到了峰值(月产量为125.3万具)。这种单兵式"掷弹兵反坦克炮"不仅被配发给了常规武装部队,还被配发给了国民冲锋队(Volkssturm,即本土防御部队）。在一次著名的宣传性演习中，甚至连柏林的家庭主妇也接受了"铁拳"的使用训练。尽管它的第一个型号"轻型铁拳"（"格雷琴"）的射程只有27米左右，但其穿深却达到了惊人的140毫米。德国后续研发的"铁拳60"的射程约为73米，穿深约为200毫米；"铁拳100"的射程约为137米。

德国利用大量"战车噩梦"和"铁拳"，让盟军的装甲部队付出了惨重代价。德军在战争后期的战术教科书中建议，"在整个防御阵地中设置反坦克据点——这些据点应间隔140米左右，并呈两条线交错部署"。试图突破阵地的盟军装甲部队至少会在两个方向遭遇反坦克武器的攻击——这些武器的发射距离不会超过70米。德军的反坦克小组会耐心等待最佳时机，在盟军坦克暴露了侧面和尾部时再开火。如果没有这样的机会，德军的反坦克小组也会攻击盟军坦克的正面——会瞄准驾驶员和机枪手所在的位置，以及履带等薄弱点。另外，德军还会在主要防御阵地的前方部署反坦克巡逻队——这些小队会不时外出执勤（有时会骑摩托车或自行车），并试图伏击盟军的装甲车辆。虽然这些战术会让德军士兵付出巨大的代价，但也显著改变了步兵和装甲部队之间的力量平衡。

步兵反坦克炮

早在战争爆发前,每个德国步兵师的编制内就有一个反坦克营——最初编有三个摩托化连(每个连配备12门37毫米反坦克炮),以及一个防空连(配备12门20毫米高射炮)。后来,反坦克营的装备逐步升级到了50毫米反坦克炮,乃至75毫米反坦克炮。最终,这些火炮又被"战车噩梦"所取代。而1939—1940年的经历,让盟军也深刻地认识到了为步兵配备反坦克炮的重要性。

尽管英国步兵旅早期使用的是英制2磅反坦克炮(大致相当于德国的37毫米反坦克炮),但到了1944年,6磅反坦克炮已成为英国步兵营不可或缺的装备。至于美国陆军,其步兵在1941年主要使用37毫米M3火炮。在欧洲战场上,这些装备很快就被威力更大的57毫米M1火炮(它们一般隶属于步兵营直属反坦克排)所取代。另外,美国步兵还会使用M5火炮。根据美军作战手册《步兵营》(1944年)中的记载,反坦克排的任务为:

这张于二战前拍摄的照片,展示了一门正在进行演习的德制37毫米轻型反坦克炮(PaK 36)。

反坦克排的首要任务是为步兵营提供反机械化防御能力。为给步兵提供全面的安全保障，反坦克排的火炮必须与营属和团属的其他反装甲手段密切协同……次要任务包括，向敌方反坦克炮和其他已知方位的多人操作型武器、炮位、碉堡和其他点目标开火。实战中，反坦克排可能会遭遇大量次要目标，尤其是当步兵营被部署到正面防线或暴露的侧翼防线上时。步兵营在执行特殊任务（如攻击城镇或设防阵地）时也会遇到这种情况。如果当反坦克排在执行任何次要任务时，敌人突然发起了机械化攻击，那么士兵无须等待进一步的命令，应立即将炮口转向首要目标。

英军在1944年出版的《火炮训练》（Gun Drill）和《6磅炮》（6pdry, 7cwt, Anti-Tank Gun）中，详细介绍了步兵反坦克炮的经典战术。一个标准的炮组有五名成员：炮长、装填手、瞄准手、副炮长，以及一名负责警戒的布伦轻机枪手。炮长的职责是指挥射击、选定火炮阵地和校正弹着点；装填手负责操作炮膛，并准备好另外六枚炮弹；瞄准手负责通过高低机手轮和水平转向肩托操控火炮瞄准，他应尽量让炮口指向"目标可视部位的中心点"，除非炮长特地命令他瞄准目标边缘，或遭遇了横向通过的目标——此时瞄准手应将炮口指向目标前方，以便尽可能提高各种情况下的命中率；副炮长负责传递炮长的指令、协助瞄准手将火炮指向正确目标、协助装填手退膛、在必要时用水来冷却火炮，以及在战斗持续时间较长时，指示体力透支或负伤的炮组成员交换岗位，以保持火炮战斗力。至于炮组中的第五个人（布伦轻机枪手），则是英军在1944年5月增派的，旨在增强炮组的近距离防御能力，其职责是负责保管运输车上的炮弹、警戒周围敌情和操作布伦轻机枪。

从牵引车上卸下火炮后，士兵经常需要利用绳索和棍棒来转移沉重的火炮。在选定射击阵位时，反坦克排排长应先为每门火炮指派大致的方位和需要承担的任务，不过具体的位置皆由炮长自己来定夺。火炮射击位置的选择尤为重要：

反坦克炮通常会隐蔽部署在敌方坦克可能通过的道路附近。在部署火炮时必须严格遵守的一项基本原则是——应尽量避免让敌方坦克观察到其开火时醒目的炮口焰，从而降低阵地被敌人发现的危险。将反坦克炮部署在路旁还有一个好处——有机会攻击敌方坦克装甲相对薄弱的侧面和尾部。因此，除非紧急情况，切忌用反坦克炮正面对抗坦克。必须牢记，当反坦克炮阵地被敌人发现后，敌方的炮火很快就会倾泻过来。

1944—1945年，南兰开夏团某营的一个反坦克排，正在前往荷兰的途中。在运输车牵引下，6磅炮也能顺利通过如此泥泞的糟糕地形。不过在这么开阔的地方，就在炮身上盖一根树枝当作伪装也太敷衍了。（女王直属兰开夏团供图）

　　反坦克炮的最佳作战地点是平原，因为这里没有可供敌方坦克躲藏的地方。在反坦克炮阵地两翼的射击死角处，最好能有一道反坦克屏障（例如茂密的树林），或者能够受到另一门反坦克炮的火力掩护。出色的隐蔽是另一个取胜要点，如果时间充裕，士兵应为反坦克炮挖一个专用射击阵地。炮手们可以用天然植被、伪装网或迷彩粗麻布来遮挡火炮轮廓，但必须注意，不要忽视对弹药箱和运输车的隐蔽，因为这些东西也很容易暴露目标。由于反坦克炮组基本上无力抵抗敌方步兵，所以反坦克炮的炮位必须位于步兵连的阵地内，并且应尽量接近排级阵地，以获得全方位保护。反坦克炮何时开火，应由指挥官决定——通常情况下，为争取"首发命中"，炮长会等到敌方装甲车辆行驶到 800 米以内时才会下令开炮。如果能够做到首发命中，火炮是否会因为炮口焰而暴露就不那么重要了。

1944 年 8 月 1 日，诺曼底。一个美军炮组正在操纵一门 M1 型 57 毫米反坦克炮（英国 6 磅炮的授权生产版本），其藏身的树篱距离敌人仅 180 米左右。直到战争结束，该型号的火炮都是美国步兵的标准反坦克炮。虽然最大射程超过了 9 千米，但它只有在更近的距离才能真正发挥作用：它可以在 900 米左右的距离上击穿略薄于 76 毫米的装甲板——这显然不足以击穿"虎式"坦克、"黑豹"坦克的车体前部或炮塔正面装甲，甚至连后期型的四号坦克都打不穿。（美国国家档案馆供图）

摩托化步兵

虽然早在第一次世界大战时,就已经有军队在尝试使用机动车辆来运送陆军士兵了,但真正的"摩托化步兵"却是在一战后和二战期间出现的。"步兵与坦克保持同样的速度,相互协同"——这一概念无疑是一个重大突破。虽然单独行动的坦克比较迅猛,但其往往很难守住既有阵地。而且,如果坦克单独暴露在外,也很容易受到炮兵和步兵的攻击。因此,各国的解决方案是:将所有兵种混搭在一起,组成一种新型编队,并通过机动方式来进行运输。可以说,这一做法的效果远远超出了战术范畴:它催生了我们现在熟知的闪电战,并在战略层面作出了重大贡献。

德国:装甲掷弹兵

早在 1921 年,德军就开始征用民用车辆,在哈尔茨(Harz)山区搭载步兵进行演习,并在 1923 年让飞机加入联合训练。英国在 1927 年组建了一支实验性机械化旅。在此类尝试中成绩最为斐然的,无疑要数德国的海因茨·古德里安(Heinz Guderian)上尉,他进一步发展了英国人富勒(Fuller)将军和利德尔-哈特的战术理论,并在 1935 年 10 月帮助德国组建了第一批装甲师。虽然英德两国在装甲作战理论方面的渊源很深,但在实践领域却大相径庭。古德里安在 1937 年所著的《注意,坦克!》一书中指出:

> 摩托化步兵的主要任务是紧跟坦克发动进攻,迅速扩大战果并果断夺取最终胜利。由于他们必须具备足够的火力密度,因此需要为其配备大量机枪和弹药。目前,步兵在刺刀近战中的打击力量正在遭到怀疑,这也让人难免怀疑摩托化部队的价值——何况在装甲部队中,坦克和火炮本身就有很强的打击能力……战斗中当然需要挺着刺刀勇猛向前,但我们必须依靠火力打击敌人,并且能够迅速将火力集中在对战局起决定性作用的关键点上。

因此,德国人重点采取了两种措施,即提升装甲师下属支援部队的机械化水平,以及组建装备较为轻便的摩托化部队,使其能利用机动火力。1938 年,德国所有的摩托化步兵和骑兵都被统称为"快速部队",由古德里安将军负责指挥。至1939年,除了装甲师编制内的摩托化步兵单位,德国还组建了四个摩托化师。后来,德军摩托化师的数量不断增加。1943年,德军将摩托化步兵改名为"装甲掷弹兵"。

1943年1月出版的《快速部队》(Schnelltruppe)手册指出,摩托化步兵可承担所有的步兵作战任务,还可以乘车作战,并在乘车和徒步作战模式之间"快速切换"。按照法勒-霍克利将军的说法,摩托化步兵能够"从行军状态直接发起强有力的突击"。虽然各装甲掷弹兵连一般以营为单位集体行动,但由于支援武器充裕,其也能独立遂行作战任务。一些配备了装甲运兵车的掷弹兵营还可以近距离伴随坦克作战。另外,装甲掷弹兵还经常奉命为装甲突击扩大战果,扫荡并占领被己方坦克部队攻占的地区,摧毁敌方火力点或清除障碍物以支援坦克作战,以及建立桥头堡阵地。

在所有的12人制装甲掷弹兵班中,均有3人接受过全面的驾驶训练。他们不仅掌握了战术驾驶技巧,知道如何利用地形掩护来躲避炮火和敌方观察,还掌握了一些其他的战术技巧(包括如何快速倒车,以躲避敌方炮火;在舱盖关闭和佩戴防毒面具的情况下驾驶车辆)。装甲掷弹兵班的士兵可以从静止或行进的装甲车上用各种武器(包括手榴弹和机枪)向外射击。有时,乘车行进的掷弹兵在发现敌军后也会停下车,用迫击炮或其他武器向目标实施精确打击。由于随时会在移动过程中遭遇战斗,所以乘车行军的装甲掷弹兵们必须时刻保持"临战状态"——弹药上膛、打开枪械保险,并且时刻都有三名士兵密切观察周边情况。乘车行进的装甲掷弹兵在逼近敌人后必须格外小心,因为敌人可能会尝试用高抛法将手榴弹或"莫洛托夫鸡尾酒"投入车厢内。当运兵车遭遇敌方炮火攻击时,指挥官会下令关闭舱盖:在炮火中停止前进绝非明智之举,运兵车应该迅速绕开敌方集火区,若实在无法避开,则应径直从枪林弹雨中冲过。反坦克炮火对装甲运兵车的威胁尤其巨大,当遇到此类攻击时,指挥官应立即向车外抛射发烟手榴弹,以求遮挡敌方视线。

装甲掷弹兵班的士兵需尽量待在半履带装甲车内,并在伺机飞速驶向敌人的同时猛烈开火。半履带装甲车本身也可以"一边移动一边开火",即在不断驶向下一处隐蔽地点的同时,用车载机枪向敌人开火。为提高射击精度,半履带装甲车有时也会停下来射击,但大多数情况下,半履带装甲车都是在运动中射击的——这种行进中的短点射能迫使敌人匆忙趴下寻求掩蔽，暂时放弃还击。此外，半履带装甲车的车长还可以使用"钟面法"将车辆周围的环境划分成不同的区域，并通过下达"向X点钟方向开火"的命令等方式，指示车内成员将火力集中倾泻到指定区域——这在遇到可能藏有敌军的田埂或其他隐蔽物时特别有用。

当指挥官发出"下车战斗"的命令时，战斗小组的成员会立即跳出车厢（从两侧翻下，或者从尾门钻出），并立即在班长身边依托地形隐蔽。他们通常会随身携带全班三挺机枪中的两挺。至于驾驶员和副驾驶（负责在战斗人员下车后关上尾门），则将留在半履带装甲车内，负责操纵车上剩下的那挺机枪。在战斗人员完成上述操作时，半履带装甲车（运兵车）要保持低速行驶状态，或者停车。十名战斗人员下车后所采用的战术方法与普通步兵班的战法十分相似，但他们配有两挺机枪——这些机枪既可在队列两翼形成强大的突击火力，也可在位于全班队列中间的班长身边集中使用。

1941年夏季，苏联。一队德国装甲掷弹兵离开装甲运兵车，向一座燃烧的村庄进军。他们后面的这辆半履带车的型号为 *SdKfz 251/10*，是排指挥官的座车，装有一门用于火力支援的37毫米火炮。

装甲掷弹兵的典型座驾。这是一辆经过精心复原的SdKfz 251/1型半履带装甲车（装甲运兵车），车身上绘有元首护卫旅的标志。该旅曾隶属于德国精锐部队——"大德意志"装甲掷弹兵师。"大德意志"装甲掷弹兵师是为数不多的给下属各营都配备了足量半履带车辆的部队（仅在1944年才享有这样的待遇）。（盖伊-弗朗茨·阿伦收藏）

每个装甲掷弹兵排都配有四辆半履带装甲车，其中三辆车分别搭载着一个步兵班，而第四辆车则负责运载排长和排部成员（若干传令兵和一名医务兵）——从理论上来说，负责运载排部的半履带装甲车还应携带一件威力较大的支援武器，例如37毫米火炮或者火箭筒。此外，每个装甲掷弹兵排还有一名骑着两轮摩托车的传令兵，负责往来传递信息。虽然装甲掷弹兵排的车辆可以排成紧密纵队或横队前进，但它们通常都会采用楔形队形（Zugkeil）或交错横队（Zugbreite），此时车辆的间距都不小于50码。在采用楔形队形时，搭载着步兵班的三辆车会在排长的座车后方组成一个三角形；而交错横队则是一种相互间车距较远的松散队形。每个装甲掷弹兵连的编制内都有四个步兵排、两个重机枪班、一个迫击炮班和一个步炮班（配有一门75毫米牵引式火炮）。按照1943年年底的编制序列，装甲掷弹兵连的编制内还下辖一个坦克歼击班，该班配有一门20毫米火炮和一些火箭筒。一个装甲掷弹兵连的兵力包括3名军官、52名军士和165名各级士兵。此外，装甲掷弹兵连还配有若干辆轻型汽车和卡车——用于承担运输、维修和其他辅助任务。

尽管德国装甲掷弹兵的战术极具开创性和进攻性，而且经常取得成功，但其在面对意志坚定、准备充分的敌人时，也可能会吃亏。英军萨默塞特轻步兵团第7营的二等兵莱恩·斯托克斯（Len Stokes）报告的一个战例，讲述了他在诺曼底遭到德军夜袭的经历：

德军的两辆半履带装甲车径直冲入我军中间，用机枪疯狂射击……我们中的大多数人都在黑暗中四散躲避，寻找并不存在的掩体。怀特海德少校果断采取行动。他一把夺过我手里的上了膛的PIAT，并把他自己手中的步枪塞给我。随即，他用PIAT向打头的那辆半履带装甲车开火，那辆装甲车在一声猛烈爆炸后，变成了一团火球。然后，他拿过自己的步枪向一名德国兵开枪射击。这名德国人立即应声跌倒在熊熊火焰之中。由于第10排还没有准备好自己的PIAT，所以让第二辆德军装甲车掉头逃走了。

在1944年9月18日发生的一次战斗，也许最能说明装甲步兵突击战术是如何被错误使用的。当时，党卫军第9"霍亨施陶芬"装甲师第9装甲侦察营正试图突击位于阿纳姆（Arnhem）的一座公路桥。这支部队派出多辆轻型装甲车、半履带装甲车和"软皮"卡车，沿着一条狭窄的坡道向配有反坦克炮和PIAT的英国空降兵阵地发起进攻。不过，当第一批德军装甲车开始穿越公路桥时，英军已经做好了迎战准备，德军的攻击已经丧失了突然性。面对英军的枪林弹雨，党卫军的进攻部队始终无法充分展开队形,党卫军上尉格拉布纳（Grabner）[①]和他手下的不少官兵也因此而阵亡。根据当时拍摄的照片显示，德军反复尝试突破未果，战场上至少留下了20辆车的残骸。

[①] 译者注：党卫军第9装甲侦察营营长。

有一份记录显示，在当天发起的最大规模的一次进攻中，德军"动用了16辆半履带运兵车和装甲车"。就在德军车辆从身边驶过时，"在当天的战斗中表现杰出的下士辛普森（Simpson）和工兵佩里（Perry）突然站起身，用手中的斯登冲锋枪和布伦轻机枪，径直向半履带装甲车车厢内的德军士兵猛烈开火。这次交火的距离大约为20码"。二等兵詹姆士·西姆斯（James Sims）透过楼上的一扇窗户，从多个角度清楚地看到了这次进攻的全过程：

德军车辆径直向我们冲来，但他们显然没有意识到，位于他们右侧的一些建筑物已被伞兵占据。德军车辆运载着步兵向我们发起了勇猛的进攻，但他们中的许多人都死在了卡车上，那些试图逃往掩蔽处的德军也在半路全部被我们撂倒。

一名伤势严重的德国士兵的双腿都已中弹，他只能用双臂一点点向己方阵地挪动……我身边传来一声枪响，随即这名德国伤兵的头部中弹……目睹这一切让我感到痛苦，在我看来，这无异于谋杀，但对于我的同伴（这名威尔士人是我们队伍中最好的几个狙击手之一）而言，这个德国士兵却是一个合法的射杀目标。当我对他的行为表示抗议时，他却反而嫌我太单纯……德军对我们发动了全力进攻，但值得庆幸的是，我们拥有两门6磅反坦克炮。德军装甲车在试图绕开或穿过那些燃烧着的"金属棺材"时，又被我们一辆接一辆地击毁了。

另一个影响德军在这次战斗中的表现的因素是，他们没有为所有的装甲掷弹兵部队都配备装甲运兵车。半履带装甲运兵车通常只配备给装甲掷弹兵团的第一个营，而其他营则只能用一些"软皮"卡车来作为运输工具。1945年年初，美军情报部门在文件中写到，当时德军装甲师中只有四分之一的营实现了"装甲化"，并具备乘车作战的能力。

美国装甲步兵

德军开创的摩托化步兵战术因极具进攻性，而得到了美军"装甲步兵"的效仿——这种效仿大获成功。为此，美国人生产了数量庞大的各种车辆，如M3/M5系列半履带车（半履带装甲车）。不仅如此，美国人仿效敌人，精心制定了各种战术和训练手段。1944年的美军指令对装甲步兵的描述是："战斗力强，机动性高，还有轻装甲防护。"一般来说，装甲步兵就是要不断向前。装甲步兵"通常会待在车上，直到遭遇敌人火力攻击，或遇到不利地形时，才需要下车；其主要职责是支援坦克部队"。根据美国人的设想，装甲步兵可能需承担12项任务：

1. 跟随坦克发起攻击，消灭残余的敌人抵抗力量。
2. 占领并控制己方坦克打下的阵地。
3. 夺取有利于坦克攻击的地形。
4. 与火炮和坦克歼击车一起，为坦克提供掩护火力。
5. 与坦克协同攻击。
6. 与工兵一起清理雷区，开辟车道。
7. 为行军、临时安营、待在集结区和集结点的坦克部队提供贴身保护。
8. 强渡河流。
9. 占领桥头堡。
10. 设立本方障碍物，去除敌方障碍物。
11. 占据防御阵地。
12. 执行侦察和反侦察任务。

根据《装甲师》(*Armored Division*，1944年)中的介绍，在美军的编制中，装甲步兵营包括一个营部和营部连、一个"勤务"连和三个步兵连。营部连不仅有指挥和通信设施，还下辖一个侦察排（配有5辆吉普车和1辆半履带装甲车）、一个迫击炮排（配有81毫米迫击炮、三台或四台迫击炮运载车）、一个突击炮排（配有三门75毫米自行榴弹炮和两辆半履带装甲车）和一个机枪排（配三两辆半履带装甲车）；勤务连主要负责执行各种行政任务，下辖负责物资供应和装备维修的排；每个步兵连包含一个连部、三个步兵排（每个步兵排下辖三个班，外加一个60毫米迫击炮班和一个轻机枪班。每个班都配有一辆半履带装甲车）和一个反坦克排（配有3门由M3型半履带装甲车牵引的57毫米反坦克炮）。

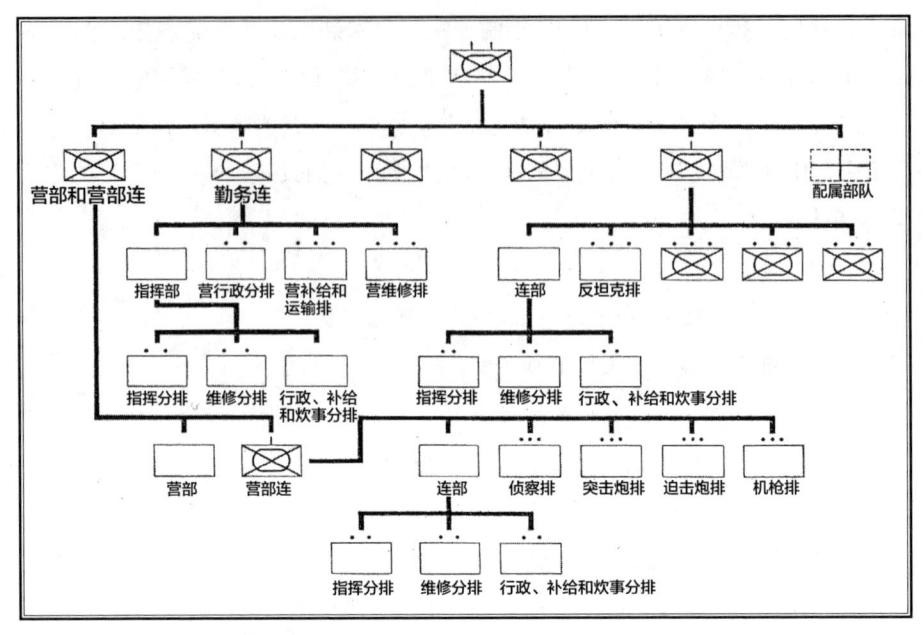

美国装甲步兵营的编制,摘自美军作战手册《装甲师》。

英国:机动步兵营、载具排和袋鼠运兵车

从 1939 年起,英军开始尝试让尽可能多的部队实现摩托化。虽然当时英军的作战部队仍然以徒步行军为主,但步兵师运输车辆已完全摩托化,每个步兵营也下辖一支可以快速机动的"载具"部队。① 此外,在英军装甲部队的编制内也含有车载步兵——1939—1941 年间组建的装甲师都下辖两个摩托化营(后来又被增加到了三个)。到了 1943 年,英军每个装甲师的编制内都拥有四个摩托化营。

英军与德军的主要区别在于:英军只将机动车辆作为运输工具而不是作战平台,车载步兵通常会在即将投入战斗前下车。英军之所以采用这种做法,与其装甲运兵车的数量不足有很大关系。在战争的最后两年,随着美制 M3 型半履带装甲车被运抵战场,英国人才获得了一种能让部队乘车投入近战的工具。英军之前

---

① 译者注:即配备"通用载具"(一种小型全履带装甲车,又名"布伦"装甲运载车、通用运载车、通用装甲运载车)的部队。

装备的通用载具（"布伦"装甲运载车）的空间实在有限，无法搭载一整个步兵班，只能被用来运送侦察队、机枪小组或迫击炮小组。然而，1944年时，在英军的编制中出现了一些"机动步兵营"（Motor Battalion）。在装甲师的编制内，各装甲旅的下属步兵营就是所谓的"机动步兵营"——该营的每个排都配有四辆半履带装甲车，但步兵旅的各营（按照英军传统，这些营都是从各步兵团抽调的）仍未拥有此类装备。

英军的步兵运输车通常被称作"TCV"，即"运兵车"（Troop Carrying Vehicle）首字母的缩写。此类车辆被广泛配发给各普通步兵营——这在二战末期尤为普遍。但如果步兵未能及时离开这类"软皮"运输车，其后果将异常凄惨。对此，国王直属苏格兰边民团第4营的彼得·怀特中尉对此深有体会，他在德国境内作战时，曾"邂逅"了一门88毫米高射炮：

不久以后，我那辆歪在一旁的运兵车的残骸被我们排剩下的几辆卡车拖走了……我惊讶地发现我的好朋友沃尔瑞斯·惠斯克斯（Walrus Whiskers）躺在一个残破的车轮上，他竟然毫发无损。不过，他脸色苍白，浑身发抖。整整七块大弹片穿过卡车的钣金部件，在我跳车前所在的座椅靠背上留下了拳头大的空洞。然后，这些弹片又飞到了卡车车厢内的苏格兰士兵们身上。我伤心地发现，这些弹片杀死了琼斯（Jones，一名伞兵），并导致五人重伤（其中一人不久后就死去了）、两人轻伤……一块弹片击中了卡特（Cutter）背部的子弹带，并导致他携带的五颗7.7毫米子弹嵌入了他的背部。另外，我们还有一部无线电台被弹片击碎。卡车后部乱七八糟地堆满了破烂的设备、金属碎片、玻璃和破碎的鸡蛋，鲜血飞溅得到处都是。

"载具排"是英联邦国家军队的一种独有编制，也是步兵营的固有组成部分。根据1943年出版的《英国陆军手册》中给出的数据显示，该排包含2名军官和62名士兵，配有13辆通用载具、12辆摩托车（两轮摩托车和跨斗摩托车），以及1辆四分之三吨卡车。载具排的火力非常强大，其下辖四个"载具班"和一个排部，每个载具班有九名士兵，配有三挺布伦轻机枪、一支反坦克枪、一门50毫米迫击炮、一支冲锋枪和九支步枪。该排的主要任务是"与步兵或坦克部队密切协同，并保护其侧翼，巩固战果"。此外，该排需要承担的次要任务包括：侦察、传令、突袭，以及运输武器、人员和物资。在很多时候，载具排都被用作步兵营的机动火力预备队——在步兵营的主力前进或撤退时，负责防御最多1000码宽的防线。

有趣的是，在1940年的战斗中，英军发现了载具排的一些新用途。1940年6月版《陆军训练备忘录》中的相关内容显示，载具排可被用于渗透作战，或者被当作"炸药输送队"（负责摧毁敌方防御支撑点）。在夜间巡逻时，载具排的运输车（运兵车）有一个意想不到的优势——它们经常被敌人误认为是坦克。但这也有不利的一面——由于这些车辆都采用了敞篷式结构，车内成员很容易被来自高处的敌方轻武器火力杀伤，更别说遭遇重型武器攻击了。此外，虽然这些车辆的越野性能较好，但其还是很难跨越堑壕，"任何反坦克障碍都能阻止其前进，甚至对坦克不构成影响的障碍物也会造成麻烦"。因此，当载具排靠近战斗任务区时，布伦轻机枪组成员会先行下车占领阵地，而负责执行运输任务的车辆则会立即退后，以便寻找掩护。《载具排》（*Carrier Platoon*，1943年）一书特别指出："如果情况可疑，车上人员应立即下车。"

根据有关人员回忆称，1944年，载具排又在诺曼底承担起了另一项战术任务——建立"接合部阵地"（Joint Post）。载具排将负责占据两个旅的接合处，并凭借精良的装备和高机动性，充当战线"黏合剂"。另外，载具排还负责在各营部之间快速传递信息。

在二战的最后一年，英军还开始为装甲师下属的步兵班配备全履带式装甲运兵车，其中一款是由加拿大人发明的。这款装甲车有个绰号叫"脱袍牧师"（Unfrocked Priests），这是因为美军装备的一款105毫米自行榴弹炮的绰号就叫"牧师"——先拆除火炮，再用钢板封住留下的缺口，"牧师"就摇身一变，成了"脱袍牧师"。

1944年8月初，英军在突破卡昂南部的德军防线时，曾出动过这款全履带式装甲运兵车。从当年10月开始，驻意大利的英军又改装了更多的该型号的装甲车（还曾使用一些去除了炮塔的谢尔曼坦克来进行改装）。1944年年底，"公羊-袋鼠"（Ram Kangaroo）式装甲运兵车被投入战场，该装甲车采用了加拿大生产的公羊坦克的底盘。该车虽然缺乏顶部防护，但很可能是公羊坦克诸多衍生型号中最成功的一个。虽然全履带式装甲运兵车的出现让英军有能力实施更大胆的战术，但

1944年，意大利。英国第1步兵师第2旅北兰开夏忠诚团（The Loyal Regt）第1营的载具排正在一架P-47战机的空中掩护下移动。用途广泛的通用载具早在战前就进行了首次测试，并通过了实战检验，可承担各种任务。不过，该车只能容纳五名乘员和一名驾驶员，根本不足以遂行大规模的装甲步兵突击。而且它的防护力也很差，无法对抗敌方的装甲部队。（女王直属兰开夏团供图）

1945年4月的《当期海外作战报告》（Current Reports From Overseas）表明，搭乘全履带式装甲运兵车作战的英军仍然会在投入战斗前下车。实际上，根据上级指示，"公羊-袋鼠"式装甲运兵车的驾驶员要在士兵投入战斗前把车完全停下来。此时，除了一名留在车上操作勃朗宁机枪的士兵，其他士兵要尽快从各个方向跳到车外。在这些人员离车后，装甲车还要继续停留一段时间，直到步兵们离开一定距离后才能继续行驶——这样做的理由是，"装甲车开始行驶后可能会引爆地雷，让周围已失去装甲保护的步兵受伤"。

1945年4月16日，英军曾在意大利北部的梅迪奇纳（Medicina）经历过一次著名的战斗。这场战斗，可谓是打破了常规作战理论。在行动开始之前，第14/20国王直属轻骑兵团（14th/20th King's Hussars）刚经过换装，虽然该团的B中队和C中队仍旧继续使用原来的谢尔曼式坦克，但A中队却转为使用全履带式装甲运兵车。该团的战史记载道：

我团对于这种武器混搭方式并不是很满意，但我们却得到了一个好消息，老战友——第43廓尔喀摩托化步兵旅将会与我们并肩作战，这令士兵们欢呼雀跃不已。因为这支部队在过去的战斗中一直表现出很高的战术素养，并且非常渴望在德国人面前证明自己。

跨越锡拉罗河（Scolo Sillaro）的过程非常艰辛，英军直到夜幕降临前才抵达梅迪奇纳。英军在进入梅迪奇纳前还有一些河流需要穿越，而此时C中队已经杀到该镇附近。因此，指挥第14/20国王直属轻骑兵团的蒂尔尼（Tilney）上校决定让第6廓尔喀团第2营的士兵下车，徒步向前进攻。就在此时，巴克（Barker）准将驱车赶来，要求蒂尔尼上校下令让坦克径直冲入该镇。但蒂尔尼上校很清楚，坦克在镇内会成为德军反坦克火箭筒和反坦克炮的活靶子。据说蒂尔尼上校在下达进军命令之前，曾虔诚地请求上帝保佑。无线电操作员艾萨克·弗里德曼（Isaac Freedman）就是当时向C中队[由绰号"补丁"的布朗（Browne）少校指挥]官兵传达该命令的人员之一：

长官要求坦克带领部队攻入梅迪奇纳，这真是一个让人吃惊的决定。退一步讲，在 C 中队即将面临的这场近距离战斗中，坦克根本无法充分发挥它们的威力。坦克将沿着狭窄的街道向前推进，街道两旁的建筑物中潜伏着许多抵抗意志坚定，并且装备着反坦克火箭筒的德军官兵……当布朗少校一边呼喊着："Yoicks Tally Ho!"（一种英国人在驱赶猎犬时发出的呼喊声）一边催促他手下的坦克开始进攻时，我正好在无线电台旁值班。

C 中队的战车在沿着街道向前快速挺进时，迎头遇上了"铁拳"和 88 毫米高射炮射来的弹雨。虽然布朗少校的坦克成功击毁了一辆自行火炮和两门 88 毫米高射炮，但却在德军步兵的反坦克武器的打击下丧失了战斗力。这辆坦克上的乘员随即从坦克中钻了出来，用左轮手枪攻击逼近的德军士兵，他们在打死数人后驱离了周围的敌人。连军士长朗（Long）打开坦克舱盖，用汤普森冲锋枪朝外面的敌人扫射，但却不幸身亡。幸运的是，该团的其他部队及时赶到了战场，并在附近卸下了廓尔喀士兵：

第一个杀死敌军的人，是一个廓尔喀连长（Subedar）……他全力追赶那名用反坦克火箭筒摧毁普拉姆利（Plumley）所乘坦克的德军。最后，他终于在一个街道的拐角处将这名敌人击毙。随后，廓尔喀人纷纷咆哮着从运兵车上跳下，在镇内四处捕杀德国兵……

在弗里德曼看来，廓尔喀人的战斗热情非常高，以至于他断言："廓尔喀人在这次战斗中根本没留下一个活口。"这次战斗的战果颇丰，但蒂尔尼上校却在事后坦言，他并不推崇这种作战模式。

步坦协同

在"坦克、步兵和反坦克武器的力量此消彼长"的同时,步坦协同战术也发生了变化。经典的闪电战理论将装甲部队视为攻击的矛头。正如内克尔在《今日德国陆军》中所述的那样——坦克、飞机和摩托化支援部队一起行动,在一段狭窄的战线上取得突破,然后将"战场清扫任务留给后续跟进的步兵"。德军对这种战术的大规模使用,给同盟国带来了相当大的震撼,这些国家自然会想方设法来挫败或效仿这种战术。然而,随着反坦克手段的逐渐丰富,要达成进攻的突然性变得愈加困难。因此,紧密的步坦配合成为当时的主流战法。

根据《进攻中的步兵师》(The Infantry Division in the Attack)一书中的记载,在1941年时,英军的标准做法是"共同部署前方步兵与第二梯队的坦克"。同时,实战表明"巡洋"坦克战术(利用纯装甲编队作战)几乎行不通——因为坦克不仅很容易受到掩体中的反坦克炮的攻击,也很难守住已占领的地盘。

在苏联广袤的大地上,德军的攻击编队会组成巨大的"装甲箭头",在摩托化步兵的伴随下,向前高歌猛进。因此,德军步兵基本上与坦克寸步不离,他们会跟随坦克突破敌军前线,并在通过缺口后立即展开,从侧翼和后方消灭敌人。1942年发布的《德国陆军定期笔记》(Periodical Notes on the German Army)指出,在坦克无法抵达的地方,或者因设有防坦克障碍物而导致坦克无法发挥作用的地方,"由卡车运载的步兵旅"将成为装甲师的主要进攻力量。

来自《团级军官用德国军队手册》(1943年8月)的相关内容显示,德军在实施步坦协同联合进攻时,不会硬性规定步兵和坦克的位置——各兵种的位置完全取决于战场形势。另外,德军还组建了与"诸兵种合成纵队"的性质类似的"战斗群"(Kampfgruppe)。在战斗群中有些步兵会搭乘坦克,有些步兵会搭乘装甲运兵车。

二战后期,步兵常常在坦克前方行动。英军手册《战区笔记》(Notes From Theatres of War, 1945)解释说:"近距离反坦克武器的大规模运用,增加了步兵的(步坦)协同责任。"《德国武装力量手册》中描述的方案,要求步兵与坦克进行全面合作:"装甲部队应交替向下一个隐蔽处前进,同时密切侦察前方地形,为下车的装甲掷弹兵提供掩护火力。坦克不应为等待步兵而放慢前进速度,它们应该单独前进,在找到掩护之后，再等待后面的步兵跟上来……坦克应用车载机枪打击1000码以内的敌军步兵，用坦克炮打击2000码至2500码的目标。"

在为步兵提供支援时，德军的突击炮一般会与前者同行，或者位于其身后。这些突击炮不应在攻击开始前暴露自己的存在，而是应"在视野开阔的场合近距离压制敌方支援武器"。

1944年时，美军的战术设想是：将坦克营配属给步兵团，并将其编成内的坦克直接配属给步兵营，或者"直接支援攻击行动"。当坦克被配属给步兵时，高级坦克军官将成为"营指挥官的特别参谋官"，他的职责是"告知步兵指挥官坦克的方法"，并提出适当的战术建议。美军认为，坦克可为步兵提供如下协助：控制目标，以及摧毁或压制敌方的自动武器、预备队、反击部队、火炮、通信和补给设施、铁丝网和类似障碍物。

1941年秋，苏联。一整个德军步兵班的士兵，都搭乘在一辆三号坦克上。此外，几名身穿黑色衣服的坦克组成员也与他们挤在一起。步兵们把防水帐篷布当作雨衣披在身上。如果安排得当，这些步兵既可为坦克提供保护，也可获得坦克的支持。

1944 年，法国。美国第 7 集团军的步兵搭乘 M10 坦克歼击车进入一个镇子——这么多士兵挤在一辆车上是十分危险的行为。美军的作战条令建议，一辆坦克或坦克歼击车上所搭载的士兵的数量，最多只应为这辆坦克歼击车上的三分之一。（美国国家档案馆供图）

在诺曼底树篱区，负责提供援助的坦克会更靠近步兵。按照美军第 90 步兵师军史中的说法，该师的战斗格言是"一块田地，一个区域，一辆坦克"——坦克在步兵的掩护下突破树篱边界，然后占住有利位置，继而掩护步兵沿着田地边缘前进。有时候，这种关系也可以颠倒过来——将步兵营的士兵配属给坦克营，以保卫坦克的安全和占据地盘：

步兵可通过以下方式来协助坦克：摧毁或压制敌方反坦克武器和坦克猎杀小队，定位并清除地雷与其他反坦克障碍物，占据可供坦克发起后续进攻的地域，为坦克寻找隐蔽的前进路线，接管坦克已经占领或正在试图控制的目标……坦克能够占领并在短时间内控制住一个目标，但却无法长时间占领该目标。

只要有可能，被配属给坦克部队的步兵都要乘坐卡车移动，但是：

……必要时,他们也可以爬上坦克搭乘便车。一个坦克连可以搭载75—100名步兵。一辆中型坦克的后舱盖上可搭载6名士兵,一辆轻型坦克的后舱盖上可以搭载4名士兵。在后方较为安全的地区,且坦克上有绳索扶手时,坦克还可以搭载更多的士兵。步兵在坦克发起攻击前必须下车。

不过,在很多时候,坦克上都会挤满士兵——他们"挂在坦克上摇摇欲坠",十分危险。很显然,士兵们很难严格遵守相关规定。可以说在整个战争期间,"搭坦克便车"的问题从未得到妥善解决。但这些搭乘者确实能帮到坦克,尤其是在坦克需要抵御敌方的反坦克步兵时。同理,坦克也可以在极近的距离为步兵提供支援。不过,坦克就是"一块吸引敌军火力的磁铁"。而且,有时还会发生更可怕的情况:坦克在盲目倒车和加速时,可能会碾压到刚下车的"乘客"。

结论

说出来你可能不信,最常见的三种单兵武器——步枪、轻机枪和手榴弹在二战中"经历的基本战术变化"其实比不上一战时的变化。此外,尽管二战被广泛认为是一场技术战争,但如果你就此认为步兵的地位已不再重要,或者认为步兵无法适应快速变化的战场环境,那就大错特错了。虽然有时候运气和战场的混乱程度会影响步兵战斗的成败,但战术仍是决定性因素。随着战事的进展,小股步兵单位的自主作战能力开始变得越来越重要。

在二战期间的步兵作战行动中,"利用有利地形""综合运用各类人员和支援武器"等原则虽然是老生常谈,但仍具有重要意义。同时,交战各国还在积极加强战术训练和技能学习,并强调战斗规程,以提升部队的应变能力,保持人员士气,消除恐慌情绪。同时,参战各国的装备和技术也在许多领域进步巨大。随着大威力手持式反坦克武器的出现,以及相关新战术的运用,装甲部队的优势被大幅抵消。机枪数量的猛增和突击步枪的诞生,使步兵的火力获得了成倍的增加。因此,"过去流行的人海战术逐渐被少而精的武器装备所取代"。装甲步兵战术在各主要交战国间大行其道——尽管各国的发展步伐并不一致。德国在战争初期取得了惊人的成就,但却并非没有付出代价。英国人由于缺乏必要装备,只能秉承"安全第一"的原则,但该国后来成功运用了全履带式装甲运兵车。美军试图效仿德军,装备了大量 M3 型半履带装甲车,但其并未能重现德军当年的辉煌——主要是由于战场环境变化而导致的,尤其是新式反坦克武器的大量问世,以及大量地雷的存在(虽然不起眼,但却难以探测)。也就是说,1944—1945 年的战斗环境已经与 1939—1940 年完全不同了。不过,美国仍在其他领域获得了突破,例如为小型步兵单位广泛配备了战场无线电设备。

显然,不是所有的士兵都能熟悉所有的战术,一些欠缺训练的士兵依然对军事知识相当无知。不过,有关军事活动各个领域的大量信息被打印成册,并被广泛传播,这着实令人吃惊。操练、学习服从命令、掌握野战技能和新武器,以及保持健康——这些只是步兵生活的一小部分。在军事活动的每个领域,步兵都能找到可供参考的手册,例如:斯科特极地研究所(Scott Polar Research Institute)的罗伯茨(Roberts)博士和伯特伦(Bertram)博士在 1941 年为英国陆军部编写的《寒冷气候条件下的服装和装备手册》(*Handbook on Clothing and Equipment in Cold Climates*),甚至介绍了在零摄氏度以下的寒风中撒尿的方法(以免士兵冻伤生殖器);德国的官方出版物《士兵笑话》(*Landser lachen*,1944年)介绍了"东线战场有趣的一面"。如果你要问有什么印刷品可直指步兵的内心,不妨找本英国出版的《士兵福利:军官须知》(*Soldier's Welfare: Notes for Officers*)来看看。好军官造就好部队,烦闷无聊的部队氛围是最伤士气的。相比艰苦的战场条件,士兵们更无法忍受的是不公正对待。关于这一点,所谓的"7号原则"是这样描述的:

每个人都有权得到合理对待,除非他已经证明自己配不上这种待遇。因此,只要有可能,就应该向他解释清楚,那些让人不爽的命令是为何而下达的,那些讨厌烦人的限制规定又是由于什么原因而出台的。在关乎士兵个人利益的问题上,一定要充分考虑他本人的观点和意见。这种做法能够加强军队纪律,而且绝不是软弱的表现。

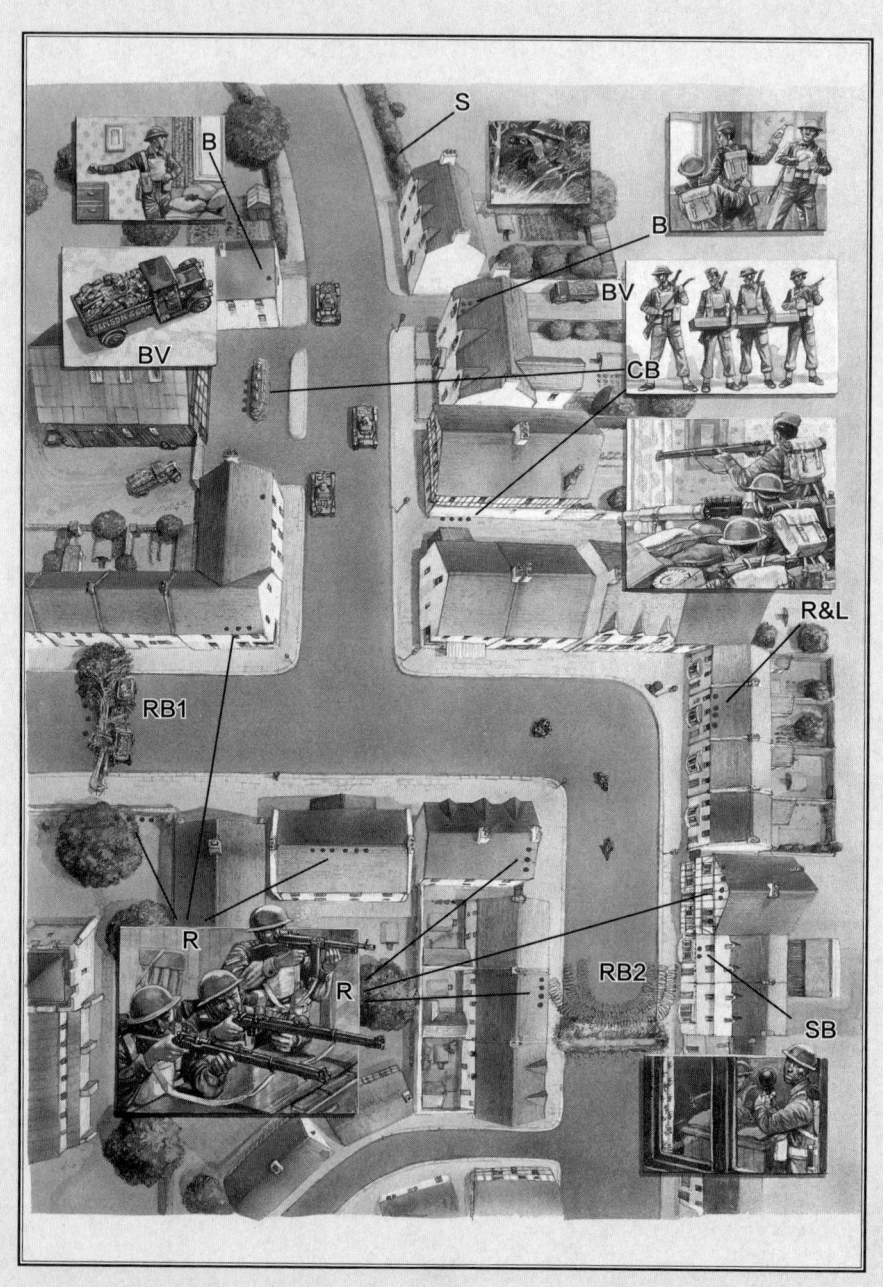

英国：巷战中的反坦克小队，1940年。

英国：巷战中的反坦克小队，1940年

这张图的原型是1940年8月版《坦克猎歼与摧毁》手册中的一幅插图，它展示了"如果德国入侵英国本土，一支大约35人的反坦克小队，将如何在肯特或苏塞克斯郡的某个村庄中拦截装甲车队"。

一队2号坦克在摩托车和挎斗摩托车的引导下，从上往下穿过村庄。英国的伏击部队（蓝点）分成小队躲在掩体后面（如楼上的房间内、带射击孔的阁楼里，以及尖屋顶的后面）。图中的英文标志的意思如下：

S：侦察兵。

B："投弹手"，携带手榴弹和"莫洛托夫鸡尾酒"。

BV：用来堵塞道路的两辆商用卡车，车上装有碎石等物料，以增加自重。当敌军坦克通过时，它们会向前移动，阻塞坦克背后的通路。

CB：两个撬棍组。小组成员会携带撬棍、木梁（比如铁轨枕木等）、轻武器和手榴弹，他们会从隐蔽处冲出，破坏或卡住坦克的履带。

R&L：步枪手和刘易斯机枪手，他们会藏在楼上面对十字路口的房间里。

RB1：用砍伐的树木、装满碎石的农用车辆等东西搭造的路障——步兵会躲在这些路障后边。不过，图中的部署方式很糟糕——当刘易斯机枪手从对面的窗户开火时，步兵有可能遭到误伤。

R：拥有步枪和其他轻武器的几支小队。他们没有阻挡友军的射界，其部署方式正确无误。

RB2：第二道路障——在一条被挖断的道路前方，设有一排蛇腹型带刺铁丝网。

SB：一支携带轻武器和"黏性炸弹"的小队（负责对路障进行火力覆盖）。

2 英尺 8 英寸

1 英尺 3 英寸

5 英尺 10 英寸

6 英尺
8 英尺 2 英寸
4 英寸

7 英尺 8 英寸

12 英尺 2 英寸

"托布鲁克阵地"（环形加固阵地）

45 码

加强班阵地

8 厘米迫击炮发射阵地

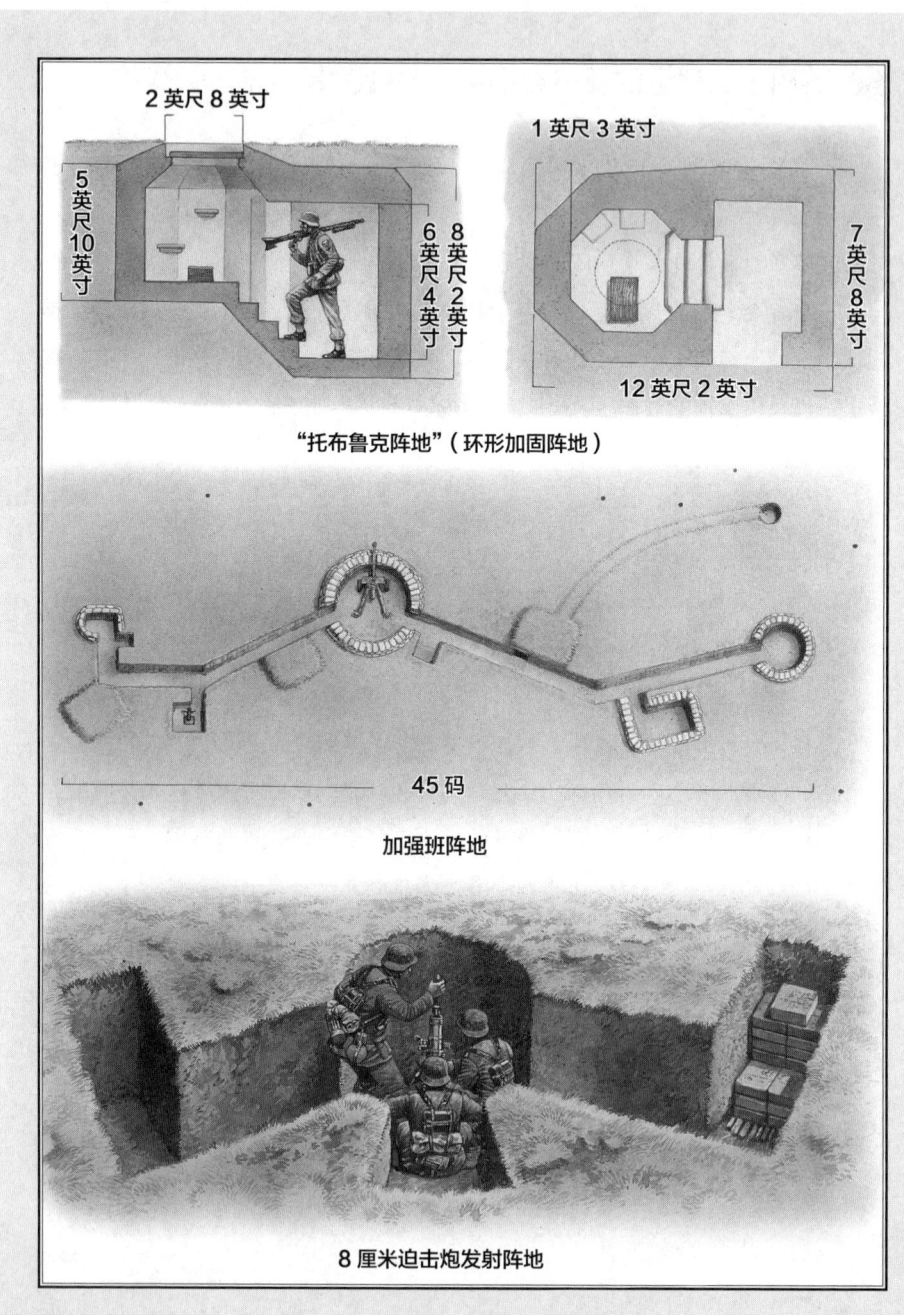

德军的野战阵地。

❋ 德军的野战阵地

1. "托布鲁克阵地"（环形加固阵地）

二战后期的许多德国防御方案都采用了这种标准的机枪阵地。埋在地下的混凝土碉堡只有最上方的一圈露出地面。这个射击阵位内部有两层固定的混凝土平台，下方则是一个可移走的木质踏板。弹药被储存在阵地下层6英尺4英寸高的隔间里，该隔间设有一个地下入口。墙壁和大部分屋顶厚15英寸，地板厚7英寸。

2. 加强班阵地

此类阵地的外围通常会有一圈带刺铁丝网和反坦克地雷——距离战壕大约50码。在曲折的战壕中，有带顶部保护的掩体、带沙袋防护的机枪阵地，以及一个前沿监听阵位（或狙击手阵位）——与地下掩体之间有通道相连，并位于该通道的末端。除了各班自己的武器外，守军还在阵地中央放置了一门反坦克炮——其左侧还有一门迫击炮。这些火炮均来自上级部队的支援单位。红点是随意部署的反步兵地雷。该阵地的设计宗旨是防御来自各个方向的攻击，武器可以根据守军的需求调整方向。

3. 8厘米迫击炮发射阵地

这是一座标准的迫击炮发射阵地，它带有两个侧翼小坑——只要时间允许，就需要把它挖成这个样子。位于中间的是武器坑，位于两端的分别是弹药和人员掩体，它们之间通过短壕沟相连。挖出的土方并没有用来构筑矮护墙，而是被转移了——在这里，保持隐蔽性才是最重要的。

林地伏击方案图

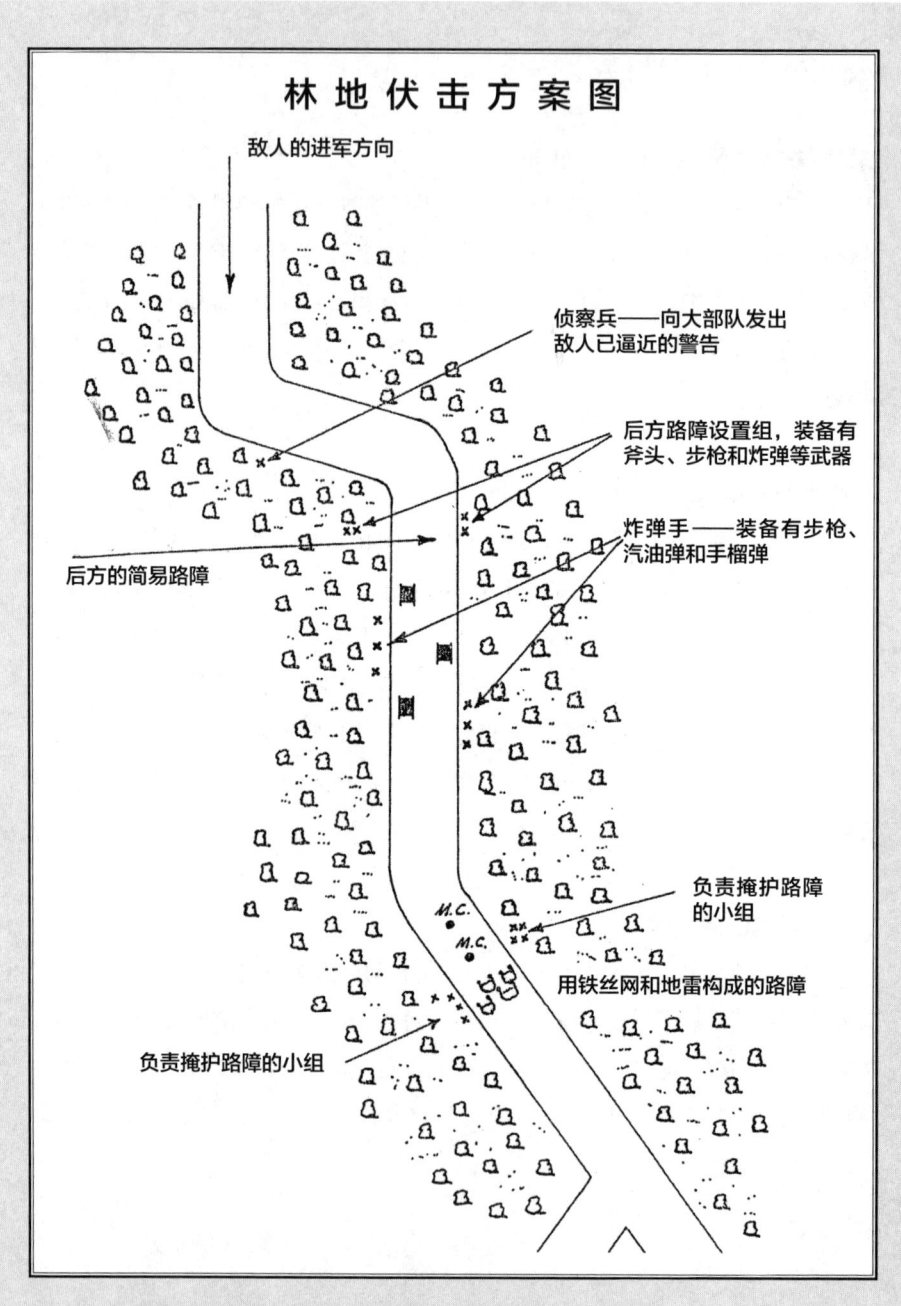

- 敌人的进军方向
- 侦察兵——向大部队发出敌人已逼近的警告
- 后方路障设置组，装备有斧头、步枪和炸弹等武器
- 炸弹手——装备有步枪、汽油弹和手榴弹
- 后方的简易路障
- 负责掩护路障的小组
- 用铁丝网和地雷构成的路障
- 负责掩护路障的小组

在林地中攻击坦克，摘自英军1940年8月出版的作战手册《坦克猎歼与摧毁》。

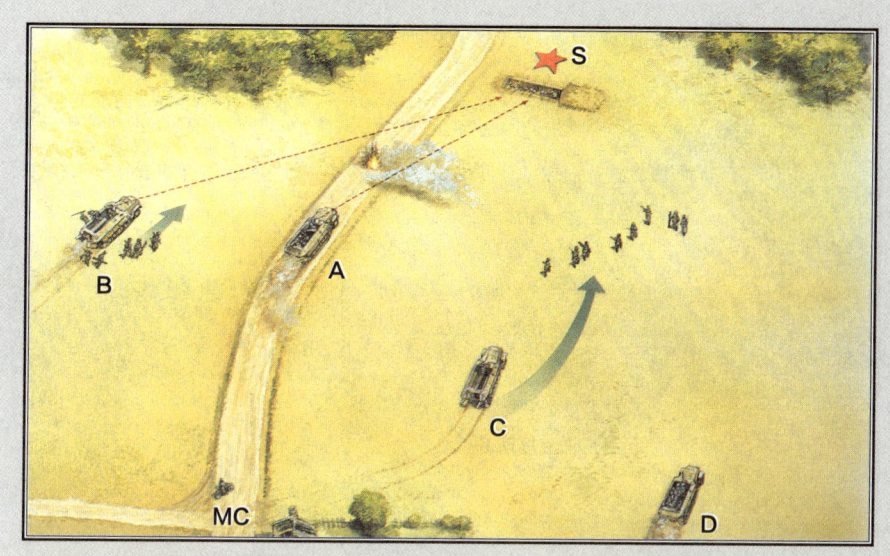

德国装甲掷弹兵排的突击，1943—1944 年。

德国装甲掷弹兵排的突击，1943—1944 年

一个德国装甲掷弹兵排在前进时遭到一个苏军步兵阵地的火力拦截。德军直接依托 SdKtz 251 装甲运兵车展开行动。图中的英文标志的意思如下：

S：苏军阵地。

A：排长的座驾。当受到火力攻击时，这辆车会加速冲向目标——车上的机枪手会向目标射击，而另一名乘员则会向前方投掷烟幕弹。

B：这辆车会缓慢行驶，使机枪手能持续向目标投送压制火力。同时，步兵会从车辆侧面或后门迅速下车，快速向前部署。

C：这辆车已停止前进，其搭载的士兵已下车。这些士兵携带着两挺 MG42 机枪和轻武器，以疏开线式队形前进。

D：这辆半履带车仍在高速前进。

MC：这名摩托车传令兵一直待在后方，试图保证部队内部的联络畅通。

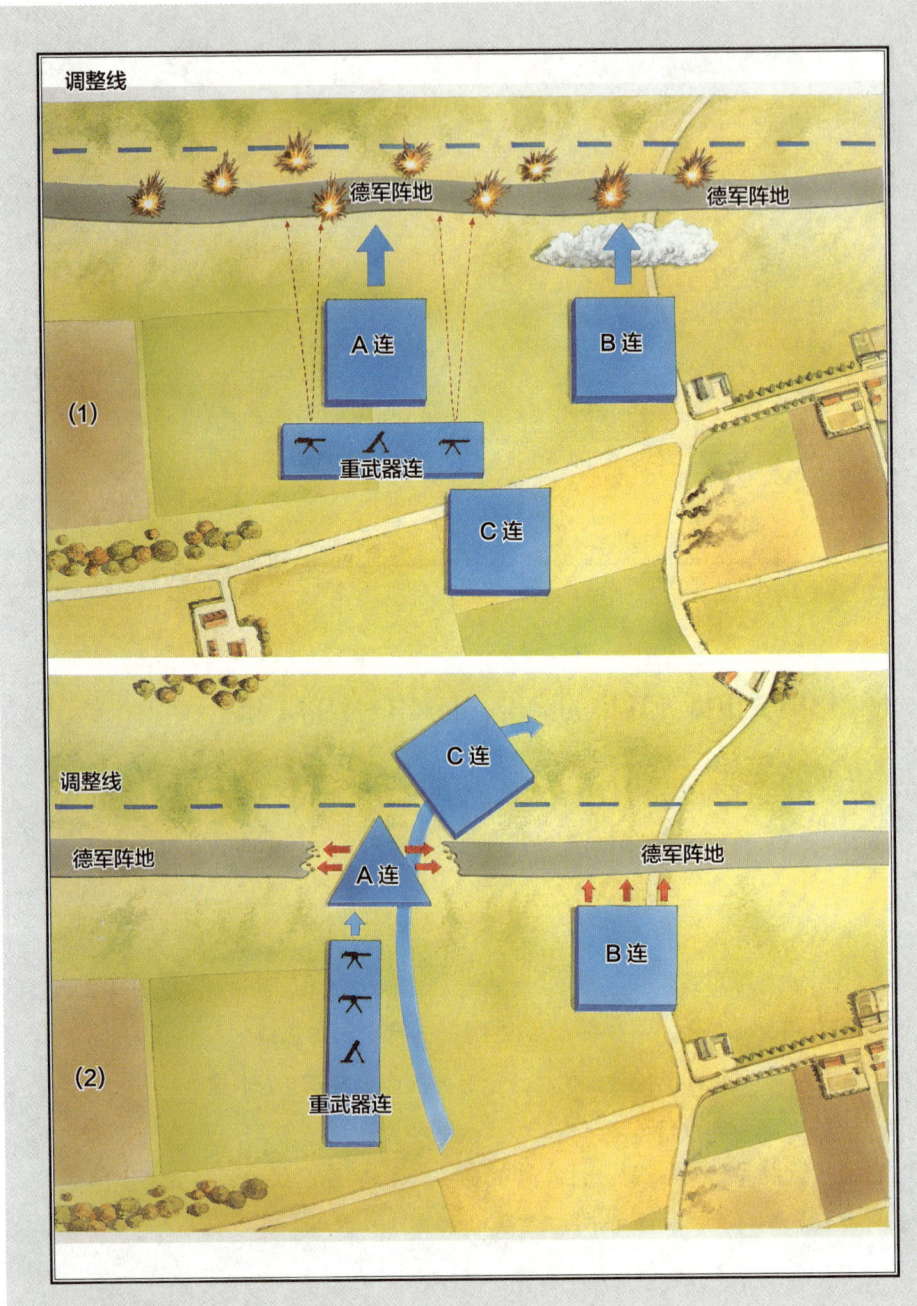

美国步兵营的进攻，1944—1945 年。

美国步兵营的进攻，1944—1945年

本图描绘了一个美国步兵营向德军阵地发起攻击的全过程。图中的调整线代表该营在本阶段的行动目标。图中的德军阵地是沿一排低矮的山丘布置的，各连、排和班的防御阵地相互独立，但也可以相互支援。美军师属炮兵将对德军阵地发起猛烈轰击，就连军级火力支援单位也有可能参与行动。为切断德军的增援和通信，美军还会火力覆盖德军阵地的后方区域。

我们可以在上图中看到：

作为主攻连，A连负责攻克德军的防御阵地，重武器连会从两旁为A连提供火力支援。B连会在烟雾的掩护下，投入第二波"牵制性"进攻，以火力压制德军。作为该营的第三个步兵连，此时C连正在准备进行支援。

在下图中，我们可以看到：

A连已经突破了敌军阵地，正在攻击敌人脆弱的侧翼。B连发起了"牵制性"进攻，正在用火力"钉住对面的敌人"，防止他们袭击进攻连队的侧翼。此时，C连也绕过了A连，正在向右迂回，试图包抄到敌人战线的后侧。重武器连也离开了阵地，跟随A连建立了新的火力支援阵地，以便继续提供支援。

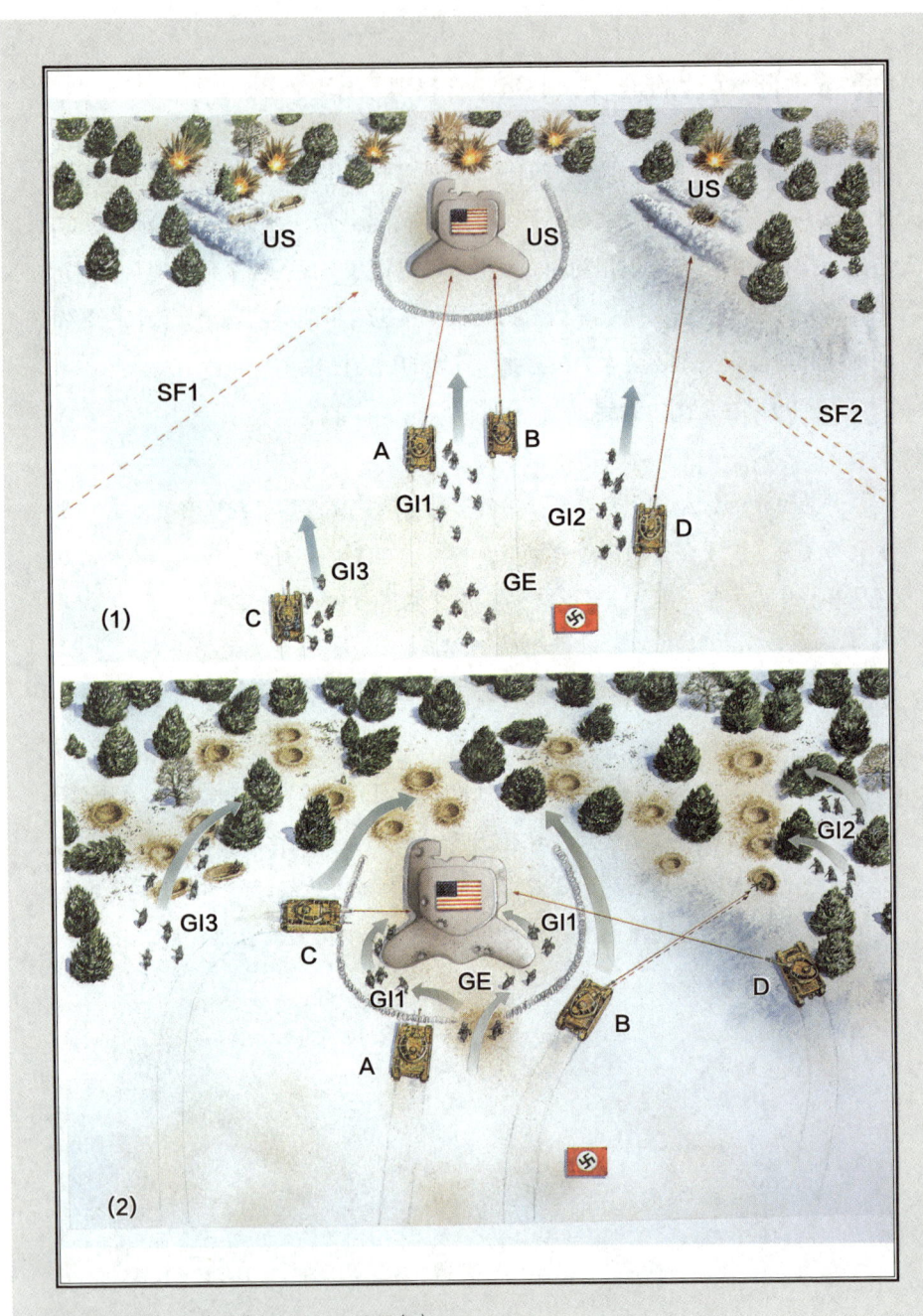

德军战斗群（步坦协同进攻，1944—1945年）。

德军战斗群（步坦协同进攻，1944—1945年）

本图再现了1944—1945年间，德军对美军阵地的一次进攻。在这次进攻中，德军动用了一个坦克排、一个步兵排和附属工兵，且各部队协同密切。这张图片的灵感来源，是英国《团级军官用德国军队手册》（1943年8月）和美国《德国军事力量手册》中的两个相似场景。受篇幅限制，本图存在一定程度的失真——实际距离往往比图中所示的距离更远。另外，为确保清晰度，我们没有绘制覆盖在阵地上的隐蔽物。

图（1）中英文标志的意思如下：

US：一个美军排坚守着一座比利时军队的旧碉堡，侧翼部队在森林边缘掘壕据守。德国炮兵正在向美军发射烟幕弹和高爆弹。

SF1和SF2：德军的20毫米火炮和机枪正从侧翼向美军阵地投射火力。

A和B：两辆德国四号坦克，正在用主炮向碉堡开火。

GI1：在上述火力的掩护下，德国步兵班的士兵从坦克上跳下，向前推进，发起正面进攻。

GE：一个德国突击工兵班随突击步兵分队展开行动。

C：这辆坦克停了下来，让步兵（GI3）下车，后者开始向美军阵地的右翼发起进攻。

D：这辆坦克上的全部"便车乘客"（GI2）均已下车。此时，这辆坦克正在炮击美军的机枪阵地，而步兵们则开始向前推进。

图（2）中英文标志的意思如下：

GI3：德国步兵在肃清美军战壕的右翼后，迂回到碉堡后面。

A和C：这两辆坦克正在靠近美军的外围防御工事。由于担心美军布设了地雷，所以它们并不打算越过这些工事，而是负责提供火力支援。不久后，位于它们侧翼的坦克将向前行驶，以帮助步兵切断守军的退路。

GE：德国工兵在由铁丝网和地雷组成的外围防御区炸开了一个缺口。他们中的一些人，已跟着步兵前进到了碉堡脚下。

GI1：一旦穿过铁丝网，步兵就会在手榴弹和轻武器的掩护下，对射击孔和碉堡入口实施近距离攻击，而工兵也将携带炸药为其提供支援。

B：这辆坦克正在用主炮和机枪向美军阵地开火。

D：这辆坦克正在向碉堡开火。然后，它会向前迂回到碉堡后方。

GI2：这些德军会选择适当的时机前进，以避开友军的火力。随后，他们会肃清森林里的美军，并绕到美军阵地后方。

党卫军的突击工兵使用爆破筒，在铁丝网防御带上炸开了一个缺口。大多数作战部队都会为发起进攻的步兵连配备一些突击工兵，以便执行爆破任务。

冬季，苏联。德国步兵与三号突击炮协同作战，这些步兵都穿着肮脏的雪地迷彩服。

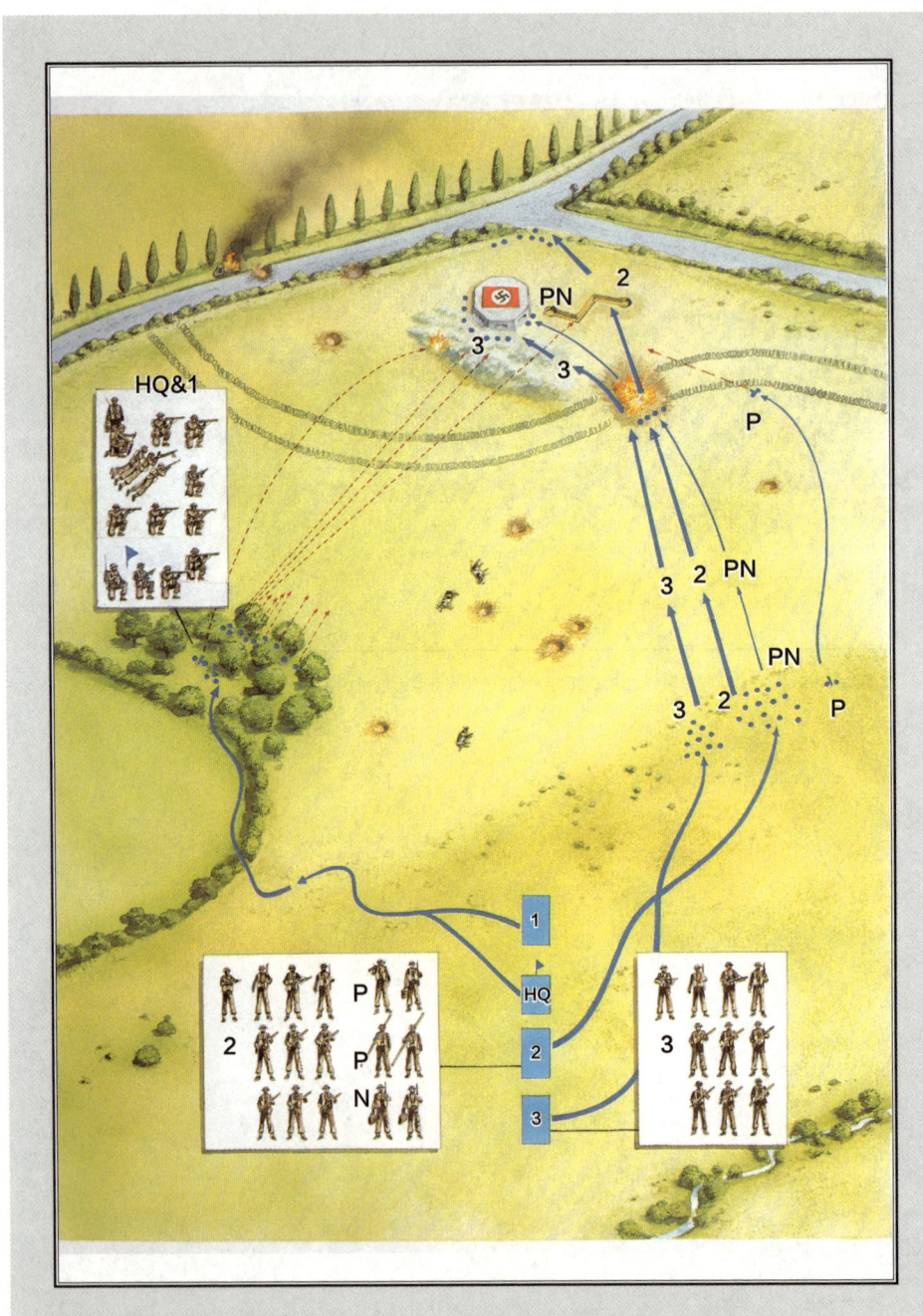

英国排对据点的进攻，1944年。

英国排对据点的进攻，1944年

这张图的原型，是《步兵训练》中的一张插图。为保证图片的清晰度，我们没有绘制碉堡的伪装。在本图中，英军是按照1班、排部、2班（加强班）、3班的顺序前进的。这些英军在向前推进时，会适时利用"死角"和天然掩体。图中的英文标志的意思如下：

HQ&1：作为这次攻击的"火力班"，1班的士兵会在左翼林地边缘占据阵地。在这一时期，该班的理论编制为10人，包括1名士官班长、3人布伦轻机枪小组、6名步枪手。跟在他们后面的是排部（HQ，包括排长、通信兵或传令兵、副排长和两人迫击炮小组）。

攻击开始时，第1班和排部将使用重武器对目标实施火力打击。同时，布伦轻机枪和轻武器也将持续开火，而2英寸迫击炮则会发射烟幕弹。

2：被称作"切割班"的2班，会得到排部PIAT小组（P）的支援。另外，来自营支援连的突击工兵（PN）也会用爆破筒和炸药为2班的士兵开道。该班的士兵会依托掩护，在右翼部署。PIAT小组位于最外侧。同时，他们还在等待来自1班的火力掩护。随后，他们将由工兵带领着，前进到外围铁丝网防御带附近。在PIAT射手占据侧翼阵位，开始轰击碉堡的同时，工兵们会投掷烟幕弹，并用爆破筒来破坏铁丝网和雷区。工兵需要在铁丝网防御带上破开一个20英尺宽的缺口，并开辟出一个窄一些的雷区通道。

工兵完成破障任务后，2班的士兵将突入进去，清理与碉堡配套的战壕。随后，他们会绕到碉堡后面，并占据一个临时的火力阵位，以防止敌人撤退。工兵会紧随其后，在碉堡的射击孔和入口处安放炸药——如74号手榴弹（奇怪的是，在1944年时，英国人仍在使用这种过时的武器）、75号手榴弹和其他爆破装置。

3：3班——"清理班"。3班的士兵，会前进到2班的侧翼。当工兵在铁丝网防御带上破开一个缺口后，3班的士兵会突入缺口并攻击碉堡。随后，他们会穿过被炸开的大门，用手榴弹和轻武器肃清碉堡内的敌军。

(1)

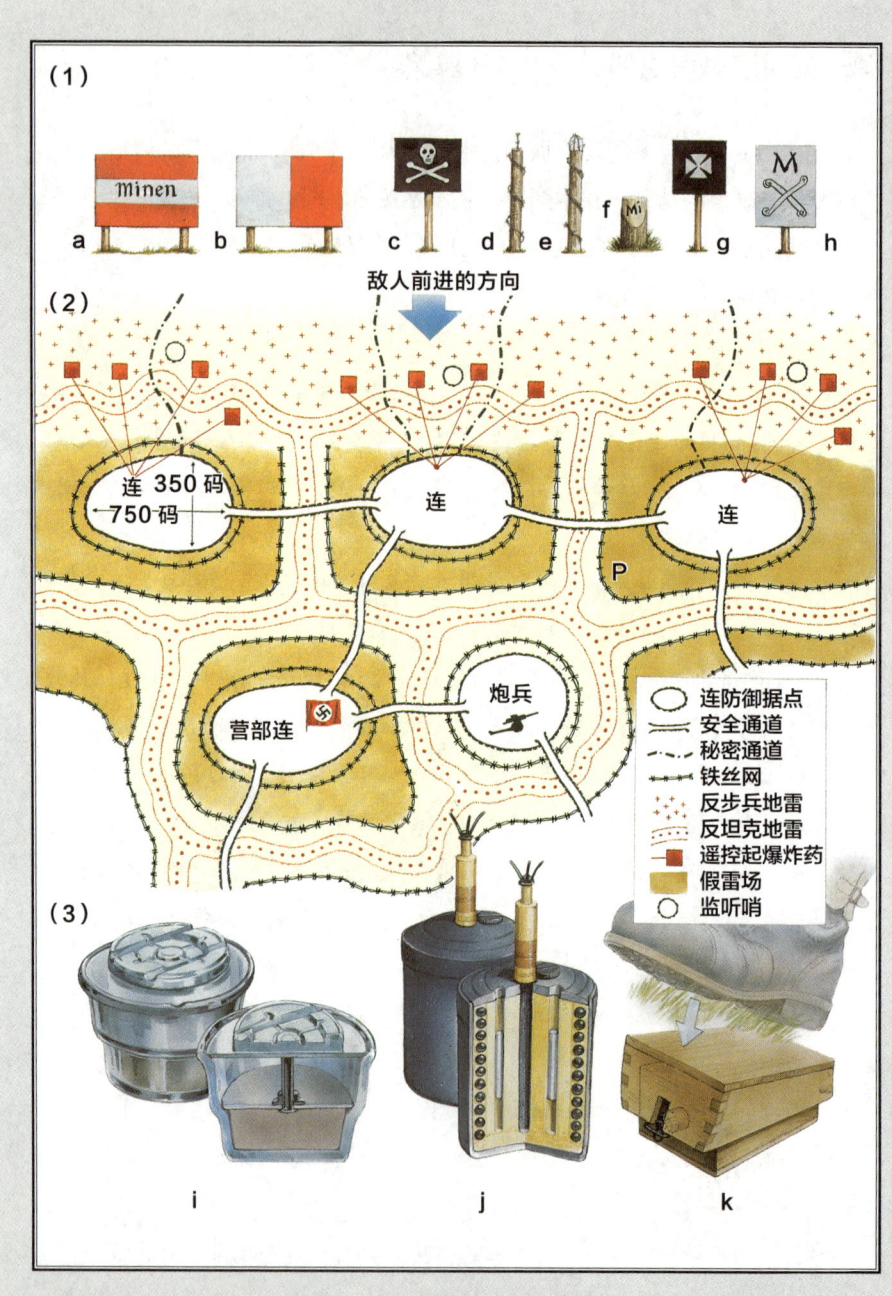

a　b　c　d　e　f　g　h

(2) 敌人前进的方向

连 350码
750码
连
连
P
营部连
炮兵

- 连防御据点
- 安全通道
- 秘密通道
- 铁丝网
- 反步兵地雷
- 反坦克地雷
- 遥控起爆炸药
- 假雷场
- 监听哨

(3)

i　j　k

德军雷区。

德军雷区

本图的最上方，是一些常见的雷区标记。图中的英文标志的意思如下：

a：真雷区的标志。有时候，德军也会在假雷区使用这个标志，但此时的"Minen"（地雷）为斜体字。

b：雷区缺口通道标志——通道位于白色一侧，雷区位于红色一侧。

c、g、h：它们也是真雷区的标志。

d、e：用带刺的铁丝和木桩做成的雷区标志。其中，d为反步兵地雷的标志，e为反坦克地雷的标志。

f：在刮去树皮的树桩上匆忙绘制的标志。

本图的原型，是《德国军事力量手册》中的插图。本图的中间位置，绘制的是一个加强营的阵地。从图中可以看到，有三个连在前方据点内一字形排开。营部与第四连均在阵地后方，与炮兵阵地相邻。德军不会在这些区域，以及连接各区域的通道处和反坦克雷区两侧狭窄的平行走廊里埋设地雷。

在散布着反步兵地雷的区域前方，德军设置了遥控引爆炸药和监听哨；反步兵地雷的布设区域之中有秘密通道，可供巡逻队穿行。每个连的阵地周围都环绕着反坦克地雷。这些区域内部还有大面积的假雷场，周围以铁丝网环绕。

本图的最下方，绘制了一些常见的德军反步兵地雷，它们分别是：

i："玻璃地雷"——用厚玻璃制成，爆炸时会产生大量碎片。这种地雷中的金属零件极少，因此其很难被电子探雷器发现。

j："S雷"（"弹跳贝蒂"）——可安装多种引信（触发装置）。该地雷的截面图展示了雷管的安置方式。此外，我们还可以从截面图中看到一些钢珠。

k：木制反步兵地雷（Schu-Mine）——这款地雷不仅造价便宜，还易于制造。由于采用了部分树胶材料，所以该地雷也很难被电子探雷器发现。如果有人一脚踩在该地雷的薄外壳上，就会引爆盒子里的炸药——地雷前面切口的边缘，会压在保险销的"耳朵"上，从而松开保险，释放撞针。

这张照片虽然画质很差，但却很有意思。它展示了1941年时的一群德国突击工兵——他们手里拿着固定炸药的长杆，最左边的一位工兵握着一根简易爆破筒（里边梯次安放了一些炸药块）。

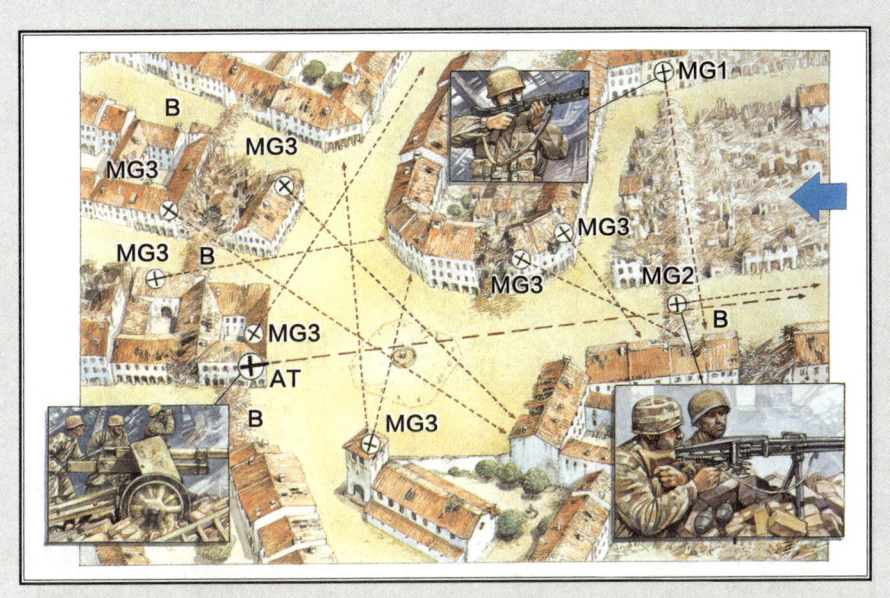

"火力歼击区"——德国巷战防御，1943年。

"火力歼击区"——德国巷战防御，1943年

本图是根据德国伞兵在意大利城市奥尔托纳（Ortona）遭遇加拿大第 1 师时（1943 年 12 月）布置的阵地而绘制的。本图所示的内容，是德军城市防御战术的典型方案。图中的英文标志的意思如下：

B：利用街道两边被炸毁的房屋，构成天然路障，高度从 4 英尺到 6 英尺不等。

AT：隐藏在障碍或掩体后的 7.5 厘米 PaK 40 反坦克炮。

MG1：德军在这栋房屋的三楼架设了自动武器。

MG2：架设在瓦砾堆或掩体中的 MG42 机枪。

MG3：包括 MG42 机枪、FG42 机枪和 MP40 冲锋枪在内的自动武器——这些武器位于房屋的二楼或三楼，其射界覆盖了瓦砾堆、障碍、整个广场和所有通往广场的道路。

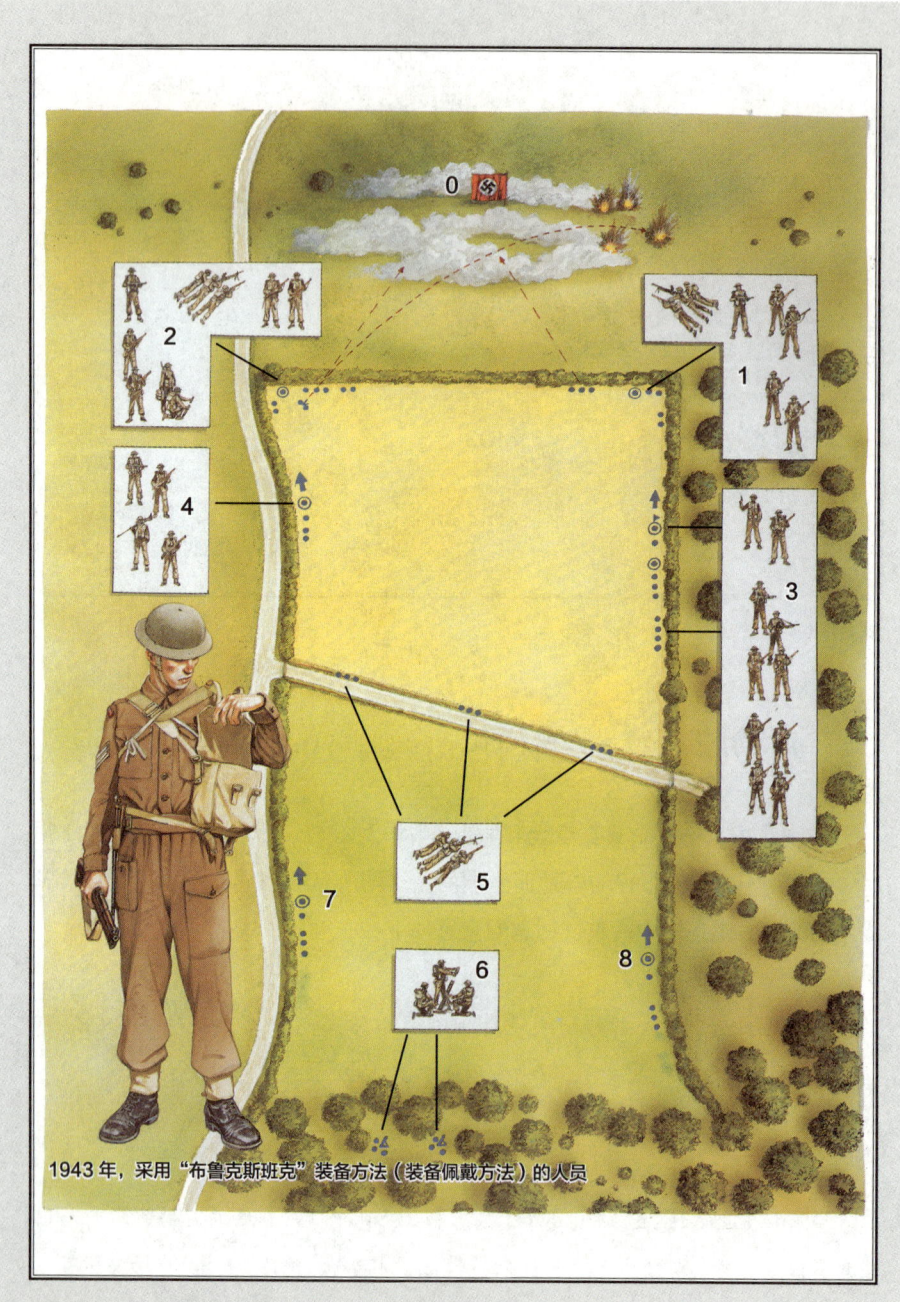

1943 年，采用"布鲁克斯班克"装备方法（装备佩戴方法）的人员

英军连的进攻，1942 年。

232

英军连的进攻，1942年

这张图的原型是1942年版《教官野战技能和战斗训练手册》中的一幅图示。图中可以看到先导排，以及正在跟进的后备排的先头人员。与此同时，一个位于侧翼的排将在另一侧展开类似的进攻（图中未显示）。在前往出发阵地期间，各班将在狭窄正面排成单纵队前进——此举将有助于延长轻机枪提供火力支援的时间。图中的序号分别代表：

0：德军目标。该目标将遭受布伦轻机枪、2英寸迫击炮和3英寸迫击炮的打击。迫击炮会使用高爆弹和烟幕弹。

1：先导排的1班。此时，英军班的建议人数为8人，包括1名士官班长、3名布伦轻机枪小组成员和4名步枪手（投弹手）。

2：先导排的2班。人员配置与1班相同，但该班得到了两名原隶属于排部的2英寸迫击炮操作手的支援。

3：先导排的3班。由排长及其传令兵带领，人员配置和1班相同。

4：排部的剩余人员，包括副排长、1名"博伊斯"反坦克枪射手和2名步枪手。

5：后备排的布伦轻机枪小组成员。该小组的任务是在部队前进时，为步兵提供火力掩护。在本图所示的场景中，他们将移动到最后一片树篱的后方。此时，他们会得到烟幕弹和3英寸迫击炮的掩护。

6：来自营支援连的3英寸迫击炮。

7和8：预备排的剩余人员。他们主要负责提供增援，或者扩大战果。

本图根据1943年5月版《第45号陆军训练备忘录》，描绘了所谓的"布鲁克斯班克"装备方法，即37年型步兵装备（37 Pattern Infantry Equipment）的轻量版搭配方法。在英国本土进行演习的这名下士，其附属装备只有防毒面具包（背在身后，通过一条绳带固定）和装弹药的背包（斜挎在身前）。背包的肩带可通过锁扣扣紧，一条与背包相连的长束带环绕在这名下士的腰间，也可用锁扣扣紧。

"二战战术手册"系列丛书

WORLD WAR II TACTICS

英国鱼鹰社 (OSPREY PUBLISHING)

Elite丛书中译本

备受中国军迷痴迷的二战战术大全

- 01 二战战术手册：步兵班、排、连、营战术
- 02 二战战术手册：巷战与火力支援战术
- 03 二战战术手册：特混舰队战术与装甲步兵战术
- 04 二战战术手册：冬季作战、山地作战和反坦克战术
- 05 二战战术手册：U艇、滑翔机和日本坦克战术
- 06 二战战术手册：沙漠和河流突击战术
- 07 二战战术手册：两栖突击战术
- 08 二战战术手册：侦察和伪装战术
- 09 二战战术手册：丛林和空降战术
- 10 二战战术手册：野战通信和步兵突击战术

鱼鹰社产品长盛不衰的秘诀之一

■ 精美的插图！专业插画师绘制，彩色场景示意图，细节丰富、场景考究；

鱼鹰社产品长盛不衰的秘诀之二

■ 专业的考证！生动还原各国武器装备、战术的运用场景和实际运用情况。通过横向对比，梳理不同战场上的战术，剖析各国战术的实际运用情况和优缺点。